成都中醫藥大學中國出土醫學文獻與文物研究院 主辦

出土醫學文獻與文物

第二輯

巴蜀書社

《出土醫學文獻與文物》

卷 首 語

2012年在成都天回鎮的一次考古發掘中，出土了兩部醫學的至尊經典《脈書·上經》和《脈書·下經》，這兩部醫書在後世的《素問·病能論》中解釋説："《上經》者，言氣之通天也；《下經》者，言病之變化也。"兩千多年來，無人知其意。西漢成帝時劉向等奉詔整理國家圖書，醫學作爲傳統的六大學問之一而被著録下來，其内容具見於《漢書·藝文志》。劉向等將當時的醫學稱爲"方技"。方技之名，先見於《史記·扁鵲倉公列傳》中漢文帝詔問倉公"方技所長"一語，《漢書·藝文志》謂"方技者，皆生生之具，王官之一守也"。方技又分四個門類，醫經一類著其首。

從古至今，學醫之人，學成在於看病，然醫學有經是何意？既有經，是否可與傳統"五經"相媲美？《漢書·藝文志》言："醫經者，原人血脈經絡骨髓陰陽表裏，以起百病之本，死生之分，而用度箴石湯火所施，調百藥齊和之所宜。至齊之得，猶磁石取鐵，以物相使。拙者失理，以愈爲劇，以生爲死。"醫經即醫道，章學誠稱之爲形而上者。《素問·著至教論》説："夫醫道者，上知天文，下知地理，中知人事。"則醫經與"五經"一樣，原與中華文化一脈相承。

治"五經"有經學家，那麼治醫經是否有醫經學家？醫學的典籍，兩漢始爲之結集。《史記·扁鵲倉公列傳》中記載的公乘陽慶，是一位醫經學家，他教授給倉公最重要的學問是黄帝、扁鵲之《脈書》。倉公教授學生的主要也是《脈書》上下經，其師徒二人是西漢時的醫經學家。《後漢書·郭玉傳》中記載的醫經學家還有涪翁、程高、郭玉。東漢以後，醫經之學代有傳人，如王叔和、皇甫謐、楊上善、王冰等。追古溯源，現今出土的醫學簡牘是集醫經、醫技等諸多文化因素於一身的重要文獻，應當有多方面的學者參與其相關研究。

此次天回漢墓醫簡的發現，必定會將醫學考古推到一個新高度，一時間醫學簡帛研究也成爲熱點。我曾與學生們調侃説，按漢代的醫學是中國六種學問之一，那麼，今日若出土六次簡書，當有一次與醫學相關。如今回顧歷次出土的醫學文獻，此語竟然大致不虚。

2018年四川省委、省政府决定依托成都中醫藥大學成立中國出土醫學文獻與文物研究院，以天回醫簡整理研究爲契機，旨在推動中醫的傳承和發展。2020年，中國出土醫學文獻與文物研究院被列入四川省重點中華文化研究院建設單位，建設目標是以習近平新時代中國特色社會主義思想爲指導，深入學習貫徹習近平總書記關於傳承發展中華優秀傳統文化的重要論述精神，堅持把馬克思主義基本原理同中國具體實際相結合，同中華優秀傳統文化相結合，堅持不忘本來、吸收外來、面向未來，堅持把握導向，立足學術，着眼傳承。2022 年四川省推動建設文科重點實驗室，“出土醫學文獻與文物保護研究數位實驗室”入選首批省級哲學社會科學重點實驗室，主要目標是建設出土醫學文獻與文物的數位資源共享平臺。

學術交流和人才培養若能持之以恒地做下去，是很不容易的。2019 年 6 月在成都中醫藥大學召開了首届“中國出土醫學文獻與文物研究國際學術會”，擬定兩年召開一次，因疫情的影響，擬定於明年八九月召開第二届學術會。2020 年以來，研究院已連續舉辦三期中醫藥“冷門絶學”繼承型人才學術能力提升培訓班。2021 年舉辦了第一期“中醫百部經典整理研究與繼承型人才培訓班”，第二期也計劃於明年下半年開辦。尤其值得一提的是《天回醫簡》的出版發行，将爲讀者提供較爲翔實的研究資料，期待可以興起新的研究熱點。

我們研究出土醫學簡帛與文物，是爲了瞭解和尊重歷史，而非與今天的科技進行利弊或優劣的比較。2021 年 4 月，在四川大學召開的四川省重點中華文化研究院建設促進會上，甘霖同志希望各建設單位能够創辦學刊，作爲學術研究和傳播中華優秀文化的陣地。今年是中國出土醫學文獻與文物研究院建院的第四年，我們已經積聚了一定的力量，争取辦好這本學術刊物。經學校批准，謹將《2019 年中國出土醫學文獻與文物研究國際學術會論文集刊》推爲第一輯，刊名定爲《出土醫學文獻與文物》。今值第二輯發刊之際，特撰此文，以明辦刊宗旨，對支持研究院發展的朋友們表示感謝！并期盼繼續得到學界的支持！

柳長華

2022 **年** 12 **月** 18 **日**

目　録

·出土醫學文獻研究·

清華簡《筮法》卦位圖與人身圖探析 …… 熊益亮(3)
商代涉醫材料研究概述 …… 鍾舒婷(10)
出土秦漢醫簡所見毒性中藥考察 …… 石可金　張　琦(23)

·醫籍校讀與考釋·

中醫古籍校勘與誤讀舉例 …… 劉更生(33)
《黄帝内經》校讀 …… 顧　漫(50)
毛氏汲古閣抄本《針灸甲乙經》校讀 …… 周　琦(68)
音韻學在醫書校讀中的應用 …… 劉　陽(96)
關於《靈樞》一處文字的校讀 …… 李家浩(132)
《五十二病方》治癩方瓠壺考 …… 張　雷(138)

·醫學歷史研究·

三世醫學新論 …… 柳長華(145)
巴蜀醫籍綜論 …… 舒大剛(152)
本草學的歷史研究及本草文獻研究要義 …… 王家葵(173)

《出土醫學文獻與文物》稿約 …… (187)

出土醫學文獻研究

清華簡《筮法》卦位圖與人身圖探析*

熊益亮

（北京中醫藥大學國學院，北京 100029）

提　要：清華簡《筮法》自整理出版以來，得到了廣泛的關注，尤其是其中繪有一幅卦位圖，是迄今發現最早的易圖。圖中坎離卦畫方位與後世通行顛倒，學界多有討論，但尚無定論。本文從文字、體用關係、八卦次序等角度分析，認爲卦位圖中的坎離兩卦即仌南、亼北並非繪錯，經考證“勞”仌爲火，“羅”亼爲水，説明早期是坎☵爲火、離☲爲水，後來纔逐漸演變爲坎☵爲水、離☲爲火。關於人身圖，學界討論較少，因該圖與人字圖均是人身與卦或地支的對應而進行比較分析，認爲二者不屬於一個筮法體系。縱觀《筮法》全文，其作爲筮法基本理論，應該運用於解卦分析中，但因其體現的原理和六子卦原理相近，所以在釋讀中未能得到重視。

關鍵詞：清華簡《筮法》；卦位圖；人身圖；人字圖；體用

清華簡《筮法》共計六十三支簡，保存較爲完整，没有明顯缺損，已於2013年整理出版，收入《清華大學藏戰國竹簡（肆）》[簡称《清華簡（肆）》]。《筮法》爲佚篇，傳世所未見，其主要内容爲筮命、占例及筮法基本理論。筮法基本理論包括四位表、四季吉凶、乾坤運轉、卦位圖、人身圖、天干與卦、地支與卦、地支與爻等的内容，其中卦位圖、人身圖爲迄今發現最早的八卦圖並與人身進行對應，分爲外周八卦圖和人身八卦圖，具體如圖一所示。圖中仌、亼位置與後天八卦方位顛倒，引起學界廣泛關注。李學勤通過細繹全文，認爲卦的繪製並無錯誤，但爲何出現差異，尚未可知①。廖名春認爲坎離顛倒説明筮法體系不成熟，且改造、出於《説卦傳》的痕迹很明顯②。張克賓提出離爲火、坎爲水是先秦易學常例，而《筮法》離爲水、坎爲火當爲晚出，是對常例的特意

* 本文係國家社會科學基金冷門“絶學”和國別史等研究專項“基於先秦兩漢涉醫簡帛的中醫藥文化溯源研究”（專案批准號：19VJX164）的階段性研究成果。

① 李學勤：《清華簡〈筮法〉與數字卦問題》，《文物》2013年第8期，第66—69頁。

② 廖名春：《清華簡〈筮法〉篇與〈説卦傳〉》，《文物》2013年第8期，第70—72頁。

修改①。王新春認爲坎離顛倒是否含有隱陽陰顯涵攝、流轉不定的意味，亦未可知②。韓慧英從字形角度出發，認爲“勞”（坎）字帶“火”爲火，“羅”（離）義帶網罟（捕魚）爲水，可通③。熊益亮等從醫易角度出發認爲該圖體現了中醫學從重視形體向重視功用的轉變，同時也有可能是由於卦象的周期變易規律所引起，但具體運動規律仍待研究④。何鍇認爲《筮法》以勞（坎）象徵火、羅（離）象徵水的思維更契合八經卦的象徵規律，而《説卦傳》的離爲火、坎爲水可能是根據當時特例做出的修改⑤。可見，至今仍未有統一認識，因此本文擬對卦位圖、人身圖進行探析，不當之處，敬祈指正。

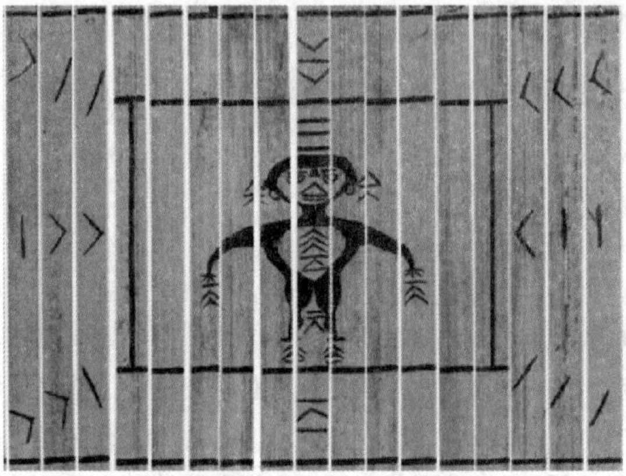

圖 1：清華簡《筮法》卦位圖、人身圖

一、卦位圖

清華簡《筮法》的占筮結果爲兩個重卦，即四個經卦，並含有數字爻，而非《周易》的一個重卦。根據第二十節“四位表”可知，其解卦依據一般爲四位八卦的相互關係。《筮法》整理者認爲“左下卦在判斷卦象筮有特殊地位”（《清華簡（肆）》，第 78 頁），但也有學者不予認同。目前學術界的解卦角度一般可分爲：六子卦關係、卦位圖方位、陰陽爻比例、四季吉凶判斷、天干地支與卦當日與否、五行與卦關係等，而六子卦關係爲常見解卦分析視角。需要注意的是《筮法》全文並未出現“坎”“離”之稱，而是將亽命名爲“勞”，亼命名爲“羅”，釋讀者根據卦畫符號與發音將“勞”釋讀爲“坎”，“羅”釋讀爲“離”。根據圖 1，我們可知南方爲亽，其配文爲“南方也，火也，赤色也。奚故謂之勞（坎）？司樹，是故謂之勞（坎）”（《清華簡（肆）》，第 111－112 頁），即亽爲勞

① 張克賓：《論清華簡〈筮法〉卦位圖與四時吉凶》，《周易研究》2014 年第 2 期，第 12－18 頁。

② 王新春：《清華簡〈筮法〉的學術史意義》，《周易研究》2014 年第 6 期，第 5－16 頁。

③ 韓慧英：《試析清華簡〈筮法〉中的卦氣思想》，《周易研究》2015 年第 3 期，第 36－46 頁。

④ 熊益亮、沈藝、陳鋒等：《清華戰國竹簡八卦人體圖“坎離”探秘》，《中華中醫藥雜志》2017 年第 3 期，第 932－934 頁。

⑤ 何鍇：《清華簡〈筮法〉勞羅二卦與水火取象探究》，《周易研究》2020 年第 3 期，第 31－35 頁。

（坎），爲南，爲火，爲赤色，爲夏；北方爲亼，其配文爲“北方也，水也，黑色也。奚故謂之羅（離）？司藏，是故謂之羅（離）”（《清華簡（肆）》，第111－112頁），即亼爲羅（離），爲北，爲水，爲黑色，爲冬。由此可見，《筮法》與後天八卦的區别在於，它以仌勞（坎）爲火，亼羅（離）爲水，而方位、五行、顏色、四季等的對應是一致的。又《筮法》首次出現了五行與卦的明確對應關係，除第二十四節“卦位圖”外，還見於第十一節“雨旱”中。第十一節雨旱：“亓仌 仌亓金木相見在上，陰。水火相見在下，風。”（《清華簡（肆）》，第94頁）可見，兑爲金，巽爲木，艮爲水，坎爲火。這與卦位圖“南方也，火也，赤色也。奚故謂之勞（坎）？司樹，是故謂之勞（坎）”（《清華簡（肆）》，第111－112頁）提出勞（坎）爲火是相符的。亦有第二十一節四季吉凶中説：“夏，褮（勞、坎）大吉”（《清華簡（肆）》，第107頁）相符。説明卦位圖“坎南屬火”“離北屬水”並非繪錯。那麽爲何這與通行“坎北屬水”“離南屬火”相悖呢？以下將從三個方面進行分析。

從文字上看，《筮法》中坎作“𤎿”，釋讀爲“褮”，學界一般認爲即爲“勞”，據《説文解字》：“勞，劇也。从力，熒省。熒，火燒冂，用力者勞。”説明其與火有關，我國南方炎熱、夏季不僅炎熱亦是勞作的季節。因此“勞”對應南方、夏季、火是没有問題的。在馬王堆帛書《周易經傳》中坎作“贛”，作“勞”。關於“贛”，注曰：“贛，漢石經《説卦》作欿。王弼本作坎。”（《長沙馬王堆漢墓簡帛集成三》，第19頁）關於“勞”，注曰：“《説卦》，帝出乎震，……勞乎坎……坎者，水也，正北方之卦也，勞卦也，萬物之所歸也，故曰勞乎坎。廖名春引此指出帛書此‘《勞》’即坎卦。今按，王家臺秦簡《歸藏》坎卦名作‘勞’（傳本《歸藏》作‘犖’，‘勞’‘犖’音近），研究者多引此爲説。”（《長沙馬王堆漢墓簡帛集成三》，第94頁）可見，早期“坎”作“勞”是普遍用法。

《筮法》中離作“𦌴”，釋讀爲“羅”，據《説文解字》：“羅，以絲罟鳥也。从網从維。古者芒氏初作羅。”可見羅與網有關，主要用於捕鳥，而罟又有捕魚之義，羅應當與水相關，如《史記·屈原傳》“遂自投汨羅”，爲水名。因此“羅”對應北方、冬季、水也是可通的。在馬王堆帛書《周易經傳》中離亦作“羅”，“羅”“離”同音通假，故而學界一般認爲即爲“羅”即爲“離”卦。總而言之，無論是“勞”與“坎”，還是“羅”與“離”，在字形上没有直接的關係，應該是根據卦畫“坎中滿、離中虛”與發音進行的對應。但《筮法》全篇均作“褮”“羅”而非後來的“坎”“離”，因此認爲褮爲火，羅爲水就是《筮法》的特色，是完全没有問題的。

從體用關係上看，《筮法》普遍使用六子卦關係進行解卦，如死生、得、娶妻、讎、見、咎、瘳、男女、小得等。以第十二節男女爲例：“亓亼 仌亓凡男，上去二，下去一，中男乃男，女乃女。”（《清華簡（肆）》，第96頁）本節爲筮問生育男女的情况，所得結果，左右重卦的上卦去上二爻，下卦去下一爻，所得結果爲男，即生男，爲女即生女，如卦例所示，左右結果均爲仌，爲中男，即爲得男之象。而六子卦是典型體用思維的體現，説明《筮法》的運用八卦時是充分體現體用關係的。六子卦爲以少爲用，故而震、勞（坎）、艮均爲陰二陽一，按陽爻位置依次爲長男、中男、少男，巽、羅（離）、兑均爲陽二陰一，按陰爻位次分别爲長女、中女、少女。早在甲骨文“四方風”中就可以看出四方與季節的對應，即東對應春、南對應夏、西對應秋、北對應冬。而《筮法》又在方位上加了卦的對應，且《筮法》占筮注重“四”，卦均爲四個八卦構成，專設“四位表”説明四個位次，又第二十一節“四季吉凶”、二十四節“卦位圖”着重論述卦與四季之關係，即震在東應春、勞（坎）在南應夏、兑在西應秋、羅（離）在北應冬。另根據第五節“至”所述，震、羅（離）、勞（坎）、兑四正之卦見乃“至”，而其餘四隅卦“易向”纔會亦“至”，若不易向則昏聞不至，又第二十二節“乾坤運轉”説明四隅卦可運轉易向，而四正卦一般爲固定。根據體用關係原則，我們對四正卦的陰陽比例進行分析，即其原則爲“以少爲用”，震≙爲陰二陽一，對應東、春、長男，卦體爲陰，但對應爲陽，即體陰而用陽，五行對應木；勞（坎）亼亦爲陰二陽一，對應南、夏、中男，亦是即體陰而用陽，五行對應火；兑仌爲陽二陰一，對應西、秋、少女，爲體陽而用陰，五行對應金；羅（離）亼亦爲陽二陰一，亦體陽而用陰，五行對應水。故而卦象仌表示火，卦象亼對應水，也是没有問題的。

從八卦次序來看，馬王堆帛書《周易經傳·衷》曰：“天地定位，山澤［通氣］，火水相射，雷風相薄，八卦相錯。”（《長沙馬王堆漢墓簡帛集成三》，第 97 頁）與通行本《周易·説卦傳》“天地定位，山澤［通氣］，雷風相薄，水火不相射，八卦相錯”① 存在明顯差異，即水火顛倒，且該句無“不”字，又水火句與雷風句顛倒。馬王堆帛書《周易經傳·衷》對此注曰：“山澤二字諸家釋文皆在擬補缺文中（‘山’字原尚略存殘點），今將其所在小片自帛書帛畫殘片—20（原裱倒）新綴入此。‘火水相射，雷風相薄’，韓本作‘雷風相薄，水火不相射’，二句顛倒，又多一‘不’字。漢石經‘薄’字以上與韓本同，以下殘缺。按易卦坎水離火，罕言離坎者，帛書‘火水’二字顛倒，當從韓本乙正。帛書八卦順序爲乾（天）坤（地）、艮（山）兑（澤）、坎（水）離（火）、震（雷）巽（風），韓本震巽移在坎離之前，相射上又曾一不字，皆與文例不合，然似學者有意爲之，非一般偶然筆誤也。”（《長沙馬王堆漢墓簡帛集成三》，第 97—98 頁）正如注者所説此乃似有意爲之，非一般偶然筆誤也，若從清華簡《筮法》第二十六節“祟”來看，其八卦排列次序爲乾（天）、坤（地）、艮（山）、兑（澤）、勞（坎，火）、羅（離、水）、震（雷）、巽（風），與馬王堆帛書《周易經傳·衷》所述“天地定位，山澤［通氣］，火水相射，雷風相薄”的八卦次序完全吻合。亦説明“坎火”“離水”，實際上應是“袭火”“羅水”，在先秦時期是存在過的。同時這樣的排序亦完全對應了《筮法》六子卦的次序，即乾（父）、坤（母）、艮（少男）、兑（少女）、坎（中男）、離（中女）、震（長男）、巽（長女），十分工整。而與通行《周易·説卦傳》“乾天也，故稱乎父；坤地也，故稱呼母；震一索而得男，故謂之長男；巽一索而得女，故謂之長女；坎再索而得男，故謂之中男。離再索而得女，故謂之中女。艮三索而得男，故謂之少男。兑三索而得女，故謂之少女”②，即乾（父）、坤（母）、震（長男）、巽（長女）、坎（中男）、離（中女）、艮（少男）、兑（少女）排序不同，且通行本亦與兩種“天地定位”句不相匹配。

綜上，我們認爲清華簡《筮法》卦位圖中的坎離兩卦即仌南、亼北並非繪錯，而是在

① 張其成：《張其成全解周易》，北京：華夏出版社，2009 年，第 491 頁。
② 同上，第 499—500 頁。

當時存在“褮亼火”“羅亼水”的對應，後來逐漸爲坎水、離火所取代。在卦位圖之内，還有一幅人身圖，即將人體與八卦進行對應，如圖1所示，乾爲首，坤爲胸，震爲足，巽爲股，坎爲耳，離爲腹，艮爲手，兑爲口，這與通行《周易·説卦傳》所述“乾爲首，坤爲腹，震爲足，巽爲股，坎爲耳，離爲目，艮爲手，兑爲口”①，存在“坤、離”對應差異。熊益亮等認爲“身體外側分布的均是‘以用爲重’的陽卦——乾、坎、艮、震；内側則是陰卦——兑、坤、離、巽，這與中醫學認爲身體‘外爲陽，内爲陰’的觀點相合，且‘乾首—坎耳—艮手—震足—巽股—離腹—坤胸—兑口—乾首……’的次序循環運動，正與後天八卦的次序相同，並提出卦與身體對應是否與占筮有關。”②在出土《日書》中發現有地支與人體對應的“人字圖”，且《筮法》第二十七、二十八節分别是地支與卦、爻的對應，並有學者③提出在出土《日書》中，往往可尋得數字卦占筮系統的佚説遺存，因此以下將對《筮法》人身圖與《日書》人字圖進行比較分析。

二、人身圖

目前已在出土文獻中發現人字圖五種，分别見於睡虎地秦簡《日書》甲種（保存較爲完整，並配有文字，見圖2)、《北京大學藏西漢竹書》第六卷《日書》（保存完整，爲彩圖，但尚未完全出版，見圖3)、隨州孔家坡漢墓《日書》（破損嚴重)、馬王堆漢墓醫書《胎産書》（破損嚴重）以及《香港中文大學文物館藏簡牘》（破損極爲嚴重)，可見人字圖秦漢時期較爲流行，這與其時流行占筮擇日相關。人字圖一般用於預卜新生兒命運，即以新生兒的出生季節和生辰來確定其出生所處身體部位，從而通過所處部位來預卜其命運，帶有濃重的迷信色彩，但對於研究秦漢社會生活史具有較大的價值。關於人字圖的比較，熊益亮指出睡虎地秦簡《日書》甲種、《北京大學藏西漢竹書》第六卷《日書》、馬王堆漢墓醫書《胎産書》三幅人體圖“地支”標注的次序基本是一致的，只是在人形的塗色、上肢的方向、“四季”和少數幾個地支的標注位置的差異④。

據劉樂賢考證⑤，人字圖的地支與人身七個部位對應，即首、夾頸、奎（兩大腿之間，即股)、掖（腋)、手、足下、外（肩膀)，以圖2左側秋冬圖爲例，首對應巳，夾頸對應辰、午，奎（股）對應亥，掖對應丑、酉，手對應寅、申，足下對應子、戌，外對應卯、未。清華簡《筮法》人身圖示注爲八卦，加上左右對稱共計十一個卦，比人字圖對應少一個部位。人字圖示注人身部位均爲體外，而人身圖兑、坤、離卦均標注在體内，巽爲人體内側，另按照《筮法》第二十七節地支與卦：子、午對應震卦（足)，丑、未對

① 張善文譯注：《周易》，太原：三晋出版社，2008年，第154頁。

② 熊益亮、沈藝、陳鋒等：《清華戰國竹簡八卦人體圖“坎離”探秘》，《中華中醫藥雜志》2017年第3期，第932—934頁。

③ 子居：《清華簡〈筮法〉解析》（修訂稿下)，《周易研究》2015年第1期，第60—71頁。

④ 熊益亮：《先秦兩漢簡帛醫書身體觀研究》，北京中醫藥大學2017年博士學位論文。

⑤ 劉樂賢：《睡虎地秦簡日書研究》，臺北：文津出版社，1994年，第191—192頁。

應巽卦（股，即奎），寅申對應坎卦（耳，大約夾頸位置），卯、酉對應離卦（腹），辰、戌對應艮卦（手），巳、亥對應兑卦（口），而不計乾坤，恐與“乾坤運轉”有關，即一月之内，乾坤在卦位四隅上運動。可見，只有震足與“子”對應相合。因此，認爲人字圖與人身圖雖然都是人身與卦、地支的對應，但顯然不是一個體系的。

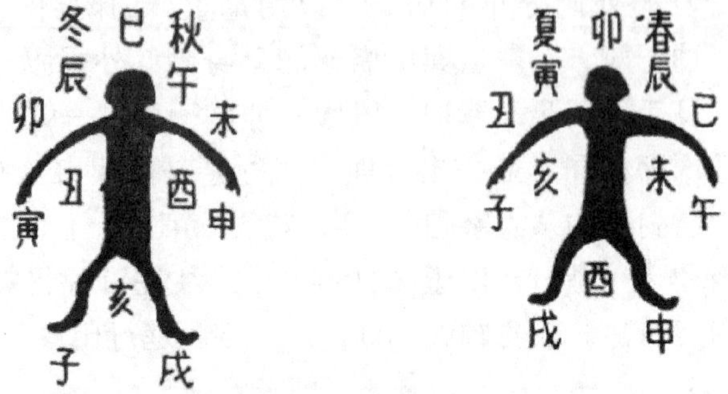

圖 2：睡虎地秦簡《日書》甲種之“人字圖”①

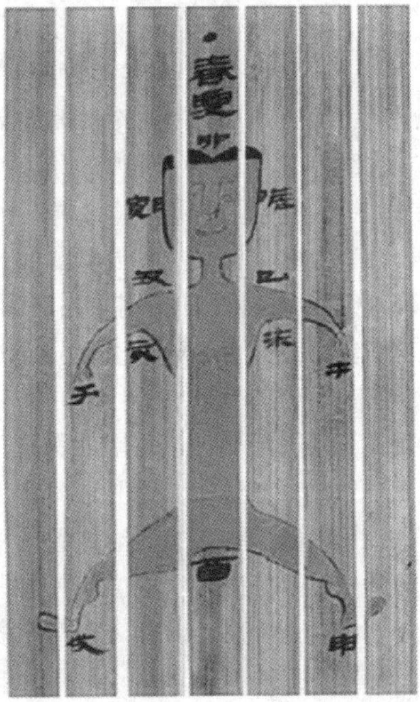

圖 3：《北京大學藏西漢竹書》第六卷《日書》之“占産子圖”②

根據《筮法》全篇所述，除“十七命”，即十七個占筮命辭種類外，其餘各篇當爲《筮法》解卦的基本原理，然而目前學界在解釋“十七命”中，幾乎没有運用“人身圖”的原理。筆者認爲恐與廣泛運用六子卦釋讀有關，從陰陽角度和體用關係來看，在外的乾、坎、艮、震恰爲父、中男、少男、長男的陽卦；在内的巽、離、坤、兑則爲長女、中女、母、少女的陰卦（具體參見圖 4）。如在第二節“得”中：“[illegible]三男同女，乃得。

---

① 注：此圖來自劉樂賢《睡虎地秦簡日書研究》，臺北：文津出版社，1994 年，第 186 頁。

② 注：此圖載於《文物》2011 年第 6 期封頁附圖 3。

三女同男，乃得。”除運用六子卦釋讀外，亦可用人身圖位次釋讀，中右上坎，右下、左上震均在外爲男卦，而左下巽在内爲女卦，故云“三男同女”。同理，除左下乾在外爲男卦外，其餘三卦爲在内女卦，故曰“三女同男”。總之，有關人身圖的運用，當爲《筮法》占筮服務。

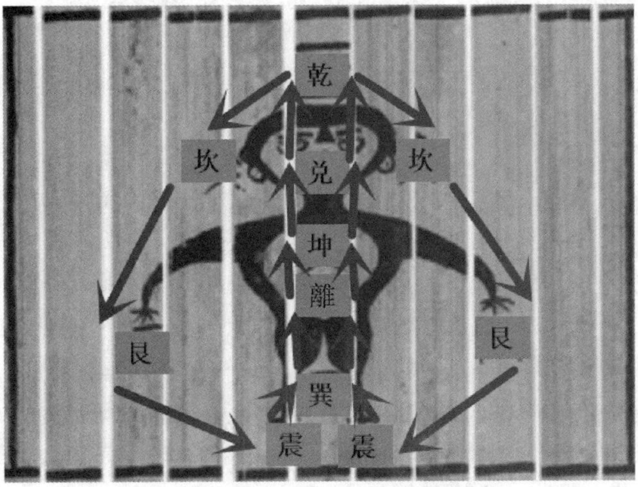

圖 4：清華簡《筮法》人身八卦對應圖

商代涉醫材料研究概述

鍾舒婷

（成都中醫藥大學中國出土醫學文獻與文物研究院，四川 成都　610075）

提　要：在國家大力弘揚和推動中醫藥文化的背景下，本文旨在對19世紀30年代以來有關甲骨文中與疾病相關卜辭的研究脈絡及論著進行大致的梳理，總結近百年來涉醫卜辭的不同類型的研究成果，可以對商代涉醫材料有一個總體的認識。

關鍵詞：商代；卜辭；疾病；概述

一、引言

殷商作爲我國有文字記載的第一個朝代，年代久遠，傳世文獻所載相關記載皆爲後人撰寫，然而1899年殷墟甲骨文的發現，開闢了商史研究的新紀元。目前，我們對殷商史的研究主要依賴甲骨文及商代考古發掘。隨着甲骨文研究的深入，在事類上，可以具體分爲祭祀、軍事、農業、田獵、天象、疾病等。除了微觀層面的研究，近年來，甲骨卜辭的綜合整理類研究工作也有很多進展，如與甲骨卜辭内容相關，國家社科基金重大專案“殷墟甲骨文分類與系聯整理研究”，根據相同和相近事類，將有關聯的甲骨卜辭按照時間先後順序進行排普繫聯，整理成一組較爲可靠的史料以供學者參照。又如工具書類，陳年福《殷墟甲骨文辭類編》的出版，作爲一部全新的大型甲骨文文本引得類的工具書，著録全面、材料可靠，使用便捷。

胡厚宣先生曾言：“有關中國古代醫學史的論著，陸陸續續發表了不少，但對商代疾病與醫療的論述，却顯得比較欠缺與瑣碎。”① 本文則是從具體事類入手，對從19世紀30年代以來有關甲骨卜辭疾病相關研究脈絡及論著進行大致的梳理。一方面，這是對30年代以來甲骨文中所見疾病相關研究比較系統的歸納整理；另一方面，這也是未來對商代所見疾病進行進一步研究的一項基礎性工作。

---

① 李宗焜：《從甲骨文看商代的疾病與醫療》，《“中央研究院”歷史語言研究所集刊》第七十二本第二分，2001年，第340頁。

總的來説，有關商代疾病的研究有兩個特點，一是從19世紀30年代到現在，殷商疾病相關研究學者主要有兩類，一者專門研究古文字，尤其是甲骨文專門研究，第二類是中醫文獻研究學者。總體而言，不管是從文章數量還是文章品質上來看，從事古文字的研究者對於甲骨文所見疾病的研究普遍優於非古文字專業研究者。因爲與古文字有關的研究需要很强的專業基礎知識，這需要長時間的積累。鑒於目前的研究狀况，本文在進行總結歸納時，基本選取的是古文字方向專業學者的研究成果。第二個特點則是由於時間久遠，商代缺少比較可靠的傳世文獻記載，因此研究材料主要是甲骨卜辭和一些考古發掘。筆者在將相關的文章進行總結分類後發現，這些成果大致可分爲文字考釋、具體疾病研究、疾病綜合研究三個大類，下面會分别對三大類進行討論。然而文字考釋和單個的疾病研究，僅僅是從一個小點出發，如果要從宏觀層面把握，則需要重點總結商代疾病綜合研究的相關論著，因此，本文只對文字考釋及具體疾病研究做簡要介紹。

二、文字考釋、具體疾病研究狀况

要對商代疾病進行系統研究，首先依賴於甲骨文字的考釋。其中最重要最核心的一個字爲（《合》440正）。孫詒讓先生認爲即“疥”，“《説文·疒部》：‘疥，从疒，介聲。’又《八部》：‘，畫也，从人，从八。’從此即介字，或作者，其變體。”① 其後，丁山先生否定了這種説法，他認爲“即《周易》常見之疾字也”，“外之，亦可象血液形。爿本象大版，亦象斧依。人體流血，倚版寢息此之全形，亦疾之初義矣”②。經丁山先生考釋後，爲“疾”成爲學界公認。此後，有關商代疾病研究進入了一個新的階段。

從單純的文字考釋和具體疾病研究兩方面而言，相關的研究系統性不强，且涉及的内容較爲單一，研究内容很多都相同或相似。如即便學界公認爲疾，但依然有學者繼續對該字進行研究，如張標《甲骨文“疾”字質疑》(1996)③、李人鑒《釋“疾”“病”“疾病”》(1982)④。又如，與疾病狀態描述有關的文字考釋，（《合》234）字，胡厚宣《釋死》(1944)、池田末利《釋死》(1951)⑤；如（《合》13431）字，蔡哲茂《説》(1993)、裘錫圭《殷墟甲骨文“慧”字補説》(1996)⑥；又如字（《合》13625）吴匡、

---

① 孫詒讓：《契文舉例·釋人第五》，《孫詒讓全集》，北京：中華書局，2016年，第67頁。

② 丁山：《釋疾》，載《歷史語言所集刊》第一本第二分，上海：商務印書館，1930年，第243、244頁。

③ 張標：《甲骨文“疾”字質疑》，《考古與文物》1996年第6期。

④ 李人鑒：《釋“疾”“病”“疾病”》，《揚州師院學報（社會科學版）》1982年第3、4期合。

⑤ 胡厚宣：《釋死》，《甲骨學商史論叢初集（外一種）》，石家莊：河北教育出版社，2002年。池田末利：《釋死》，《中國古代宗教史研究》，臺北：東海大學出版社，1981年。

⑥ 蔡哲茂：《説》，《第四届中國文字學全國學術研討會論文集》，臺北：大安出版社。裘錫圭：《殷墟甲骨文“慧”字補説》，《華學》第二輯，廣州：中山大學出版社，1996年。

蔡哲茂《釋目》(1999)①。另一種則是對身體部位相關文字的考釋與研究，如宋文風《“自”字的訓詁》(1982)、黎京輝《釋“自”——兼及古代的劓刑》(1982)②；羅振玉《釋止》(1941)、金祥恒《釋生——止之(上、下)》(1961、1962)、郭全芝《說“趾”》(1983)③。

上文所說相同和相似的研究在具體疾病的研究方面體現得尤爲明顯，如口腔疾病相關的研究，有周宗岐的《殷墟甲骨文中所見口腔疾患考》(1956)、周大成《中國口腔醫學史考》(1991)，尤其在第三章專門研究“殷商時代的口腔醫學”，不但利用了甲骨文，而且對考古發掘的商代人頭骨的口腔情況進行分析，結合了文獻與文物兩種材料，之後，又發表《殷墟甲骨文中所見口腔疾患續考》(1991)一文④。又如生育類卜辭的研究，有荒木日吕子《釋“㝵㚤”》(1985)，梁晴、薛秀英《簡論甲骨文中關於生育的問題》(1986)，彭邦炯《甲骨文中的生育問題再探索》(2006)⑤。

除此之外，在甲骨文中，有一種疾病相關的占卜十分常見，即卜辭中的“冎凡㞢疾”，跟它有關的研究文章很多，莫衷一是，至今也没有一個比較完美的解釋。這個詞關鍵就在於“冎凡”二字的考釋。相關情况蔡哲茂先生在《殷卜辭肩凡有疾解》(2006)一文中總結歸納得非常詳細，本文不再贅述⑥。根據蔡哲茂先生的整理，“冎凡㞢疾”大概有十五種解釋，這其中最主要的觀點有兩種，一是骨疾，以李孝定、沈寶春、宋鎮豪等學者爲代表；二是恢復健康，從某種疾病狀况好轉起來的意思，此種觀點以尼德衛、蔡

① 吴匡、蔡哲茂：《釋目》，載《古文字學論文集》，臺北“國立”編譯館，1999年。

② 宋文風：《“自”字的訓詁》，《紹興師專學報(社會科學版)》1982年第1期。黎京輝：《釋“自”——兼及古代的劓刑》，《先秦史學會成立暨第一届年會論文》，1982年。

③ 羅振玉：《釋止》，《羅雪堂先生全集續編·貞松老人遺稿甲集》，臺北：大通書局，1969年。金祥恒：《中國文字》第5、6册，1961年9月、1962年1月。郭全芝：《說“趾”》，《淮北煤炭師範學院學報(社會科學版)》1983年第1期。

④ 周宗岐：《殷墟甲骨文中所見口腔疾患考》，《中華口腔雜志》1956年第3號。周大成：《中國口腔醫學史考》，北京：人民衛生出版社，1991年。周大成：《殷墟甲骨文中所見口腔疾患續考》，《中華口腔醫學雜志》1991年第26卷第1期。

⑤ 荒木日吕子：《釋“㝵㚤”》，《東方學》第69輯，1985年。梁晴、薛秀英：《簡論甲骨文中關於生育的問題》，《中原文物》1986年第3期。彭邦炯：《甲骨文中的生育問題再探索》，《殷都學刊》2006年第1期。

⑥ 詳情參考蔡哲茂《殷卜辭肩凡有疾解》。可參考論文：郭沫若：《釋繇》，《卜辭通纂》，北京：科學出版社，1983年。唐蘭：《天壤閣甲骨文存並考釋》，上海：上海古籍出版社，2016年。嚴一萍：《殷契徵毉》，臺北：藝文印書館，1951年。饒宗頤：《殷代貞卜人物通考》，北京：中華書局，2015年。李孝定：《甲骨文字集釋》，“中央研究院”歷史語言研究所，1965年。丁驌：《釋晌與龍》，《中國文字》第32册，1969年。David S. Nivison：《動詞‘㞢又有’」在上古漢語中的代詞用法》，《古代中國》第3卷(Early China 3 FALL，1977年)。柯昌濟：《〈殷墟卜辭綜類〉例證考釋》，《古文字研究》第16期，1989年。劉桓：《釋“囚凡㞢疾”》，載《甲骨徵史》，哈爾濱：黑龍江教育出版社，2002年。沈寶春：《釋“凡”與“冎凡㞢疾”》，《第二届國際中國古文字研討會論文集》，1993年。張玉金：《說卜辭中的“骨凡有疾”》，《考古與文物》1999年第2期。裘錫圭：《說“𠀠凡有疾”》，《故宫博物院院刊》2000年第1期。林小安：《殷墟卜辭“㔾凡㞢疾”考辨》，載《揖芬集——張政烺先生九十華誕紀念文集》，北京：社會科學文獻出版社，2002年。宋鎮豪：《商代的疾患醫療與衛生保健》，《歷史研究》2004年第2期。于省吾主編：《甲骨文字詁林》，北京：中華書局，1996年。

哲茂爲代表。“冎凡㞢疾”的争議雖多，但也從另一方面説明它仍然有巨大的研究價值。

三、商代涉醫材料綜合研究狀況

自 20 世紀 40 年代到現在，商代涉醫類材料綜合類的研究論著從數量上來看並不算多，按照時間先後順序：胡厚宣《殷人疾病考》（1943），嚴一萍《殷契徵醫》（1951），温少峰、袁庭棟《殷虚卜辭研究——科學技術篇》第七章“醫學”（1983），詹鄞鑫《卜辭殷代醫藥衛生考》（1986），李宗焜《從甲骨文看商代的疾病與醫療》（2001），宋鎮豪《商代的疾患醫療與衛生保健》（2004），彭邦炯《甲骨文醫學資料釋文考辨與研究》（2008）。這其中絶大部分爲論文，專著只有《殷契徵醫》和《甲骨文醫學資料釋文考辨與研究》兩部。本文選取其中重要的五部並按照時間順序分别進行介紹。

有關商代疾病的研究，胡厚宣先生“道夫先路”。1943 年，他的《殷人疾病考》一文首次對商代疾病進行了較爲系統的考察研究。其後，楊樹達、陳世輝、范毓周三位學者又分别對這篇文章進行了補充和修正[1]。該文共分爲八個點，包括引言、疾字之認識、疾病之種類、情況、患者、原因、治療，結論，歸納起來即引言、“疾”字的考釋、疾病相關情況、結論四個大點。根據甲骨文，胡先生文中共收 16 種疾病。然而在疾病的治療方面，胡厚宣先生認爲“其惟一治療之方法，亦只是希望天神之賜愈，及禱於其祖妣而已”[2]。40 年後，胡厚宣先生又發表《論殷人治療疾病之方法》一文，專門對商人治療疾病的方法進行了探討，糾正前説，“惟過去以爲殷人對於疾病，多禱告於祖先祈求神靈之賜愈，尚不知有什麽治療之方法，於今觀之，則實有不然”[3]，在該文中，共收集整理了針刺、按摩、以艾灸療 3 種商人治病的方法。根據胡先生的兩篇文章，本文將所收疾病種類與治療方法進行總結，見下表。

表 1：胡厚宣《殷人疾病考》《論殷人治療疾病之方法》簡況表

疾病種類				致病原因		治療方法
頭病	眼病	耳病		天神降疾 人鬼作它（害） 蠱		針刺 按摩 以艾灸療
口病	牙病	舌病				
喉病	鼻病	腹病				
足疾	趾病	尿疾				
産病	婦人病	小兒病				

① 楊樹達：《讀胡厚宣君殷人疾病考》，《積微居甲文説·卜辭瑣記》，北京：中國科學院出版社，1954 年。陳世輝：《殷人疾病補考》，《中華文史論叢》1963 第四輯。范毓周：《〈殷人疾病補考〉辨正》，《東南文化》1998 年第 3 期。

② 胡厚宣：《殷人疾病考》，《甲骨學商史論叢初集（外一種）》，石家莊：河北教育出版社，2002 年，第 322 頁。

③ 胡厚宣：《論殷人治療疾病之方法》，《中原文物》1984 年第 4 期，第 27 頁。

其中，尿疾選自《前》7.21.2（《合》13887），全辭爲：“貞：尿弗其冎凡□疾”，胡厚宣先生認爲是貞卜是否有尿疾，根據辭例，該辭中“尿”實際上爲人名，這在《從甲骨文看商代的疾病與醫療》一文裏有比較詳細的論述①。因此，胡文總收疾病 16 種、致病原因 3 種、治療方法 3 種。

1951 年出版的《殷契徵醫》② 一書，是第一部對商代疾病進行系統研究的著作。甲骨文是目前我們能看到的中國最早的文字，因此該書共包含醫始於殷、疾卜、病因、治療與預防五個部分。在疾病的收録上，他按照醫學上的分類，卜辭記載分爲内科、兒科、耳鼻科、眼科、齒科、産婦科六大類。在大類下又進行了細化，如内科又分爲疾首、疾身等。相較 1943 年的《殷人疾病考》，在致病原因上嚴一萍先生增加天象一項，治療方法提到了向上帝祈福，通俗來説就是舉行各種祭祀活動。相關情況見下表：

表 2：嚴一萍《殷契徵醫》簡況表

疾病分科	疾病種類				致病原因		治療方法
内科	疾佐	疾首	瘧疾		由天降禍		祈賜於上帝
	口病	舌病	疾身		鬼神祟禍		
	出疾	疾尿	疾音		妖邪之蠱		
	足眴				天象變化		
兒科							
耳鼻科							
眼科	目眴	喪明	眚				
齒科	疾齒	齲齒					
産婦科							

自嚴一萍先生後，一直到 80 年代，這三十多年間没有比較全面的商代涉醫文獻綜合性研究。直到 1983 年，温少峰、袁庭棟出版《殷墟卜辭研究——科學技術篇》，書中第七章專門討論商代醫學③。文章共收集總結 34 種疾病、7 種治療方法，所舉卜辭的釋義也更加完備。雖然“醫學”只是該書其中的一章，但其研究相較以前學者更進一步，一是文中增加了“對疾病狀況的描述”一節，整合了前輩學者對相關疾病狀況描述的文字考釋的研究成果，不再局限於具體疾病種類的考釋；二是對懷孕、生育的問題也單獨進行了討論。從綜合研究的角度來看，本章結構更加合理、内容更加詳實。簡況表如下：

① 李宗焜：《從甲骨文看商代的疾病與醫療》，《“中央研究院”歷史語言研究所集刊》第七十二本第二分，2001 年，第 371、372 頁。

② 嚴一萍：《殷契徵醫》，《嚴一萍先生全集》甲編第一册，臺北：藝文印書館，1991 年。

③ 温少峰、袁庭棟：《殷虚卜辭研究——科學技術篇》，成都：四川省社科院出版社，1983 年。

表 3：温少峰、袁庭棟《殷墟卜辭研究——科學技術篇》簡表

疾病種類						致病原因		治療方法
疾首	疾天	疾目	疾耳	疾自		上帝致病		致祭鬼神
疾口	疾舌	疾言	疾齒	疾項		人鬼作祟		小疾臣（醫官）
[illegible]害	奶執	腹不安	疛	疾[illegible]		酒精中毒		針刺
疾身	疾臀	疾肘	疾卩	疾疋		傷風		艾灸
疾趾	疾骨	疾軟	疾心	疾旋				按摩
鬼瘧	禍風	疾疫	蠱	疾蛔				藥物治療
瘧	育與疾	小兒病	酒精中毒症					拔牙 接骨復位

雖然從文章結構設置及内容來看，文章要優於其他學者的研究，但有的結論也並不可信，如上表所列兩種疾病——奶執與酒精中毒。關於“奶執”，李宗焜先生已有詳細論述①，而酒精中毒一説從于省吾先生所釋，也不可信②。首先，在所有甲骨文中只發現了這一例，基礎材料本身就很薄弱，例證不够。其次，從辭例本身來看，該卜辭選自《合》9560，全辭爲：

甲子卜賓貞：畢酒在疾，不從王古？/貞：其從王古？

根據甲骨辭例，“畢酒在疾”斷句應爲“畢酒，在疾”，“在”後往往加地名，因此從辭例上看，“疾”當爲地名。而“畢酒”也並非指畢飲酒，關於“畢酒”的卜辭還有：

1. 丙寅卜品貞：乎畢……/貞：乎畢酒嶽？（《合》10055＋13644＋14469 張宇衛：甲骨綴合第二十一二三則，先秦網 2012・1・5）
2. 貞：乎畢酒……燎三［牛］？（《合》10542）
3. 乎畢酒河？（《英藏》794）

酒顯然是一種祭祀活動，甲骨文中酒祭是一種常見的祭祀方式。以上三條卜辭，皆是占卜畢主導酒祭這一祭祀活動的。另外從字體上看，《合》9560 爲賓組二類，《合》10055＋13644＋14469、《合》10542 和《英藏》794 字體屬賓組一 B 乙類偏晚，從占卜時間來看四條卜辭的時間比較接近，都屬武丁晚期，可見在武丁晚期畢時常主持酒祭。另外，“不從王古”的“古”在甲骨文中用作貞人名，將其釋爲“故”也缺乏其他甲骨材料支撑，顯然不合適。因此“畢酒在疾”當是“畢在疾酒”，意思是畢在疾這個地方主持酒

① 李宗焜：《從甲骨文看商代的疾病與醫療》，《“中央研究院”歷史語言研究所集刊》第七十二本第二分，2001 年，第 373 頁。

② 于省吾：《甲骨文字釋林》，北京：中華書局，2009 年，第 340、341 頁。

祭，酒精中毒一説很難成立。

到 2001 年，李宗焜先生《從甲骨文看商代的疾病與醫療》一文對相關研究歷史進行了回顧，“補充前人之所未備，並補正諸多誤説”①。文中共列舉了 26 種疾病，以及致病原因和治療方法各 3 種，相關情況見下表：

表 4　李宗焜《從甲骨文看商代的疾病與醫療》簡况表

疾病種類			致病原因	治療方法
疾首	疾目	疾耳	天地神祇降禍	針刺
疾自	疾口	疾舌	祖先降疾	按摩
疾言	疾齒	疾肱、肘	鬼神示警	灸療
疾疋、脛、膝				
疾止	疾人	疾肩		
從人諸疾：疾膝、疾項、疾身				
腹不安	疾	疾役		
疾		疾		
疾		疾		

以上總共收 26 種疾病，其中疾、疾役、疾、、、疾、疾、疾 7 個身體部位暫不可考。所收疾病種類比胡厚宣先生更多，至於疾病原因和治療方法，與胡先生的考證無異。

到 2004 年，宋鎮豪先生發表《商代的疾患醫療與衛生保健》② 一文。其實早在 1994 年，宋先生出版《夏商社會生活史》③ 一書，第八章“人生尚俗與病患醫療”中的三、四、五節就已經對商代疾病醫療做過比較系統的研究，《商代的疾患醫療與衛生保健》這篇文章就是在此基礎上寫成的，對原書的内容進行了修正、補充。文章共分爲甲骨文中的疾患種類、疾患症狀記録、巫醫交合、醫療的俗信、衛生保健五個部分。該文與其他論著相比，與《殷墟卜辭研究——科學技術篇》相同，將疾病種類和症狀的描述分開，單獨放在一節中專門進行討論。不僅如此，文章引用了很多考古材料，這是一個相當大的突破，將考古文物與甲骨卜辭記録緊密結合，所得結論更加可靠。另外，第五節“衛生保健”考古發掘的商代遺址，對當時的衛生情況進行了研究，以今天的眼光來看，具有前瞻性，有很强的社會指導意義。文章簡况見下表：

① 李宗焜：《從甲骨文看商代的疾病與醫療》，《“中央研究院”歷史語言研究所集刊》第七十二本第二分，2001 年，第 339 頁。

② 宋鎮豪：《商代的疾患醫療與衛生保健》，《歷史研究》2004 年第 2 期。

③ 宋鎮豪：《夏商社會生活史》，北京：中國社會科學出版社，1994 年。

表 5：宋鎮豪《商代的疾患醫療與衛生保健》簡況表

疾病種類					致病原因	治療方法
疾首	疾目、目憂	疾	疾耳	耳鳴	自然神祇降災 人鬼作祟	藥物治療 針砭 外科手術
疾自	聽憂、聽孽	疾口	疾舌	䂻疾		
蠱	息隹出疾	疾齒	疾言			
齲	齒蠱	疾	疾	疾		
疾	疾腰	心蕩	疾胸	疾		
疾役	疾身	疛	疛腹	腹不安		
脹	疾人	疾	疾	疾肱		
疾肘	疾疋	疾	疾脛	足		
疾止	疾	疾	疾骨	瘧		
疾	骨凡有疾	疾		疾年		
㐱	肬（、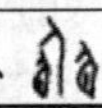）	疾其隹蠱				

雖然這是 2004 年的一篇綜合性研究文章，但在當下來看内容也非常完備、豐富，涉及面廣，至今没有學者突破，但是很可惜文章没有展開論述。文章共收 53 種疾病，如眼疾相關疾病有“疾目”“疾”兩種，又如耳疾相關有“疾耳”“聽憂、聽孽”，與鼻子相關疾病有“疾自”“息隹出疾”。與口腔相關的疾病分爲“疾言”“疾齒”“”“齲”“齒蠱”“疾”。可見當時的人已經意識到，相同部位的疾病是由不同原因引起的，正如宋先生文中所言“症狀有異，均有辨别，可見當時識明醫學已頗爲精細”①。“豐富而系統的人體形態組織結構知識點積累，促使商代以前人們已能够面對各種病症，據其病理反應症狀和病灶部位，作出較爲正確的病象因辨識。”② 在治療方面，一是巫醫交合，二是根據考古發掘整理了相關的治療方法。甲骨文記載往往較爲簡單，宋先生結合考古發掘實物，就將商代的醫療研究，尤其是對疾患治療方面的研究向前推進了一步。此外，文章最後一節對商代的衛生保健進行了專門研究，在歷史的意義方面，尤其是新冠肺炎疫情横行的今天，極具價值，具有指導社會實踐的作用。

以上選擇了五種主要的綜合性研究論著，簡要介紹了相關情況。從疾病種類的收録來看，數量越來越多，但致病原因及治療方法始終没有太大突破，僅有那麼三四種，這與甲骨文本身的局限性有關。爲了更直觀地對比，現將以上五個表格整合簡化如下：

① 宋鎮豪：《商代的疾患醫療與衛生保健》，《歷史研究》2004 年第 2 期，第 10 頁。
② 同上，第 15 頁。

表 6：各家簡況對比表

	胡厚宣	嚴一萍	温、袁	李宗焜	宋鎮豪
疾病種類總數	16 種	6 科	34 種	26 種	53 種
致病原因	天神降疾 人鬼作它 （害）蠱	由天降禍 鬼神祟禍 妖邪之蠱 天象變化	上帝致病 人鬼作祟 酒精中毒 傷風	天地神祇降禍 祖先降疾 鬼神示警	自然神祇降災 人鬼作祟
治療方法	針刺 按摩 以艾灸療	祈賜於上帝	致祭鬼神 小疾臣（醫官） 針刺 艾灸 按摩 藥物治療 拔牙 接骨復位	針刺 按摩 灸療	藥物治療 針砭 外科手術

當然，以上只選取了部分典型的論著，上文没有例舉的文章，如詹鄞鑫《卜辭殷代醫藥衛生考》，該文分爲三大部分，第一部分介紹了商人對人體、生育、夢、疾病的認識，列舉了 24 個身體部位、20 種疾病，尤其是作者注意到了卜辭中夢與疾病之間的關係，但遺憾的是文章没有展開論證。第二部分闡述了殷人對疾病的治療，他認爲殷代“已經有了按摩、針砭、灸焫等治病手段和一些食物調理疾病的藥物”①。最後，根據甲骨文、金文字形，對殷人的衛生習慣作了簡單的介紹。文章對甲骨文在研究商代疾病的研究上看法相當客觀，承認卜辭在這方面研究的局限性，正如文中所説：“殷人對疾病的分類，是按表面部位來區别的，而基本上看不出疾病本身的性質。甚至連内科外科也看不出來，只能對疾病作一些推測。”②“如果要全面研究殷代的醫藥衛生史，還必須結合考古發掘和典籍文獻的研究。”③

四、結語

從文字考釋方面來看，雖然中國文字 3000 多年未曾間斷，但文字在發展演變的過程中，舊的文字會不斷消亡，新的文字不斷産生，尤其是甲骨文年代久遠，大部分文字目前不可考，因此涉醫類單個的文字考釋工作相對艱難。在具體疾病研究方面，有幾十年研究成果的積累，如杜鋒《花東卜辭中的“敫”“心敫”“鬼心”及相關問題研究》④，利用了甲骨文以外的其他出土文獻。就整體的研究工作來看，從胡厚宣先生的《殷人疾病考》，到李宗焜先生的《從甲骨文看商代的疾病與醫療》，再到宋鎮豪先生的《商代的疾

① 詹鄞鑫：《卜辭殷代醫藥衛生考》，《甲骨文獻集成》第 26 册，第 414 頁。

② 同上，第 413 頁。

③ 同上，第 414 頁。

④ 杜鋒：《花東卜辭中的“敫”“心敫”“鬼心”及相關問題研究》，《出土文獻》2019 年第 1 期。

患醫療與衛生保健》，有關商代疾病綜合研究的發展特點有以下三點：第一，隨着文字考釋和甲骨文材料的集中，疾病種類由 16 種增加到 55 種，種類越來越多；第二，研究用的材料擴大到考古發掘的相關文物，不再局限於甲骨文；第三，系統性越來越强，包含了疾病、治療、疾病與治療方面所體現的商人思想與文化、對現實社會的指導作用，研究越來越全面。

不僅如此，到了多學科結合的今天，我們把商代涉醫文獻放在一個大環境和大背景下來看，並不只有李先生説的那兩個問題。比如文字對考釋、隸定的不同從而導致甲骨文釋讀的差别，如嚴一萍先生將“冎凡㞢疾”釋爲“冎風㞢疾”，認爲是風疾，因此致病原因多了一項因天象的變化。又如胡厚宣、嚴一萍等學者將[illegible]釋爲“雪”，認爲是因下雪導致疾病，但唐蘭、蔡哲茂、裘錫圭等學者將其釋爲“慧”，是攘除疾病、病愈之意。兩種關於[illegible]的考釋大相徑庭。因此，從文字方面來講，商代涉醫文獻的研究還有賴於進一步的文字考釋。

在弘揚冷門絶學的今天，雖然大家都想醫學探源，從甲骨文中尋找蛛絲馬迹，經過百年來的探索，雖説有很大進步，但從目前的研究來看，想有突破還是很艱難的。尤其是李宗焜先生曾討論過商代疾病研究狀況，他的評價很客觀也很真實：“甲骨文發現百餘年來，學者利用甲骨資料研究商代疾病和醫療的文章時有所見，但普遍存在兩個現象：一是材料不够完備，二是誤釋和誤説甚多。”“甲骨材料中所記録的殷代疾病是多方面的，但多屬於患病部位的貞卜，專案雖多，内容往往都很簡單，學者據此簡單記載而多方揣測，多半是没有根據的猜想。”① 詹鄞鑫先生也有相似的看法。因此，商代醫學究竟達到怎樣的程度，我們還是要從實際出發，不應過分誇大商代醫學的發展水準。

但就從研究本身來説，這需要跨學科合作，涉及醫學、考古學、古文字學。然而研究者往往是醫學者不懂考古、古文字，古文字者不懂醫學，所以研究結果很容易出現錯誤。如有的學者在甲骨文本身内容的理解上也存在問題。比如將兆辭“二告”理解爲祭禮；同樣的辭例“骨凡有疾”在同一篇文章中一邊理解爲傷風感冒、一邊理解爲骨疾；將“子妭骨凡有疾”（《合》13874）中的“妭”解釋爲手執利戈砍手，整條卜辭的意思爲王子患了骨風，不砍手就有可能導致死亡。然而其實子妭是一個詞語，爲商代子族的一員。又如《合》13878 中的兩條卜辭“乙丑卜，古，貞，畢冎凡有疾”“□丑卜，貞，其今翌雨”明明是同版兩條内容不相關的占卜，却非要將其混爲一談，認爲是因雨水誘發的骨病，這都是胡説。從這些例子來看，但凡有一點甲骨學基礎，都不可能犯以上的錯誤。因此，從這方面來説，研究者還應該加强甲骨文基礎知識的積累，畢竟我們所用的材料大部分來源於甲骨文。而且從目前的研究來看，我們對考古發掘的材料利用的還不够充分，例如研究論著中結合的考古文獻也就幾種，如中國社會科學院考古研究所《考

① 李宗焜：《從甲骨文看商代的疾病與醫療》，《“中央研究院”歷史語言研究所集刊》第七十二本第二分，2001 年，第 339 頁。

古發掘報告（1958−1961年）》①，河北省博物館等《藁城臺西商代遺址》②，耿鑒庭、劉亮《藁城臺西商代遺址中出土的植物》③，馬繼興《臺西村商墓中出土的醫療器具砭鐮》④，周世榮《湖南石門縣皂市發現商殷遺址》⑤，耿鑒庭、劉亮《藁城商代遺址中出土的桃仁和郁李仁》⑥。所以從考古角度來説依然大有可爲。不論利用什麼材料，都需要我們從實際出發，有幾分材料説幾分話，踏實研究。

另外，以往的研究對卜辭之間聯繫關注度也不够，比如以下一組材料：

（1）壬寅卜争貞：弘協王史？/壬寅卜争貞：弘弗其協王史？ ①

（2）壬寅卜𣪊貞：自今至于丙午雨？/壬寅卜𣪊貞：自今至于丙午不其雨？（王占曰：隹今夕癸見丁。） ①

（3）癸卯卜𣪊貞：乎弘往，於隹比壐？/癸卯卜𣪊貞：［勿］乎弘往比壐於隹？ ①

（4）乙巳卜𣪊貞：乎取十□？ ②

（5）貞：乎比卯取屯於寰？/貞：勿乎比卯？ ①

（6）王其比取？/勿比取？ ①

（7）丁未卜𣪊貞：雟比㠯□□協王史，以？/貞：雟弗其協王［史］？ ②

（8）貞：雟比㠯又［文］協？ ③

（9）辛亥卜亘貞：禦婦于㞢妻？/勿禦婦于㞢妻？（貞：冎凡屯…/貞：弗其冎…） ①

（10）辛亥卜𣪊貞：令比弘？/貞：令弗其比弘？ ④

（11）（辛亥卜𣪊），來甲寅㞢伐自上甲？/勿㞢？ ②

（12）來甲寅㞢伐自上甲？/勿㞢？ ②

（13）…其…十三月。 ④

（14）翌甲寅㞢伐于大甲？ ④

（15）貞：㞢于大甲伐十㞢五？ ④

（16）㞢于上甲？/勿于上甲？ ④

（17）…上甲… ④

（18）貞：於下乙㞢伐？/勿㞢伐？ ④

（19）貞：㞢于祖丁？ ④

（20）甲寅… ④

---

① 中國社會科學院考古研究所編著：《考古發覺報告（1958−1961年）》，北京：文物出版社，1987年。

② 河北省博物館等：《藁城臺西商代遺址》，北京：文物出版社，1985年。

③ 耿鑒庭、劉亮：《藁城臺西商代遺址中出土的植物》，載《藁城臺西商代遺址》附録3，1985年。

④ 馬繼興：《臺西村商墓中出土的醫療器具砭鐮》，《文物》1979年第6期。

⑤ 周世榮：《湖南石門縣皂市發現商殷遺址》，《考古》1962年第3期。

⑥ 耿鑒庭、劉亮：《藁城商代遺址中出土的桃仁和郁李仁》，《文物》1984年第8期。

(21) 辛未卜殻貞：寧告于祖乙？/辛未卜殻貞：勿寧告于祖乙？ ①

(22)（壬申）貞：雟其㞢疾？/貞：雟［亡疾］？ ⑤

(23) □申？ ⑤

(24) 己卯卜殻貞：不其雨？/己卯卜殻貞：雨？王占：其隹壬雨？壬午允雨？ ④

(25) 貞：今［夕］不雨？ ④

(26) …其…言［雨］在瀧？/王不雨在瀧？ ④

(27) 庚辰［卜］□［貞:］：黄［尹］□我［年］？一月。/貞：黄［尹］弗□我年？ ④

(28)（己丑卜賓），令弘比㮚協王史？/貞：叀邑令比㮚？ ⑤

(29) 貞：［叀］邑令□我？ ⑥

(30)（［己］丑）［貞:］：隹娥咎王？/貞：不隹娥咎王？ ⑤

(31) 貞：帝不隹咎王？王占曰…隹…咎… ④

(32) 貞：王齒，允隹㞢害？/? 齒？ ④

(33) 禦齒於斲？/勿於斲禦齒？ ②

(34) 於妣甲禦齒？ ②

(35) 勿燎？ ⑤

(36) 王往？/勿往於□？ ①

(37) 王蕈？/勿蕈？ ①

(38) 王魚？/勿魚？ ①

(39) 王比龟？ ④

(40) 王比龍東龟？ ④

(41) …畢亡其遭［來］自南？允亡遭？ ⑤

(42) 貞：冉以巫？/貞：冉弗其以巫？/冉以巫？/弗其以？（王占曰：吉。） ②

(43) 婦姘來女？ ①

(44) 令吴，冓□又□？/…吴，冓… ①

(45) 王… ①

(46) 在… ⑤

(47) …戚… ⑤

(48) …尹… ④

(49) 戔來五。殻。（甲橋刻辭） ①

(50) 竹入十。（甲橋刻辭） ④

(51) □入□。 ⑤

①《合集》667 ②《合集》946 ③《合集》4834

④《合集》902+12218（張惟捷：殷墟YH127坑賓組刻辭整理與研究（上册）106頁）

⑤《合集》5477　　⑥《合集》4466

本組繫聯根據“弘比某”協助王事繫聯，涉及邑、雟、臺等人，其中雟僅見兩版，《合集》5477 占卜“雟疾”，可能是中途出現狀況本組繫聯纔會多次占卜弘比某協王事。《合集》4466 根據“邑比”繫聯。

這組卜辭中既占卜雟協助王事，又占卜雟的疾病，這在卜辭中並非偶然現象，《契集》237 根據《合》5480“我、禽協王史”繫聯，因爲在賓組卜辭中某人協王事占卜時，會在同時或相隔不就的時間卜問該人是否有禍，疾病作爲“禍”的一種也在占卜内容當中。也就是説，商王對臣屬的疾病占卜，並不完全是因爲對下位者的關心，有的僅僅是基於自身利益的考慮。所以從這方面而言，就涉及商人的思想、文化傳統。因此我們不能將單個的占卜割裂開來研究，不能只注重疾病占卜，其背後隱藏了商人怎樣的思想文化内涵，這也是需要我們注意的。

綜上所述，往後研究殷商涉醫文獻有幾個方面需要加强：1. 文字的考釋；2. 考古材料的利用；3. 占卜内容的繫聯（文化内涵）。

出土秦漢醫簡所見毒性中藥考察

石可金　張　琦

（成都中醫藥大學，四川 成都　610075）

提　要：本文對目前出土秦漢醫藥文獻記載的毒性中藥數量、所治疾病、製劑工藝和用法進行了梳理總結。9 部簡帛醫書共收載毒性中藥 17 種，以植物類毒藥爲主，毒藥所治疾病主要爲外科頑症。用法上，以外用爲主，在運用毒性中藥時講究與輔料合用，其中以醯、彘膏最常見，内服時多與送服劑同用以求增效減毒，這些方法的靈活使用在一定程度上彌補了因炮製不足帶來的弊端，可見在先秦兩漢時期醫家在用毒、控毒、解毒上有了一定的經驗，值得現代借鑒與參考。

關鍵詞：秦漢醫簡；毒藥；製劑；輔料

我國古代醫藥文獻有大量關於毒性中藥的記載，毒藥一詞，最早可見於《周禮·天官冢宰》“醫師聚毒藥以供醫事”，把治病療疾的藥物等同於毒藥，此外，《黄帝内經》也是如此，如《素問·臟氣法時論》“毒藥攻邪，五穀爲養”、《素問·異法方宜論》“起病生於内，其治宜毒藥”等諸多記載，均把藥物與毒藥劃等號，毒藥即是用於治療疾病的藥物。隨着對藥物毒性進一步加深，東漢早期的《神農本草經》以三品分類法，分上、中、下三品，上藥無毒，中品藥部分有毒，下品藥多含毒性。明代張介賓認爲藥物的偏性即是毒：“蓋以治病，因毒爲能，所謂毒者，以氣味之有偏也。”現代對中藥的毒性認識則更加深入，2020 版《中國藥典》把具有毒性的中藥分爲大毒、有毒、小毒三類，並收録了 83 種毒性中藥。可見從古至今中醫界對於中藥毒性的認識在不斷加深。目前關於漢代以後毒性中藥研究較多，或因囿於材料不足，對漢前毒性的本草研究甚少，故本研究以出土秦漢醫簡爲中心，系統總結漢以前簡帛醫書所使用毒藥的經驗，以期爲相關研究提供文獻材料。

一、毒藥之内涵

中藥之毒，有廣義、狹義之分。首先是廣義概念，指一切能引起毒副作用的藥物，包括含有毒性的藥物，能引起中毒或毒副作用的藥物，或者因使用不當所引起身體不適的均可稱爲毒藥。狹義的毒藥主要是指在古今本草中明確記載有毒、小毒、大毒等毒性藥物，這些藥物使用後會引起人體中毒反應，嚴重者可致死①。本文毒藥含義取其狹義，也是現在所公認的毒性概念，即對生物有危害的藥物，主要有礦物類藥物如礜石、砒霜、水銀等，動植物類藥物如烏頭、附子、斑蝥等。

二、醫簡中毒性藥物使用情況

本文研究所選用的材料主要是較爲系統的《五十二病方》《治六十病和齊湯法》《武威漢代醫簡》（以下簡稱《武威醫簡》），以及散見醫簡如阜陽漢簡《萬物》（以下簡稱《萬物》）、周家臺秦簡《病方》、《荆州胡家草場漢簡》（以下簡稱《胡家草場漢簡》）、《張家界古人堤醫方木牘》《長沙尚德街醫方木牘》《敦煌漢簡》《居延漢簡》（注釋本主要參照裘錫圭主編，由中華書局於 2014 年出版的《長沙馬王堆漢墓簡帛集成》及周祖亮主編，由學苑出版社於 2014 年出版的《簡帛醫藥文獻校釋》）。簡帛醫書毒藥中藥具體數目見表 1：

表 1：秦漢簡帛醫書中的毒藥統計

著作	具體藥物	
	礦物藥	動植物藥
萬物		烏頭、商陸
周家臺秦簡《病方》	礜石	烏頭
五十二病方	礜石、丹砂、雄黃、水銀、鉛	烏頭、商陸、芫花
治六十病和齊湯法	礜石、鉛	大戟、芫花、商陸、藜蘆、附子、烏頭
胡家草場漢簡		甘遂、大戟、芫花
敦煌漢簡	水銀	烏頭
居延漢簡		烏頭
武威醫簡	雄黃、丹砂、礜石	烏頭、附子、巴豆、斑蝥、甘遂、皂莢、藜蘆、天雄、狼毒
張家界古人堤醫方木牘		烏頭

由表 1 可知，共有 9 部秦漢簡帛醫書記載毒性中藥 17 種，其中礦物類藥物有礜石、丹砂、雄黃、水銀、鉛 5 種，動植物類藥有烏頭、附子、天雄、商陸、芫花、甘遂、大戟、藜蘆、巴豆、斑蝥、皂莢、狼毒 12 種。礦物中以礜石使用頻次最多，動植物藥中以

① 陳仁壽：《毒性本草的研究意義、思路與方法》，《南京中醫藥大學學報（社會科學版）》2022 年第 1 期，第 1—5 頁。

烏頭最爲常用。我國的毒藥使用史是悠久的，《萬物》有可能成書於戰國或更早的春秋時期[①]，是我國目前發現最早的本草古籍[②]，收載了兩種常用的毒藥，從此拉開了應用毒藥的序幕，隨着對藥物認識進一步加深，至秦朝已有礦物類毒藥被應用於臨床，如周家臺秦簡《病方》所載的礜石。至西漢初年，更多毒性中藥被應用於臨床，如在《五十二病方》中，除了常用的礜石、烏頭外，尚有丹砂、雄黃、水銀、鉛、商陸、芫花等被應用於醫療實踐中且以礦物類毒藥爲主，而到了西漢早中期的《治六十病和齊湯法》，礦物類毒藥種類較前減少，植物類毒藥較前增多，至東漢初年的《武威醫簡》則主要以植物類毒藥爲主。由上可知，我國傳統醫學應用毒性中藥史可追溯到先秦時期，隨着對藥物認識的加深，從先秦至兩漢，毒性中藥的種類是不斷增加的，其中植物類毒藥逐漸占據主導。

三、醫簡中毒性藥物所治疾病

對所有秦漢醫簡毒性中藥所治療疾病統計可知，烏頭運用最爲廣泛，所治的疾病譜最廣，共有 18 種，其次是附子，有 8 種，礜石所涉及的疾病爲 7 種，其餘如斑蝥、狼毒等雖有使用，但涉及的病種較少，具體見表 2。

表 2：簡帛毒藥所治疾病統計

藥物	所治疾病
礜石	痙、狂犬齧人、幹瘙、久疕、痂（《五十二病方》）、大風（《武威醫簡》）、人所恒吹（周家臺秦簡《病方》）
丹砂	白瘧、治癘、爛者（《五十二病方》）、大風（《武威醫簡》）
雄黃	痂、幹瘙（《五十二病方》）、大風（《武威醫簡》）
水銀	幹瘙、瘢者、痂、癰（《五十二病方》）
鉛	痃（《五十二病方》）
烏頭	金傷、腜者、幹瘙、牝痔、疽病（《五十二病方》）、久咳、傷寒、潰瘍（《武威醫簡》）、癰（《萬物》），痿病（周家臺秦簡《病方》）、汗病、濕病（《胡家草場漢簡》）、久咳逆、胸痹、痿痹、泄利、心腹久積、傷寒（《敦煌漢簡》）、傷寒（《居延漢簡》）、赤轂（《古人堤醫方木牘》）
附子	傷寒、聲嘶、痹、手足腫、瘖、痂、婦人病（《武威醫簡》）、赤轂（《古人堤醫方木牘》）
商陸	疽病（《五十二病方》）、鼓脹（《萬物》）
天雄	虛勞、七傷（《武威醫簡》）
芫花	幹瘙（《五十二病方》）、水腫（《胡家草場漢簡》）
甘遂	鼻中息肉（《武威醫簡》）、水腫（《胡家草場漢簡》）

① 胡平生、韓自強：《略説〈萬物〉》，《文物》1988 年第 4 期，第 48—54 頁。
② 《阜陽發現我國最早本草古籍〈萬物〉》，《中醫函授通訊》1988 年第 5 期，第 47 頁。

續表

藥物	所治疾病
大戟	水腫（《胡家草場漢簡》）
藜蘆	鼻不利（《武威醫簡》）
巴豆	鼻中息肉（《武威醫簡》）
斑蝥	積聚（《武威醫簡》）
皂莢	鼻不利（《武威醫簡》）
狼毒	狗齧人瘡痛（《武威醫簡》）

由表2可知醫簡使用毒性中藥有兩個特點：

第一，毒藥所治疾患以外科相關病爲主。經初步統計共涉及内外諸科疾病38種，其中内科疾患16種、外科疾患21種、婦科疾患1種。内科疾病中以傷寒多見，傷寒自古以來即是一種多發病、常見病，在簡帛醫書及傳世文獻如《黄帝内經》《傷寒雜病論》中均有詳細理法方藥記載，醫簡主要以烏頭、附子等中藥治療。《神農本草經》記載烏頭功效："味辛，温。主中風，惡風洗洗，出汗……寒熱。"其辛温發散，可散寒除濕，故被廣泛用於治療傷寒病。附子，《神農本草經》云："味辛，温。主風寒，咳逆邪氣……膝痛不能行步。"附子爲烏頭之側根，其功效與烏頭類似，均可散風寒除濕以治療傷寒病。外科疾患中，以癰疽瘡瘍類疾患最爲常見，用藥以礜石、丹砂、水銀等大毒藥爲主。礜石，是一種含砷的鐵礦，用於煉製砒霜，《神農本草經》云："味辛，大熱，主寒熱，鼠瘺，蝕瘡，死肌，風痹，腹中堅癖邪氣。"這些功效與醫簡中礜石所治疾患是相一致的，礜石於秦漢時期還有諸多用途，如用於毒鼠、煉製五石散、鑄造兵器、鎮墓驅鬼等，礜石應用如此廣泛，或正因其峻烈有毒。古人認爲"若藥弗冥玄，厥疾弗瘳"，偏性大的藥物往往先受到關注，進而不斷擴大其功用範圍。

第二，毒藥所治之藥多爲頑證。頑證，因身體的陰陽氣血偏頗明顯，平常和緩之藥難以取得療效，此時亟需偏性大的藥物以糾人體之偏，而毒藥通常爲偏性大的藥物，故用以治療頑證甚爲合拍。大風，即現在的麻風病，後期會鬚眉盡落，手足指脱，眼瞎鼻崩，遍體腐爛，流膿流血，臭穢難聞。《武威醫簡》中以礜石、丹砂、雄黄等有劇毒的藥物進行治療，此法亦是漢晉隋唐用以攻治麻風病的通例①。鼓脹，傳統中醫認爲四大頑症之一，後期表現爲腹大如鼓，故名，此時常法治療難以取效，故治療多采用攻補兼施法。《萬物》載商陸可治療鼓脹，與現代用法相一致，《神農本草經》載"主水脹疝瘕"；《胡家草場漢簡》以甘遂、芫花、大戟等治療水聚腹中，脹滿如鼓，此三藥有毒，功擅長瀉下逐水；以褱草根（可能爲狼毒②）治療"病腹盈者"。這些藥物均是峻烈有毒之品，醫簡用這些偏性大的藥物以偏糾偏法治療大病頑疾，邪祛正安，值得現在臨床借鑒與學習。

---

① 段禎、王亞麗：《〈武威醫簡〉68、86甲乙及唐以前麻風病用藥特點討論》，《中國中醫基礎醫學雜志》2016年第12期，第1687－1688頁。

② 劉衛鵬：《漢代鎮墓瓶所見"神藥"考》，《宗教學研究》2009年第3期，第1－7頁。

四、醫簡中毒性中藥加工、輔料及用法

藥物的加工是使用中藥重要的一個環節，適當加工可增效減毒。輔料有利於製劑的賦形、提高藥物的穩定性，同時改善服藥的口感。選擇合適的用法，可讓藥物發揮最大效力。秦漢醫簡中關於毒性中藥的加工、輔料及用法見表 3。

表 3：醫簡中毒藥加工、輔料及用法統計

藥物	加工方法	輔料	用法
礜石	冶	醯、車故脂、豕膏、截、頭脂	飲、摩、熨、傅
丹砂		彘膏	傅
雄黄	冶	彘膏、頭脂	傅
水銀		頭脂、彘膏、酢、穀汁	傅
鉛			傅
烏頭	冶	肪膏、車故脂、醯、香脂、滜泔、羖脂、淳酒、蜜	施、傅、熏、摩、呑（恒先食食之）、熨、洗、酒飲，含
附子	冶、㕮咀	酒、米糜、猪肪、醇醯、陳駱蘇	酒飲、傅、先餔飯米糜飲藥、塗、灌鼻
商陸		醯	熨
天雄	冶		爲後飯
芫花	冶	車故脂、醯	摩、呑
甘遂	冶	醯、米汁	以米汁飲、呑
大戟	冶	醯	呑
藜蘆	㕮咀	醇醯	灌鼻
巴豆	冶		塞鼻
斑蝥	冶		病者宿毋食，旦飲藥
皂莢	㕮咀	醇醯	灌鼻
狼毒	燔、冶		傅

由表 3 可知，首先，醫簡中毒性中藥加工方法上主要有冶、㕮咀、燔三種，其中以冶法最爲常用。冶法，即是將藥物研成乾燥的粉末，這種修治方法於醫簡中使用廣泛，這也是秦漢時期多用散劑的原因。可以看出，在先秦乃至東漢早期，對藥物的炮製是較爲簡單的，或因限於加工手段，醫簡中烏頭、附子主要以冶、㕮咀爲主，而附子類藥物含有烏頭碱，若不經加熱或水處理很容易産生毒性。雖然醫簡中的毒藥炮製法仍未成熟，但早期的探索爲現在炮製體系奠定了基礎。

其次，醫簡中與毒性藥物同用的輔料衆多，共有 14 種，其中以醯、彘膏運用最多。

醯即現用的醋，其本身既是藥物也常用於炮製藥物，其作用主要有五[①]：①引藥入肝，增强活血止痛效果；②降低毒性，緩和藥性；③矯臭矯味，利於服用；④改變質地，利於煎出；⑤促進有效成分溶出。此外醋製飲片，還可以殺菌防腐。醫簡的毒性中藥中如大戟、芫花、甘遂至今沿用醋製法，以現代的研究手段也證實這些藥物經過醋製後可增效減毒[②③④]。醫簡廣用醋，或因缺乏高效安全的炮製手段，以醋作爲輔料，以此降低藥物的毒性，同時也便於儲存。彘膏，即猪膏，諸家本草記載解毒是其主要功效之一，如《名醫别録》云："解斑蝥、蕪菁毒。"《本草綱目》云："解地膽、亭長、野葛、硫磺毒，諸肝毒。"《金匱要略》以猪膏配合亂髮用以治療黄疸。醫簡用彘膏解毒的同時，也常作爲賦形劑，或因在秦漢時期，這些毒性藥物以爲外用爲主，彘膏既具解毒之功，也具有易凝固的特點，同時於日常生活中彘膏容易獲取，故應用廣泛。

再者，醫簡中毒性中藥以外用爲主，内服時多伴用送服劑。據統計外用法共有 10 種，以傅法爲主，内服法有 3 種，内服時以米糜、酒、米汁等送服。醫簡應用最多的外用法爲傅法，傅法即外敷法，把經過炮製的藥物和合後敷在患處，如以含劇毒的水銀治療痂，《五十二病方》361 簡"以水銀、穀汁和而傅之"，治療幹瘙以"冶雄黄，以彘膏脩，少殽以醯……以傅之"（《五十二病方》338 簡），以皮膚吸收替代腸胃吸收，如此可靈活把控毒性中藥的用量。内服時多伴送服劑或要求飯後服用，如《武威醫簡》84 簡"白水侯所奏治男子有七疾方"，方含有大毒天雄，服法要求"以方寸匕一，爲後飯"，含附子的"治鴈聲□□□言方"則要求"以方寸匕，先餔飯，米麻（糜）飲藥耳"（《武威醫簡》8 簡），如若空腹服用毒性中藥，多會引起腸胃不適，甚者中毒，故醫簡中多要求飯後服用，這樣能够減少藥物對脾胃的刺激，能够發揮增效、減毒的功效。醫簡中這些方法的靈活使用在一定程度上彌補了因炮製不足帶來的弊端。

五、小結

先秦兩漢醫簡中所記載的毒性中藥雖然不多，但是却向我們展示了當時使用毒藥的概貌，同時也有許多可取之處。醫簡中毒性藥物的使用過程中，主要以植物類毒藥爲主，而且主要用於外科疾病以及一些頑證。在藥物使用過程中，炮製方法是相對簡單的，但其用法對現代頗有啓發，其在使用毒性中藥時多選用輔料，如醋、酒、米汁等藥物，這樣不僅可減少藥物的毒性，改善口感，也可以增加藥物的效力，爲現代製劑研究無毒輔

---

① 李昱、蘇聯麟、季德等：《炮製輔料醋的歷史沿革及現代研究進展》，《中國中藥雜志》2021 年第 16 期，第 4083－4088 頁。

② 劉東方：《甘遂醋製減毒存效機制研究》，2021 年南京中醫藥大學碩士學位論文，第 1 頁。

③ 肇鑫宇、金希儒、陳雁飛等：《京大戟醋製前後 UPLC 指紋圖譜及含量測定的比較》，《瀋陽藥科大學學報》2016 年第 11 期，第 861－869 頁。

④ 劉金敏、盧金清、江漢美等：《HS-SPME-GC-MS 分析芫花及其炮製品的揮發性成分》，《中國藥師》2020 年第 5 期，第 845－848 頁。

料和藥物新載體提供了思路；在用法上，以外用法爲主，治療外科疾病時，外敷能使藥物直達病所，如此收效更快。同時在内服時注重配合送服劑同用，這樣可減少毒性中藥刺激腸胃引起的副作用。這些方法的靈活使用，充分説明了古人在用毒方面有一定的認識，這些經驗爲後世運用毒性中藥奠定了基礎，值得結合現代科學技術進一步探索和研究。

醫籍校讀與考釋

中醫古籍校勘與誤讀舉例

劉更生

（山東中醫藥大學，山東 濟南 250355）

提　要：中醫古籍整理包括了校勘與句讀的工作。因字形、文字分合、音近等原因常產生誤、脱、衍、倒等錯誤現象，故校勘是古籍整理最基礎的工作，也是我們治學的基本路數。古籍又通常没有標點，因不審詞義、不審文意、不審文法、不審醫理、不審校勘、不審史實等原因常發生不當斷而斷或當斷而不斷之誤讀，既耽誤自己，又貽害大家且影響久遠。這裏把自己多年來的一些在中醫古籍整理方面的經驗、心得通過舉例子的方式介紹給大家。

關鍵詞：中醫古籍；校勘舉例；誤讀舉例

一、引言

中國的學問講究傳承，學術理論、知識、方法等通過不斷累積而日益豐富，這與西方以新代舊的觀念不一樣。中國學問的特點決定了我們必須做好傳承工作。

這裏把自己多年來的一些在中醫古籍整理方面的經驗、心得通過舉例子的方式介紹給大家，包括兩個方面的內容：一個是關於中醫古籍校勘的一些問題，一個是中醫古籍句讀的一些問題。

二、中醫古籍校勘舉例

校勘既是古籍整理工作，也是治學的一種方法。即便不做古籍整理工作，學一點校勘的知識，做一點校勘工作，對於做學問也是非常重要的。但真正要學好校勘，只聽課遠遠不够，學習校勘必須結合實踐。把理論和實踐緊密結合起來，我們纔能理解校勘並運用校勘解決讀書中的問題。

其一，杜牧《寄揚州韓綽判官》

“青山隱隱水迢迢，秋盡江南草木凋。二十四橋明月夜，玉人何處教吹簫。”這首詩講的是揚州，意境美妙，唯獨第二句“秋盡江南草木凋”，前後不搭，“草木凋”和整首詩的意境不和諧。問題出在刊刻流傳的過程中“木”字上漏了一筆，本應作“秋盡江南草未凋”，雖然秋盡江南，但依然還是草木茂盛的狀態，如此則意境通達。

校勘不是見到什麽錯都能改，可以改的是在流傳的過程中出現的錯誤。當然，訂正不能憑想象，一定要有依據。

其二，“蹲鴟，芋也”

顔之推（529—595）著有《顔氏家訓》，是一部很有名的書，有“古今家訓，以此爲祖”的説法。書中的《勸學》篇講過一個故事，説江南有一權貴，讀誤本《蜀都賦》，將“蹲鴟，芋也”的“芋”誤作“羊”。由於“芋”和“羊”字形相似，刻書的人没分辨清楚，就刻錯了。這位權貴未加分辨，形成了羊别稱爲“蹲鴟”的印象。後來，有人送羊肉給他，他寫信表示感謝，用了“捐惠蹲鴟”。結果讀信的人都不明白是什麽意思，鬧了很大的笑話。

無獨有偶，《普濟方》載有一首補肺丸，方由百部、貝母、山羊、阿膠、天門冬等藥組成，用量是二兩。這“山羊二兩”怎麽弄？取哪里的二兩肉呢？總覺得有些彆扭。還好《普濟方》著有出處，這首方抄自《聖濟總録》，本作“山芋”，《普濟方》在抄寫、刊刻過程中出錯了。這是古籍整理要管的事，屬於在流傳過程中形成的錯誤。這些例子告訴我們，學學校勘是有好處的。

（一）校勘釋義

講校勘，要講陳垣先生，他提出的校勘四法，是學習校勘的重要内容。陳垣先生是著名歷史學家，曾做過輔仁大學校長。他帶領學生整理《元典章》的過程中，發現各種錯誤很多，怎麽去解决這些問題？經過思考，歸納形成了四校法。他曾説過一句話：“校勘爲讀史先務，日讀誤書而不知，未爲善學也。”校勘是讀書人必須具備的能力，這裏的“善學”，就是遇到問題能用校勘的思路去分析，這就能提升讀書的境界。還有一位學者是乾嘉學派的王鳴盛，他寫過《十七史商榷》，他説：“好著書不如好讀書，欲讀書必先精校書。”要想把書讀好，首先要做好校勘工作。可以説，不經歷這樣的一個過程，就不能體會出中國學問的路徑在哪里。

關於校勘的含義，《説文解字》説：“校，木囚也”，就是木製的枷。枷通常是由兩塊木板對起來，在使用時必須是成對的，這就需要比較。此外，還得和戴它的人比較一下合不合適。所以“校”的意思就是比較。由此引申，校勘必須有文字比較的過程，找出文字間的差異，這是校勘最基本的工作。

“勘”是改正錯誤。右邊“力”實爲“刂”，用刀來刮、削。過去書寫材料用竹簡、木簡，寫錯了就得刮掉。“勘”，與“刊”意同，我們常説“不刊之論”“不刊之言”，指不能再改、不用再改，所以這兩個字之間是有關聯的。

校勘，就是利用同一種書籍的不同版本和相關資料通過比較、分析和推理，發現並糾正古籍在流傳過程當中産生的錯誤。這樣的一項工作，稱之爲校勘，這樣的一門學問稱之爲校勘學。校勘是古籍整理最基礎的工作，也是我們治學的基本路數。

我們學習校勘還應該和幾個相關的詞做一定的分析，校勘、校讎、校對、校讀，這四個詞看起來很接近，有些意義也相關聯，但不能劃等號。

1. 校勘與校讎

校讎的含義較廣，主要包括目録、版本、校勘等内容。比如章學誠的《校讎通義》，不獨專門講校勘，而是目録、版本等都綜合在一起。校讎多用於廣義，校勘多用於狹義，比如阮元《十三經校勘記》，主要是文字校正。現在，校讎一詞用得很少。因爲目録、版本都成爲相對獨立的學問，過去校讎裏的内容就剩下校勘了，所以校勘這個詞今天通行，而校讎這個詞今天就不通行了。但是，我們應該知道校讎和校勘之間的關係。

2. 校勘和校對

校勘和校對，不懂文獻的人覺得差不多，其實差别很大。校勘是整理古籍要做的一項工作，而且是專業性非常强的一項工作。校對是一個出版印刷過程的一個環節。過去要出版一本書，要通過出版社到印刷廠人工排版，排版會出現若干錯誤，必須進行校對。校對員不分專業，不是專家，什麽稿子都得校。校對工作是對比作者原稿與排印稿之間差異，將其標記出來。校對與校勘過程中的對校有些像，但不能因爲像就把這兩項工作混爲一談。

3. 校勘與校讀

讀書應該懂校勘，也就是説用校勘的知識、方法去讀書，這樣能讀到更多的東西、讀出更高的水準。2007 年，我有幸跟隨上海中醫藥大學段逸山先生編《中醫古籍校讀法》，是給研究生用的一本教材，核心是讀書，提高讀書品質。段老很有眼光，提出來要編這樣一本書，非常有意義。段老在學術上要求非常嚴謹，我跟着他編這本書學了不少東西。由於很多學校不開這門課，所以影響不是很大，但這是一本專門提示閲讀古籍方法的書，對於讀書還是很有參考價值的。

（二）爲什麽要學習校勘

校勘是與古籍相關的一門學問，學習校勘有很多意義，歸納起來，主要有三個方面。

1. 讀書之需——校讀

治學首先要讀書，治中國傳統學問貴在能讀古書，而讀古書就要懂一點校勘知識，不然讀錯了也不知道。《吕氏春秋·察傳》講過這樣一件事：子夏到晋國，經過衛國時，有位讀史書的人説："晋國軍隊三豕過河。"子夏曰："不對呀，應該是己亥過河。"子夏爲什麽這麽説呢？因爲古文"己"與"三"相近，"豕"與"亥"相似。到了晋國尋問此事，果然是晋國軍隊在己亥那天渡黄河。成語"魯魚亥豕""魯魚帝虎"等，都是講字形相近之類的錯誤。總而言之，做學問的根本就是讀書，但讀書就要懂校勘、會校讀。

2. 校書之需——古籍整理

古籍整理必須懂校勘，只要做與古籍有關的研究，校勘就是最基本的内容。不管是過去、現在還是將來，只要進行古籍整理，校勘是必備的環節。

對於年輕人來説，既然學文獻，或者將來要做古籍整理，從現在開始就必須有一種責任擔當，就得下點力氣把這門學問學好。客觀地説，這不是人人都能做，也不是人人都能做好的一項工作，必須有責任、耐心及足够的條件。

3. 養性之需

爲什麽要做校勘呢？葉德輝説“書不校勘，不如不讀”。他還説做校勘有八個方面的好處：一是“習静養心，除煩斷欲，獨居無俚，萬慮俱消”；二是“有功古人，津逮後學，奇人獨賞，疑竇忽開”；三是“日日翻檢，不生潮黴，蠹魚蛀蟲，應手拂去”；四是“校成一書，傳之後世，我之名字，附驥以行”；五是“中年善忘，恒若搜索，一經手校，可閱數年”；六是“典制名物，記問日增，類事撰文，俯拾即是”；七是“長夏破睡，嚴冬禦寒，廢寢忘食，難境易過”；八是“校書日多，源流益習，出門采訪，如馬識途”。應該説，這是些經驗之談，我自己也有些同樣的體會，但境界達不到這麽高。

（三）古籍中常見的錯誤

古籍中常見的錯誤現象，也就是校勘的對象。我們不僅要瞭解錯誤類型，還應探究造成錯誤的原因。

1. 錯誤現象：誤、脱、衍、倒

古籍當中的錯誤現象很複雜，但是歸納起來主要有四個方面，可以用“誤、脱、衍、倒 ”四個字來概括。“誤”就是錯字，這是最常見的一類錯誤；“脱”就是少、漏；“衍”是多餘出來的；“倒”是顛倒。當然還有其他的錯誤，但這是最常見的幾種。

1.1　誤字

誤字，也稱訛字，就是錯字。我們舉幾個例子看。

例 1. 木通丸（《普濟方》卷九十八）

治風走注，身體疼痛，榮衛凝澀。

石斛（一兩，去根）牛膝（去苗，酒浸一宿，切，焙，一兩）附子（二枚共及一兩者，炮裂，去皮臍）乾薑（炮，三分）肉豆蔻（四枚，去皮，麵裹煨，麵熟爲度）檳榔（剉，四兩）木香（一分）甘菊（炒，二兩）石硫黄（一分）白花蛇（酒浸去皮骨，焙，二兩）枸杞子（九蒸九曝，炒黄，二兩）

右爲末，以酒煮麵糊爲丸，如梧桐子大。每服二十丸，空心温酒下。如服了轉覺腦骨内疼甚者，乃藥效。婦人當歸酒下，作細散，每服一錢半，温酒、粥飲任調下。

這首方子組成中没有木通，木通除了作中藥名也没有其他意思，木通丸没有木通，是講不通的。這有兩種可能，一是組成中有可能漏掉了木通，那就應補上，但補上要有依據，不能亂加。第二種可能是方名有誤。實際上這裏的問題是“木”是“大”的錯字，方名本應作大通丸。因爲本方注明引自《聖濟總録》，查《聖濟總録》則爲“大通丸”。此外，《普濟方》卷三十二引《王氏博濟方》大通丸，與本方藥物組成相同，亦可證本方之誤。

例 2. 木瓜丸（《普濟方》卷三八四）

治小兒心熱多驚，並服解心熱虚驚。

右土瓜根五兩，擣羅爲末，以粳米飯和丸，如麻子大。每服以薄荷生薑湯下三丸。量兒大小，以意加減。

與上一張方子一樣，木瓜丸裏面没有木瓜，用的是土瓜。要麼方名有誤，要麼組成藥物有誤。這就需要研究，要形成問題意識，没有疑問，校幾遍可能也不會覺得有問題。這張方子引自《太平聖惠方》，名“土瓜丸”。

例 3. **“還暗散”**（《普濟方》卷八十三）

治青盲障翳積熱，但瞳仁不損，即無不治。（組成、用法略）

這是一首治眼病的方子，眼睛已經出現障翳，看不見了，爲何還叫“還暗散”？其實是“還睛散”，引自《聖濟總録》。此外，叫“還睛”的方子有很多，如還睛丸、還睛湯、還睛膏等，叫還睛散的也有若干首。還是要强調問題意識，一看方名就覺得彆扭，應該思考一下。如果没有這個意識的話，看多少遍都不會覺得它有錯。

例 4. **“腎雍脚下至少腹滿”**（《素問·大奇論》）

新校正云：“按《甲乙經》‘脚下’作‘胠下’，‘脚’當作‘胠’，不得言‘脚下至少腹’也。”脚下至少腹怎麽能滿？應該是胠（脅下）。所以我們讀書要注意前人已經做的工作。《備急千金要方》：“傷熱則咳，咳則脅下痛，不能轉側，又脚下滿痛”，這裏的脚下也是胠下。這大概是不識“胠”字，誤加筆劃成“脚”字。

例 5. **《千金方》**

時珍曰：“孫思邈《千金方》言：‘心脾冷痛，用高良薑，細剉微炒爲沫，米引服一錢，立止。’太祖高帝御制周顛仙碑文，亦載其有驗云。”（《本草綱目》卷十四）

這段話從文字上看文通意順，從讀書的角度講發現不了問題。假如説要整理《本草綱目》，就應該找來《千金方》核實這段文字有没有什麽問題，這是應該要做的，這就是他校。而《千金方》没有這段話，因爲這首方子不在《千金方》，而是出自《十全方》。李時珍編《本草綱目》時看成了“千金”，然後又冠以“孫思邈”，問題就更複雜了，這種錯糾正起來就要費一些功夫。

例 6. **張子和《儒門事親》卷七《太陽脛腫》一篇裏講了一個醫案：**

麻先生兄村行爲犬所齧，舁至家，脛腫如罐，堅若鐵石，毒氣入裏，嘔不下食，頭痛而重，往問戴人。女僮曰：痛隨利減。以檳榔丸下之，見兩行不瘥。適戴人自舞陽回，謂麻曰：脛腫如此，足之二陰三陽可行乎？麻曰：俱不可行。如是，何不大下之？乃命夜臨卧服舟車丸百五十粒，通經散三四錢。比至夜半，去十四行，腫立消，作胡桃紋，反細於不傷之脛。

當我們讀完這個醫案，回過頭來想爲什麽“太陽脛腫”？太陽在這裏是什麽意思？是傷到太陽經了？從醫理的角度講不通。原來“太陽（陽）”爲“犬傷（傷）”之誤，這樣就前後貫通了。要識别這樣的錯誤，一是能提出疑問，二是找到改正的依據。《儒門事親》早期刻本以及《醫方類聚》引用的都作“犬傷”，但有些整理過本子還保留沿襲了“太陽”。這是連續兩個字都出現錯誤的例子。

還有一個聚訟千年的多字誤例。

陶淵明《讀山海經詩》云：“形夭無千歲，猛志固常在。”《困學紀聞》載此詩，作“刑天舞干戚”。曾紘注：《山海經》云，刑天，獸名，口中好銜幹戚而舞，乃知是刑天舞幹戚，與下句方相應。五字皆訛，蓋字畫相近也。（杭世俊《訂訛類編》）

陶淵明圍繞《山海經》寫了十三首詩歌頌古人的豐功偉績。這首詩是講精衛填海的，詩中的“形夭無千歲，猛志固常在”，到北宋時期有個叫曾紘的人，認爲“形夭無千歲”講不通，所以就提出一個觀點，説這五個字全錯，應該是“刑天舞幹戚”，得到了大家認可。但時隔不久，周必大結合這十幾首詩來説曾紘説的觀點也有問題。但後來這首詩在很多版本上，按照曾紘的觀點改了，所以到現在這還是一樁公案。

古人説，校書如掃几上塵，旋拂旋生。想把古籍整理做絶了不容易，也不可能，這正是古籍整理工作的必要性所在。如果没有人做古籍整理工作，學問就要斷，古籍整理就是繼承，就是守正，就是固本。既然我們的學問依靠典籍來傳承，就得有維護典籍的人。學文獻就是維護我們的典籍，讓他好好地傳承下去，所以責任重大。

1.2　脱字

脱就是抄漏了，也叫奪。再舉一個《普濟方》的例子。

例 7. 乳香烏龍丹（《普濟方》卷三一二）

> 治落馬墜車，打撲閃朒，損傷筋骨，疼痛悶亂，活血止疼，及中風癱（注：當爲“癱”之誤）瘓，口眼喎斜，婦人血風，腰腹四肢，走注疼痛等疾。
>
> 骨碎補 胡蘆巴（炒）破故紙（炒）川烏（炮去皮臍）蓯蓉（酒浸）牛膝（酒浸）金毛狗 牡蠣（燒赤）甜瓜子（炒）黑牽牛 赤芍藥 自然銅（燒赤，醋蘸七次）川楝子 茴香（炒）牡丹皮 五靈脂 白芍藥（各一兩）蒼术（二兩，去皮炒）官桂（半兩）細墨（七錢重）木鱉子（七個）没藥（二錢半）乳香（二錢）
>
> 右爲細末，研勻，醋麵糊丸，如桐子大。每服七丸至十丸，温酒下，日三。

這首方裏有一味藥“金毛狗”，是以狗或狗肉入藥嗎？當然不是，“狗”後漏掉了“脊”字。狗脊是味中藥，用的是根，跟狗的脊梁很像，上乘的狗脊是金黄色的，故名金毛狗脊。可以説是“差之一字，謬之千里”。

例 8. 内追毒丹清心解毒散（《普濟方》卷二八五）

> 大朱砂 雄黄（各五錢）生麝香（一錢）生犀角 琥珀（以上並别研細）黑角沉香（各五錢）
>
> 右爲末，煉蜜丸梧桐子大。每服二十丸，燈心、薄荷湯下。

看到這首方的名字就覺得彆扭，從劑型看，到底是丹還是散？還有這首方是做什麼用的？在《世醫得效方》裏有一首内追毒丹，與這首方組成、用量、用法一樣，功效是“清心解毒散潮”。由於漏掉了“潮”字，把散當作劑型，這樣就成不倫不類的一個方名。

例 9. **甘草白豆蔻散**（《普濟方》卷一八一）

治脾胃虚寒，氣痞胸滿，不思飲食。

白豆蔻仁 厚朴（生薑製）白术 沉香 陳皮（各等分）

右㕮咀，每服稱一兩，水二盞半，生薑十片，同煎七分，去滓，稍温服，不拘時候。

這首方叫甘草白豆蔻散，但組成中却没有甘草。問題出在方名前漏了一個“減”字，應是“減甘草白豆蔻散”，用的是去掉甘草的白豆蔻散。原方見於《御藥院方》，是有據可依的。《普濟方》收載的方子許多都交代了出處，我們要去追根溯源。

例 10.《**靈樞・終始**》：**凡刺之道，氣調而止，補陰瀉陽……故補則實，寫則虚，痛雖不隨鍼，病必衰去。**

這段話中的“痛雖不隨鍼”不通，要去找相關文獻，《太素》卷二十二《三刺》、《甲乙經》卷五第五“鍼”下有“減”字。“鍼”與“減”字形近，抄寫時不慎，就漏掉了。加上之後是“痛雖不隨鍼減”，這樣就文順義洽了。

例 11. **“所以然者，上虚不能制下故也，此爲肺中冷，必眩，師曰：肺痿咳唾，咽燥，欲者自愈。”**（《備急千金要方》卷十七第七）

“欲者自愈”有問題，讀前面都很順，但到了這裏就不通了。此出《備急千金要方》宋本。查元刻本、道藏本、四庫本、後藤本“欲”下都有“飲”字，則通。《外臺秘要》卷十《肺痿方》“欲”下有“飲水”二字，則義更明。

1.3 增衍

第三種常見錯誤是衍文，也就是多餘出來的。

例 12. **“若泄利所傷煩欲死者，灸慈宫二十七壯。”**（《備急千金要方》卷二十第六）

灸法是按壯數的，這裏可以理解爲灸二十七壯。但灸的壯數通常又以七壯爲一組，這樣二十個七壯就是一百四十壯，有點多了。參考其他文獻，發現這裏多了“十”字，其實是灸十四壯。這種錯誤隱蔽性較强，没有一定專業知識不易發現，所以校勘所需要的知識面是非常廣的。

1.4 倒

倒，就是顛倒，有的是個别文字的顛倒，還有較多文字的顛倒。早期文獻的錯簡也屬於顛倒。

例 13. **“諸下血，先見血後見便，此爲遠血，宜服黄土湯，先見便後見血，此爲近血，宜服赤小豆散。”**（《備急千金要方》卷十二第六）

這是一遠一近顛倒，這裏和《金匱要略》上講的遠血近血不同。判斷遠血近血，是以出血部位離肛門遠近來定的。出血部位離肛門遠，排便時先便後血；出血部位離肛門近，排便時先血後便。所以《千金要方》中“遠”和“近”是顛倒的，當以《金匱要略》

爲是。

除了上述四類常見錯誤外，還有其他的一些錯誤，比如大小字混亂、行款違亂、體例混亂等，都是校勘要解決的問題。今天有些整理者不太注意原書刊刻體例，比如有低一格的文字，有可能是不同人的話，但都用一種字體、字形大小排下來，讀着會覺得彆扭，怎麽這段話和那段話不銜接？其實是兩個人寫的。古書本來處理得很好，整理後反而走了樣。要注意，校勘是一項很細緻的工作，校勘時不能只對文字，不注意整體，這是不行的。當然，也需要一定的經驗，看得多、做得多，這些錯誤都能避免。

2. 致誤原因

古籍中爲什麽會有錯？總是有原因的，而且導致錯誤的原因也有一定規律。一般來説，古書致誤主要是兩個方面的問題，一個是人爲的因素，一個是自然的因素。自然的因素我們是没有辦法避免的，如被蟲注、受潮、脱頁、破損等，這些都是自然因素。我們重點要分析的是人爲因素，這又可以分成兩類，一類是有意地亂改，一類是無意成錯。

舉個例子説，李清照曾給她丈夫趙明誠的《金石録》寫了一篇後序，時間是“紹興二年玄黓歲壯月朔”，但刊刻後就走了樣。顧炎武在《日知録》中説：

> 山東人刻《金石録》，於李易安後序紹興二年元黓歲壯月朔，不知壯月之出於《爾雅》(原注：八月爲壯)，而改爲“牡丹”。凡萬曆以來所刻之書，多牡丹之類也。

元黓即玄黓，代表天干壬，這一年爲壬子。壯月指的是八月。《爾雅》有“八月爲壯”的説法，所以壯月即陰曆八月。山東的刻書人不知道“壯月”什麽意思，就改成了“牡丹”，從那以後刻的好多書都沿襲了這個錯誤。這是一個典型的人爲因素，是没有學問的亂改。當然，有些錯誤也是很難免的，因爲有些字長得太像、聲音相同或相近，一不小心就會弄錯。

2.1 因字形致誤

字形相近就容易出錯，字挨得近也容易出錯。

例 14. 登豆瘡

> 傷寒勢毒氣盛，多發瘡，其瘡色白或赤，發於皮膚，頭作瘭漿，戴白膿者，其毒則輕；有紫黑色作根，隱隱在肌肉裏，其毒則重。甚者，五内七竅皆有瘡。其瘡形如登豆，故以名焉。(《諸病源候論》卷七《傷寒登豆瘡候》)

“登豆瘡”，形容瘡的形狀如“登豆”，但何謂“登豆”不得而知。實際上這是個誤字，“登”當作“豌”。“豌”的異體字“豆”“宛”下面，即“𡨴”，也可以去掉上面的“宀”，即“𥁰”，這個字與“登”字非常像，於是“豌豆瘡”成了“登豆瘡”。豌豆瘡就是長得像豌豆一樣，這就很清楚了。

類似的還有“户部員外王公諱國賓，荘平人”，荘平是哪兒？查不到合適的地名。但一查王國賓，他是萬曆三十二年三榜第四十四名進士，是茌平人。茌平是山東聊城的一個地名，是成無己的老家，“在”與“莊（莊）”形近，整理者就誤爲“莊平”。

例 15. **治黄病、黄疸一類病用“金色脚雞雌雞血在，治如食法，熟，食肉，飲汁令盡，不過再作”**。（《肘後備急方》卷二第十三）

這個是沈澍農老師的例子。“雌雞血在”非常費解，應該是“雌雄無在”，應是雌雞、雄雞都可以。“雞”與“雄”形近，“無”去了下面四點就與“血”比較像，這兩個字錯了，這句話就無法理解了。“無在”這個詞我們今天不用，但是在古籍上常常會出現，就是可以二選一。

2.2　因文字分合而誤

由於兩個字緊密相連，容易造成一些錯誤。《本草拾遺》上的“通草”，《醫心方》引作“一名好手子，如算袋”，過去文字是豎排，“好手”本是一字，作“拏”，即“拿”的異體字，也就是説通草也叫“拿子”，《證類本草》説：“江東人呼爲畜菖子，江西人呼爲拏子。”可以爲證。關於文字分合的問題有很多，比如“凡十一臟取决於膽”，一直有人寫文章論證到底是“土”還是“十一”。

例 16. **“通行經絡，營周於身，流通往來於上一經十五絡中，周遍而不窮”**（《道藏》本《難經句解·三十二難》）

“上一經十五絡中”很難理解。“上”其實是“十二”之誤，“上一經”應該是“十二經”，“流通往來於十二經十五絡中”，就通順易解了。

例 17. **毒四童散**

《聖惠方》卷九十四收録了一些神仙方，其中有一首方叫“毒四童散”，由胡麻、天門冬、白茯苓等組成，云“是茅君小茅保命君所服方”，是道教養生長壽的方子。從這些信息看，怎麼會與“毒”有關呢？問題正在於此，“毒”在刊刻過程二字合爲一字，“王母”誤爲“毒”，所以這首方子叫“王母四童散”。《醫心方》引《大清經》作“西王母四童散”，《遵生八箋》作“龜臺王母四童散”，是可爲證。

2.3　音近致誤

字音相近，也常常導致錯誤。先講個《訂訛類編續補》裏的故事。

> 《湘山野録》：李建勳罷相江南，出鎮豫章。一日，游西山，因聞茅屋老叟教數村童。公觴於其廬，連食數梨。賓僚有曰：梨號五藏刀斧，不宜多食。叟曰：《鶡冠子》云五藏刀斧，乃離别之離，非梨也。蓋離别戕伐胸懷，甚若刀斧。遂就架取小册，振拂以呈丞相，乃《鶡冠子》也。

“梨號五藏刀斧，不宜多食”，意思是梨對五藏有害，不能多食。教書老先生説《鶡冠子》講五藏刀斧是離别的“離”，而不是“梨”，意思是離别能戕伐胸懷，比刀斧還厲害。這是音同導致理解上的錯誤。

例 18. **“大羸瘦，月水不調，當二十五日服之。下長蟲，或下種種病。出二十五日，服中所苦悉愈。”**（《備急千金要方》卷四第二）

“服中所苦悉愈”的“服”字，《千金翼方》卷五第二同名方作“腹”。作“腹”纔講得通。這當是承上文“二十五日服”而誤。“服”與“腹”音相近，故“腹”誤作“服”

也有音誤的因素。服和腹之間常常出現交叉的錯誤,《千金翼方》講礜石,“去鼻中息肉,久腹令人痙攣”。《新修本草》“腹”作“服”。最近看《太史醫案初編》,其中有“火充則蒸腐有力,食即消化,服不填脹”,這裏的“服”也應該是“腹”。

在新整理的書中,也時常有誤改的現象。

如“日内陰而外陽,其精光常射;月内陽而外陰,共明晦有時”,這兩個句式一樣,“共”當作“其”,“其明晦有時”。

又如,最近整理古籍繁轉簡,遇到“藏府”都改成“脏腑”,有時會改錯。像“色以應日,脉以應月,蓋以脉理内脏”,“内脏”應該是“内藏”。

還有不認識重文號的,將其認成了“匕”。如一人患病,“已著床八日,不食不語,且不能扶動,匕則冥眩”,“匕”爲重文號,是重複前面的“動”。還有“面腫,匕不太甚”,是一樣的錯誤。

再如,牽扯到歷史文化知識,也容易出錯。王文治,江蘇丹徒人,他說:“余與汪心農先生處快晤,揮塵清談,每多妙悟。”在這裏“揮塵清談”是什麼意思?“塵”和“麈”形近。麈,是鹿一類的動物,尾巴可以做拂塵,也叫麈尾。整理者不懂,不加分辨就改成“揮塵”。

校勘是一件不太容易的事情,本來是要糾正錯誤的,結果又造成了新的錯誤。但是,難歸難,我們還得做。這事對於中國傳統文化、對於中醫學術的守正創新有重要的意義。要做好這項工作,方法很重要,實踐很重要,還要有學識,要多看書,多用心。

三、中醫古籍誤讀舉例

古籍通常没有標點,但整理古籍一定要加標點,標點的前提是正確斷句(句讀),做過這項工作的都有體會:這事儿實在是不簡單、不容易。

(一)句讀之難

句讀,過去是讀人的事,可以説是讀書做學問的第一關。今天變了,句讀成了專業之事。無論誰來做,句讀對了,標點正確了,説明文意理解了;如果句讀錯了,那麽無論如何標點,文意也是錯的。讀書人誤讀,耽誤自己;專業者誤讀,貽害大家且影響久遠。

句讀之難,難在無法回避,因爲繞不開;無法拖延,因爲必同步完成;無法藏拙,因爲無法隱藏。

先舉我自己的例子。

例 1. 粳米有早、遲、晚三種,以遲、晚者良。爲其得金氣,多性凉,色白,入肺而解熱也,故仲景白虎湯用之。(《本草匯箋》)

我在整理《本草匯箋》時,句讀是這樣的,但仔細揣摩,覺得“得金氣,多性凉”與“得金氣多,性凉”是不一樣的。應當是:“爲其得金氣多,性凉,色白。”這纔符合本意。

例 2. 脅下刺痛，小茴一兩，炒枳殼五錢，麸炒爲末，每服二錢，鹽酒調服。（《本草匯箋》）

按照上面的句讀，“麸炒”應爲將小茴香與炒枳殼一同麸炒，但這就有問題，枳殼已經炒過，還要再炒嗎？應該是：小茴一兩炒，枳殼五錢麸炒。然後將二者共同爲末服用。從中藥炮炙的角度看，枳殼的炮製，歷代以去瓤後麸炒者居多。其法：取麸皮撒入熱鍋内，用中火加熱至冒煙，加入枳殼片，迅速拌炒至深黄色，篩去焦麸皮即可。

再舉别人的例子。

例 1. 宋詩有四靈體，四靈者，翁靈、舒徐靈、淵徐靈、暉趙靈秀是也。靈舒名卷，有西岩集；靈淵名機，有泉山集；靈暉名照，有山民集；靈秀名師秀，有天樂堂集。

如果説四靈指的是“翁靈、舒徐靈、淵徐靈、暉趙靈”，看起來是合理的，但暉趙靈後面還跟了“秀是也”，就不通順了。實際上，四靈是靈舒、靈淵、靈暉、靈秀四人。正確的句讀應是：四靈者，翁靈舒、徐靈淵、徐靈暉、趙靈秀是也。

宋詩有四靈體，四靈爲翁靈舒、徐靈淵、徐靈輝、趙靈秀，這是四個人的號，都有“靈”字。下面每位“靈”都有自己的作品集。這樣就前後一致了。

梁章鉅《浪迹續談》：

宋時有四靈詩派，皆永嘉人。徐照，字道暉，號靈暉，詩曰《山民集》。徐璣，字文淵，一字致中，號靈淵，詩曰《泉山集》。翁卷，字續古，號靈舒，詩曰《西岩集》。趙師秀，字紫芝，號靈芝，詩曰《天樂堂集》。當時即其號而目之爲四靈。

這裏講趙師秀，號靈芝。至於是“靈秀”還是“靈芝”，不屬於我們校勘和句讀要去解决的問題。可以單獨寫文章，探討其人到底叫什麽。如果是醫學問題，可以繼續做文章討論。

例 2.《謙齋隨筆》中有一段話：“盥孚屬制石章。文曰：文章知己患難弟兄，許氏康侯盥孚全印，見者奇之。”

按此標點，就得理解爲秦伯未（號謙齋）應許盥孚之請刻的印章是：“文章知己患難弟兄，許氏康侯盥孚全印，見者奇之。”雖然有長文印，但這樣拖泥帶水的印文是不可能的。其實這方印章只有八個字，即“文章知己患難弟兄”。接下來秦伯未還舉了一個例子，説清代張澹和他的妻子陸慧曾經刻了一枚章就是“文章知己患難夫妻”。這裏應該是許氏弟兄倆仿的人家的。需要注意的是，這裏除了有句讀的問題，還有校勘的問題，“許氏康侯盥孚全印”的“全”當作“合”，是許氏兄弟合用的印。

例 3.《四聖心源》裏有一序，曰：“魏晋六朝，叔和、張之隱，居翊之微有發明。”

不能見了“張”就是姓張的，按這個句讀，“張之隱”是個人，這是錯的。而且“居翊之微有發明”也無法理解。應該是：“叔和張之，隱居翊之，微有發明。”

例 4. 我在整理《張聿青醫案》的過程當中發現《張克成跋》有問題，張聿青之孫張克成，没有整理爺爺的醫案，吴玉純整理之後，希望他寫一段話。他自覺不好意思，説：“而小子衣食賓士，又不克盡搜輯流布之責微，玉純先生之高誼，邵郭諸君之盛心，孰克臻次美備之業，綿此絶續之傳焉。”

這裏“之責微”出了問題，“微”字不能連上讀，而是要連下讀：“微玉純先生之高誼。”與《岳陽樓記》“微斯人，吾誰與歸”是一樣的句式。

前面所舉例子是爲了提醒大家整理古籍不易，標點更是一道不好過的關，一不小心就容易出錯。錯誤的標點一旦印到書上，就會被别人舉例子，我的目的是告訴諸位儘量少犯這種錯。

（二）誤讀類型及誤讀原因

標點不當的情况，我覺得可分兩種。一種是點斷正確，但是標點不合適，比如該用句號而用了逗號，這種情况稍微好一點，需要我們規範標點，好好學習標點符號的用法。關於標點符號的用法，經常有一些修訂，及時學習就行。最關鍵的是第二種，斷句錯誤。凡是斷錯句，標點便不可能對，這種情况通常叫破句，把句子點亂了，没有辦法能够挽回和彌補。

例 5.《評校柳選四家醫案》講："春三月，肝木司令，肝陽方張，而陰不能從，則氣有不達之處，故痛，夏、秋、冬肝氣就衰，與陰適協，故不痛也。"

這個斷句没啥問題，對閱讀影響不大，只是標點應再精到些。如果把標點再稍微規範一下，會更加清晰，層次更清楚。主要是"故痛"後改爲句號或分號就更好。這就是標點符號用的略欠火候，不礙大局，這是需要精益求精的地方。

例 6.《本草乘雅半偈》："夫松，木德之中正也，五德具焉。故其好生似仁。其後凋似義，其調理似禮，其枝不生汙下似知。其氣化爲茯苓，其脂化爲琥珀似信。"

五德就是仁義禮智信，很清楚，這裹應該把五德的層次分清楚，稍做調整，改爲："故其好生似仁，其後凋似義，其調理似禮，其枝不生汙下似知，其氣化爲茯苓、其脂化爲琥珀似信"，就比較清楚。若斷句無誤，需要通過分析體會文意，把標點加以規範。

1. 誤讀的類型

1.1　不當斷而斷

例 7.《金匱要略語譯》裹有一段話："寸口脈浮微而澀，法當亡血，若汗出，設不汗者云何?"

"若"在這裹不是假設，而是選擇連詞，意思是寸口脈浮微而澀所主病症，或者是亡血，或者是汗出。"若汗出"不當與前斷開。正確的標點應該是："法當亡血若汗出。設不汗者云何?"

例 8. 本來是對仗工整的兩句話，標點不當，意思就不一樣。原句讀爲："方不在多而在精，百數十正經方而已足；藥不貴繁而貴熟，八、九、十味正經藥而有餘。"

按照這種句讀，學中醫掌握八味藥、九味藥或者十味藥即可，豈不是太少？這也犯了不當斷而斷的錯誤，當是八九十味藥，是個大約的數，與百數十首是對應的。

例 9. "不數年，二集又成。其哲嗣慰先、茂才，同客閩中，晨昏賞析，得讀其書，而囑爲弁言。"

這是爲他人著作寫的序言，"哲嗣"指的是原書作者的兒子。按此理解，作者有兩個兒子，即"慰先"與"茂才"，事實上只有一個慰先，"茂才"是慰先取得的功名，也就是秀才。"慰先"與"茂才"之間不能斷。

例 10.《本草乘雅半偈》是一本草書，作者盧之頤特别有學問，常引經據典。書中首先交代寫書的來歷，自己把藥分成四個部分去寫，叫參、覈、衍、斷，四種。書成後遇到戰亂，書稿丟了，等回來時想把這四部分都寫下來，却不能全部記住，所以只寫兩個部分。佛家講“偈”，是四句話，半偈則爲兩句。所以這本書的名字就叫《本草乘雅半偈》。明白了書名含義，我們再看這段話：“原分參、覈、衍、斷四種，故名其書爲乘雅……謂參、覈、可該衍斷。”“參、覈”後點頓號是毫無道理了，是個低級錯誤。

作者序中還有一大段有意思的話：“其觀理之妙，不謬毫芒。非胸中默具一大衡鑒必不能爾。剖析舉往，喆未經指示之玄機，及得未曾有之創論，普現筆端，非胸中默具一大解悟必不能爾。點化不事咿唔，而陰陽生克，苞符圖緯，經、史、子、集，琅函貝葉之文，皆供驅使，非胸中默具一大學問必不能爾。該洽振筆成草，義議雲騫，詞華景焕，非胸中默具一大文章必不能爾。斌鬱……”

按此點斷則層次不清楚，原文有“非胸中默具……必不能爾……”這樣一個句式，抓住了這個規律，點斷纔能正確，纔能理解作者的意思：“其觀理之妙，不謬毫芒，非胸中默具一大衡鑒，必不能爾剖析；舉往哲未經指示之玄機，及得未曾有之創論，普現筆端，非胸中默具一大解悟，必不能爾點化；不事咿唔，而陰陽生克，苞符圖緯，經子史集，琅函貝葉之文，皆供驅使，非胸中默具一大學問，必不能爾該洽；振筆成草，義議雲騫，詞華景焕，非胸中默具一大文章，必不能爾斌鬱。”我們要善於抓規律，再仔細地加以分析。

1.2　當斷而不斷

正確斷句是理解文意的前提，當斷不斷，有時也能引起歧義。

例 11.《本草綱目拾遺》講胡黄連時説：“其性味功用似黄連。故名割孤露澤。胡語也。”

胡黄連“性味功用似黄連”與“割孤露澤”這個名稱並無關聯，所以“故名”這裏有問題，不應當與“割孤露澤”相連，應當是“其性味功用似黄連，故名。割孤露澤，胡語也”。這是一個早期的本子，當時只是斷句，只加句號，顯然没有搞對。

例 12.《本草乘雅半偈》講柏樹，言其“芳香高潔，文彩陸離，即參天直上，誰能禁之。乃俯焉西向，以秉制所天，可謂至德也已。巨擘喬木，作社稷棟梁，宜哉殷人以柏，其逆知後世之西向乎。”

按這樣的點斷，“宜哉殷人以柏”就不知道要表達什麽意思。正確的點法應當是：“巨擘喬木，作社稷棟梁，宜哉！”宜哉是承前而言，非謂殷人以柏。

例 13.《本草乘雅半偈》：“《博物志》云：杜衡能亂細辛，振古已然頤爲能亂細辛者，不止杜衡，當以根苗色味細辨之。”

頤，是《本草乘雅半偈》的作者盧之頤，此外應斷，即：“杜衡能亂細辛，振古已然。頤爲能亂細辛者，不止杜衡，當以根苗色味細辨之。”這樣纔能讓讀者明白。

以上兩種情況，相對來説還算比較簡單，有時兩種情況會交織在一起，問題就更加複雜了。

1.3　當斷而不斷，不當斷而斷

例 14.《醫方集解》：“陶節庵曰。去實熱。用大黄。無枳實。不通温經。用附子。無乾薑。不熱發表。用麻黄。無葱白。不發吐痰。用瓜蒂。無淡豉。不湧。”

這段文字，該斷的地方没斷，不該斷的地方斷了，使得對原文的理解有不少困難，到底該怎樣用藥，可以説是一頭霧水。若這樣斷句："陶節庵曰：去實熱用大黄，無枳實不通；温經用附子，無乾薑不熱；發表用麻黄，無葱白不發；吐痰用瓜蒂，無淡豉不湧。"幾層意思就非常清楚了。

例 15.《**評校柳選四家醫案**》："**經停少腹痛，小溲淋漓有血，縷此肝火，與凝瘀交阻，當導而通之。**"

"縷此肝火"只能强解爲連續不斷地出現肝火，但很是費解。要知道，"縷"的本義是絲綫，血縷即血絲，應是："經停少腹痛，小溲淋漓有血縷，此肝火與凝瘀交阻，當導而通之。"如此則文通意順。

例 16. "**襄陵馬國卿，病左乳下二脅間期門穴中發癰，堅而不潰，痛不可忍。醫瘍者皆曰乳癰，或曰紅系漏，或曰覷心瘡，使服内托散，百日又服五香連翹湯，數月皆無驗。**"

這是《子和醫集》中的一則醫案，治療用藥含糊不清。實際上應該是"使服内托散百日"，不效，"又服五香連翹湯"幾個月，兩方都没有效驗。應當是："使服内托散百日，又服五香連翹湯數月，皆無驗。"仔細想，這兩種斷法的意思似乎都能通，但還是不一樣的，對於讀書人來説不一定能發現。所以點校者的責任還是很大的，點不對就容易誤導讀者。

例 17. "**先以瓜蒂散越之，次以八正散加湯碱等，分頓啜之，其沙石自化而下。**"

這也是《子和醫集》裏的一段話。問題是八正散加湯碱等，"等"的内容不清楚，二是"分頓啜之"的用法不經見。應當是"加湯碱等分，頓啜之"，八正散與湯碱等量。可見，一字之差就導致了意思的變化。

例 18.《**本草乘雅半偈**》："**秉筆者意在兼收，務從該博，以副詔旨而於秘奥，實無大發明。**"

這句話是説，負責文字整理的人，有意廣泛收録，務求全面，這樣纔能應對上邊的旨意，但對於那些深奥的道理則挖掘不够。所以應當是："以副詔旨，而於秘奥實無大發明。"

以上是當斷不斷、不當斷而斷，情况相對複雜。這就要求整理者要對每一句話、每一個字，都要很好地去體會。要把句讀搞好，既要有醫學方面的知識，還得有古漢語、歷史文化、名物等多方面的知識，不然就容易導致錯誤。

2. 誤讀的原因

2.1 不審詞義

字、詞是構成句子的基礎，若是字、詞意思不明，常會導致誤讀。

例 19.《**靈樞經**》："**善乎哉問！請論以比匠人，匠人磨斧斤礪刀，削斫材木，木之陰陽，尚有堅脆，堅者不入，脆者皮馳。**"

將"削"字理解爲動詞，削斫材木，這樣勉强可通，但並不是很好理解。削也可用於名詞，是刀的意思，這樣理解就可以斷爲："磨斧斤，礪刀削，斫材木。"這樣不僅句式工整，也更容易理解。

例 20.《**本草乘雅半偈**》："《**繁露**》**云：凡贄卿用羔，羔有角而不用。類好仁者，執之不鳴，殺之不啤，類死義者。飲乳必跪其母，類知禮者，故以爲贄。**"

贄，是古代初次拜見尊長所送的禮物，見不同的人，“贄”是不一樣的。《春秋繁露》中説，見卿要送羊羔，因爲羊羔有幾個特點：有角而不用、執之不鳴、殺之不嗥、飲乳必跪其母，這些特點表現了羊羔有仁、有義、知禮。因此，應當作：“《繁露》云：凡贄，卿用羔。羔有角而不用，類好仁者；執之不鳴，殺之不嗥，類死義者；飲乳必跪其母，類知禮者。故以爲贄。”

2.2 不審文意

没有理解文意、没搞懂原作者要表達的意思，也會導致誤讀。

例 21.《理瀹駢文》：“方出於矩篇中。所引古方。即有未盡驗者。要皆矩也。”

意思是有些方子在《矩篇》裏，但哪里有《矩篇》呢?《理瀹駢文》没有，其他書中也没有。應當是：“方出於矩，篇中所引古方，即有未盡驗者，要皆矩也。”吴師機强調，他用的外治方都是有規矩的。

例 22.《子和醫集》：“戴人曰：此易治也。以滄鹽成塊者二兩，餘用火燒，令通赤，放冷研細，以河水一大碗，同煎至三五沸……”

這裏滄鹽的用量是“二兩餘”，而不是二兩之外的。用法是將這二兩多的滄鹽用火燒紅再用。所以應該斷成“滄鹽成塊者二兩餘，用火燒令通赤”，這樣纔文通意順。

例 23.《本草乘雅》：“每讀治茗諸書，不啻數十種，俱各載稿集，卒難匯考，不揣條録覈左，以備博采。云神農氏前有食經，遵之爲首。陸羽茶經，例應爲傳。”

這樣還是有點模糊，應當是“以備博采云”，而不是“云神農氏”如何如何，還是對文意的理解和把握不够，不要遇到“云”就是要説話，“云”還是一個助詞，可以放句尾。今天很多人遇到“曰”就要點冒號，很多情况下不是冒號後面加引號。

2.3 不審文法

還有一種情况是對文法的問題没有仔細追究，也容易導致句讀問題。

例 24.《醫宗金鑒》：“陽明之爲病，胃家實是也……方有執曰：陽明經也，胃府也。實者，大便結爲硬滿而不得出也。”

“陽明經也，胃府也”看起來好像句子，實際上不通。應當是“陽明，經也；胃，府也”，該斷的一定要斷開，意思纔能明暢。

例 25.《本草乘雅半偈》：“餘質性黑暗，又不能多取師承。然以黑暗故，益不自知其爲黑暗。”

這個“故”字得往前放還是往後放？是要斟酌的，因爲含義不完全一樣。應當是“然以黑暗，故益不自知其爲黑暗”。

例 26.《本草乘雅半偈》：“雲母生雲，名雲母。雲具雨露霜雪，是雨露霜雪，爲雲之子爲水矣。然則雲，又宜號水母。”

過去講産雲母的地方，其上容易形成雲，有了雲纔能形成雨露霜雪，所以是“雨露霜雪爲雲之子，爲水矣。然則，雲又宜號水母”。這裏關鍵是對誰爲誰之子的理解。

2.4 不審醫理

中醫人讀中醫古書，有時也會被醫理、醫事所難，常常導致犯錯，把醫理弄懂的話，有可能破解一些問題，少犯些錯誤。

例 27.《傷寒來蘇集》：“此痞本於嘔。故君以半夏生薑，能散水氣。乾薑善散寒氣，

凡嘔後痞硬，是上焦津液已乾。寒氣留滯可知。故去生薑而倍乾薑。”

通常用半夏、生薑的道理就是君半夏，配生薑來散水氣，乾薑散寒氣，這樣又通又順，乾薑和生薑的區别就很清楚了，最後纔能落脚到去生薑而倍乾薑。應當這樣："故君以半夏，生薑能散水氣，乾薑善散寒氣。"這就是一個要懂醫理的問題，不懂醫理，點來點去就差不多，稀裏糊塗就過去了。

例 28. **“多青者名雲英，多赤者名雲珠，多白者名雲液，多黑者名雲母，但具青黄者名雲砂，晶晶純白者名磷石，各以偏勝之色，爲四時之宜。雲砂宜季夏，磷石宜四時服也。純黑者不堪服，令人淋瀝發瘡根，即陽起石也。”(《本草乘雅》“雲母”條)**

這裏談了雲母許多種類，純黑者吃了“淋瀝發瘡根”。這個“根”字理解不對，中醫很少用“瘡根”這個詞。這個“根”是中藥陽起石，應當是“純黑者不堪服，令人淋瀝發瘡。根即陽起石也”。

例 29. **“陽在外，陰之使也；陰在内，陽之守也。陰者，藏精而起；亟陽者，衛外而爲固。陽起，兩得之矣。”(《本草乘雅》“陽起石”條)**

這個“亟陽”講不通，這是《内經》上的原話：“陽在外，陰之使也；陰在内，陽之守也。陰者，藏精而起亟；陽者，衛外而爲固。”遇到經典的東西拿不准，一定要老老實實按常規處理，不宜出新，除非有獨到的研究。我們一定要注意，古籍和其他書往往有關聯，既然有關聯，要儘量合乎原有的、約定俗成的、大家習慣的一些做法，不要别出心裁。

2.5 不審校勘

校勘是保證句讀正確的前提，這些學問之間是密切相關的。句讀不是一個簡單的句讀本身的問題，會牽扯到文字、音韻、語法、醫理、文理，包括校勘在内的很多知識，都要融會在一起來看。

例 30. **“咽痛胸滿心煩者，因陰並於下，而陽並於上承。不上承於心火，不下交於腎。此未濟之象。”(《傷寒來蘇集》)**

“陰並於下，而陽並於上”是很規整的一個句式，但“承”字怎麼辦？放在下面不通，放在上面也彆扭。通過校勘，發現這個“承”是“水”的誤字，改正後就清楚了，“水不上承於心，火不下交於腎”。一個錯字導致上下兩句都不通。校勘和句讀之間關係非常密切，當句讀遇到困難的時候，要考慮是不是校勘的問題。當然校勘講究證據，不能亂加亂改的，要有版本或其他方面的證據，單憑理校不行。

例 31. **“此草藤蔓而生，對開黄白花，傍水依山處皆有之。治癰疽腫毒尤妙。或服或傅皆令，人謂之金銀花。”**(《朱氏集驗方》)

這裏“皆”下漏了“可”字，加上後“令”字從下讀，就通順了，即“或服或傅皆可。今人謂之金銀花”。

2.6 不審史實

有些錯誤是不懂歷史造成的，需要多查有關歷史文化知識纔能避免句讀錯誤。

例 32. **《本草乘雅半偈》：“昔有飂叔安，有裔子曰：董父實，甚好龍。”**

這裏講的是豢龍的典故。飂叔安，上古時期飂國（廖國）國君，其子名董父，帝舜賜名爲豢龍氏。所以句讀應當是：“昔有飂叔安，有裔子，曰董父，實甚好龍。”對歷史典故不熟悉，所以就點亂了。遇到這樣的問題就要去查有關的人和事。

例 33. **"徐敏齊，太常卿，之範之子，工醫，博覽多藝，開皇中，贈朝散大夫。"**（《醫部全録·徐敏齊》）

看起來句子挺整齊，意思也清楚，説徐敏齊，官居太常卿，是徐之範的兒子。對嗎？不對。其實這人名叫徐敏，是北齊太常卿徐之範之子。徐之範官至齊太常卿。應該是"徐敏，齊太常卿之範之子。"

我們時常會見有一些低級的句讀錯誤。如"謹按紀氏閱《微草堂筆記》載"，竟然不知紀曉嵐著有《閱微草堂筆記》。其實是書叫《閱微草堂筆記》。再如"盧子繇《傷寒論疏抄》金錍云"，盧子繇（盧之頤）寫的書叫《傷寒論疏抄金錍》。"金錍"，是治眼病的工具。再如"《秀水殷方》叔仲春，《醫藏書目》一卷"，《醫藏書目》的作者是殷方叔，也就是殷仲春，他是秀水人，竟能造出《秀水殷方》的書名。像這樣的問題只要查一查，都有可能避免。

我們從事古籍整理工作，要有敬畏之心，一定要對問題多進行研究，負起歷史負責。

最後再總結一下句讀應注意的幾個問題。

第一，原書句讀只可參考，不可盲從。

有部分古籍是帶有句讀的，這些只能參考，不能盲從。

第二，弄清語法，吃透文意是正確標點的關鍵。

把句子點對，關鍵是自己要真讀懂，這就需要弄清語法、吃透文意，方法就是反復去讀，問問自己明白没有。自己都不明白，怎麽能讓讀者明白呢？

第三，標點之後，必合乎理。

標點之後得看合不合理。這個道理很多，有物的理，事的理，文的理，醫的理，各方面的理。理不通，可能標點有問題。

第四，不要追求因句子整齊而忽略文義。

整理一本書，句讀風格要前後一貫。但不能只追求統一，而不顧文義。既要保持全書的統一性，又要有適當的靈活性。

第五，凡有出典、引文，一定要查閱相關文獻。

再强調一下，一定要勤查、多查，不要怕吃苦，不要怕麻煩。

整理出一部書，也是有成就感的。能把書整理好，少出毛病，讓更多的人讀得愉悦、清楚，不造成困難，也没有增添一些新的錯誤就很好。自己有樂趣又幫助了他人，也是非常不錯的。我很欣賞陝西省中醫研究院焦振廉老師説的話：天底下最好的工作就是整理古籍。希望我們都追求這樣的高境界。

《黄帝内經》校讀

顧 漫

(中國中醫科學院中國醫史文獻研究所，北京 100700)

提 要：《黄帝内經》校讀，與對《黄帝内經》做一般的校勘，思路不完全相同。因爲校勘是着眼於成書以後已經有定本的書，如校勘《素問》時通常會選幾種不同版本做互校，看其在流傳過程中産生了哪些差異。而筆者所談的《黄帝内經》校讀，則是着眼於早期傳本的《黄帝内經》，研究它在成爲定本之前的文本，亦即在北宋校正醫書局校《重廣補注黄帝内經素問》和南宋史崧校《靈樞經》之前的情況。重點在於它和一些古傳本之間的校讀，最典型的是《甲乙經》和《太素》，以及全元起本《素問》。目的是想探索《黄帝内經》的“原貌”，雖然這個“原貌”不一定跟歷史上的完全一致，但是會改變現存的這些版本對我們的束縛。本文重點分析以下兩個問題：一是今本《素問》《靈樞》跟其他古傳本互校會有什麼發現；二是跟出土文獻做互校，會發現什麼問題（出土文獻方面，很多例子會涉及我們正在整理研究的“天回醫簡”）。

關鍵詞：《黄帝内經》；傳世文獻；出土文獻；原貌

一、傳世文獻的校讀

首先從全元起本説起，現在的《素問》“新校正”裏面保存了全元起本的卷次。《上古天真論》下面新校正云：“按全元起注本在第九卷”，“王氏重次篇第，移冠篇首，今注逐篇，必具全元起本之卷，欲存《素問》舊第目，見今之篇次。此王氏之所移也”，宋臣在每篇之下，都要注出這一篇在全元起本的第幾卷，這樣來表明今本《素問》的卷次全是王冰改動過的，所以全元起本和王冰本的卷次是不一樣，正因爲宋臣保留了這個資料，所以就使我們可以復原全元起本的卷次。很多學者都關注過全元起本卷次與王冰本的不同，有好幾家都做過復原，最早的有丹波元簡，其後有許半龍，有張驥，有龍伯堅，有左合昌美，有陳大舜，還有馬繼興，他們都研究過全元起本《素問》的卷次篇目，做過一些復原的工作，段逸山先生又在他們的基礎上做了重新排列。

我們可以大概地對一下：卷一第一篇是《平人氣象論》，現在第一篇是《上古天真論》，那麼我們再看《上古天真論》在全元起本第九卷，是最後一卷，包括《上古天真論》《四氣調神大論》《陰陽應象大論》《五臟生成篇》等。《上古天真論》在今本中是第一篇，《四氣調神大論》是第二篇，《陰陽應象大論》是第五篇，《五臟生成篇》是第十篇，《異法方宜論》是第十二篇，這些都被王冰調整過。這裏有一個重要的區别，他把卷九的好多内容放到卷一去了；把卷一的内容，比如《平人氣象論》，跟卷六的《脈要精微論》《玉機真臟論》排在一起了。所以，我們再看一下全元起本的次序，首先是《平人氣象論》，然後是《决死生》，《决死生》就是《三部九候論》，接着是《藏氣法時論》《宣明五氣論》《經合論》《調經論》，《經合論》是重出的，它在這一卷叫《經合論》，在另一卷叫《真邪論》，就是現在的《離合真邪論》；然後是《調經論》《四時刺逆從論》，《四時刺逆從論》也是在兩處都出現了，但内容是不一樣的，王冰把這兩個《四時刺逆從論》給合成一篇，其實是不合理的，本來内容都不相關，就是篇名一樣。全元起本有一些明顯的錯誤，比如《經合論》和《真邪論》本來是一篇，但在兩處出現，這是錯誤的，也説明它在原本中位置可能有點問題，但王冰在改易全元起本的時候，很多時候還是整體移動的，比如《藏氣法時論》和《宣明五氣論》，其實現在也在一起；還有《八正神明論》《離合真邪論》，在今本裏也是一起的；再如《生氣通天論》《金匱真言論》在今本裏面也是相鄰的，在全元起本裏也同在第四卷；《五臟别論》《病能論》《奇病論》，在今本裏也是相鄰的；講脈的像《脈要精微論》《玉機真臟論》，在全元起本也是在一起的。全元起本第六卷的卷目，就很有特點：前兩篇是講脈的（《脈要精微論》《玉機真臟論》），後面幾篇全是講刺法的（《刺瘧論》《刺腰痛論》《刺齊論》《刺禁論》《刺治論》《針解篇》），且多以“刺”爲篇名。第五卷也是，除前兩篇《五藏别論》《湯液醪醴論》，後面《熱論》《刺熱論》《評熱病論》《瘧論》《腹中論》各篇基本上都是在講病。雷公的那幾篇，不管是在全元起本，還是在王冰本，都被編在一起，《示從容論》原來叫《從容别白黑》，《疏五過論》《征四失論》《陰陽類論》《著至教論》，都在這幾篇裏面，所以出現雷公的篇章，基本上都在卷八。而幾篇大論都在卷九，從時間上看，卷九這些篇看起來應該是比較靠後的、相對比較成熟的篇章；另外還有一些篇像《大奇論》《脈解論》，顯然没有黄帝和岐伯問答，而且《大奇論》跟《脈經·扁鵲診諸反逆死要訣》是完全重合的；《脈解篇》也是解經脈的一篇，像這些可能都是附録性質的東西，被放在卷九也是可以理解的。但是大家注意輯復本的篇次，並不一定是真實的全元起本的篇次，因爲在“新校正”裏宋臣只提供了各篇所在的卷數，並没有言明它在這卷裏是第幾篇。輯復各家對於哪篇在哪卷，基本上都没什麼問題，都是依照宋臣的注本；但是一卷中篇章的次序，大家是會有一些出入的。段逸山先生的原則就是依它們在通行本裏出現的順序，比如爲什麼把《平人氣象論》排在《决死生》之前，因爲在通行本裏《平人氣象論》是在《三部九候論》之前。但是這個原則其實是有些問題的，不敢説完全可靠。不過我們現在也没有進一步的依據，來給這些篇章做更好的排列。

從内容上來看，《平人氣象論》確實是有點像第一篇，因爲醫學首先要解决正常和不正常的問題，首先給出“平人”的定義，這非常符合一個醫學家的思想，所以全元起本的《素問》更體現一個醫家爲主導的思想。而王冰把《上古天真論》放在第一篇，體現了一個養生家的思想。但他應該也不是始作俑者，因爲我們看《太素》也是要把“攝生”

放在前面，這可能是受道家思想的影響。尤其是唐代的皇帝是鮮卑族的，但爲了跟中國的主流文化產生關係，他自稱是老子的後代，所以唐代一直是很崇尚道教的，如楊上善這些人都有官方背景，尊重官方的意識形態也是可以理解的。但是這樣一調整造成了很多問題，比如我們大家都以爲《素問》前面的一段話“昔在黃帝，生而神靈，弱而能言，幼而徇齊，長而敦敏，成而登天”，應該在《上古天真論》，而且就應該是《黃帝内經》的開篇，實際上是被王冰給誤導了。因爲這段話在全元起本裏是不存在的，《上古天真論》也不是開篇，所以也不能出現這樣一段概括性的話。這是王冰把《上古天真論》移到了第一卷第一篇以後，又從《史記·五帝本記》(更早的應該是來源於《五帝德》等著作)裏面引用了稱頌黃帝的這段話，而且把最後一句給改了，原來是“成而聰明”，改成了“成而登天”，體現了仙人道家思想，並放到《黃帝内經》的卷首。大家都以爲這個真的是《黃帝内經》的開篇，其實不是，大家都被王冰蒙騙了一千多年。現在我們回頭看全元起本首篇《平人氣象論》，第一句是“平人如何”，是先定義一個正常和病態的區别。

我們再看《上古天真論》，王冰動的手脚還不止這些，不光是改了次序、加了前面一段話。比如“上古之人，其知道者，法於陰陽，和於術數，飲食有常節，起居有常度”這段，兩個本子也不一樣，王冰本是“飲食有節，起居有常，不妄作勞”，全元起本是“飲食有常節，起居有常度，不妄不作”，“故能形與神俱，而盡終其天年，度百歲乃去，今時之人不然也，以酒爲漿，以妄爲常，醉以入房，以欲竭其精，以耗散其真，不知持滿，不時禦神”。王冰本是“上古聖人之教下也”，全元起本並非如此，全元起本有很長的一段話——“余聞上古聖人，論理人形，列别臟腑。端絡經脈，會通六合，各從其經，氣血所發，各有處名，溪谷屬骨，各有所起，分部逆從，各有條理，四時陰陽，各有經紀，外内之應，皆有表裏，其信然乎?”岐伯對曰：“夫上古聖人之教也，下皆爲之。”不是“聖人之教下也”，而是下面的人對“聖人之教”都效仿之。大家會發現這有問題了，上面提的問題，後面一句也没説，問題和回答幾乎是不對應的，前面説的是上古聖人“論理人形”“會通六合”“氣血”“溪谷”這些理念的來源，後面就開始講“恬淡虚無，真氣從之”，答非所問，這很奇怪。所以這段話很可能有錯簡，全元起本只是把原樣給保存下來了；而王冰肯定是意識到了這一問題，所以他做了一個改動，把這段話移到了《陰陽應象大論》裏面，前面先是講“陰陽者，天地之道也……”云云，然後插入了這段話，後面講“東方生風，風生木，木生酸，酸生肝，肝生津”，五行配屬、天人相應之類，不像在《上古天真論》中上下不相對應得那麽明顯，但其實仍然是錯的。所以這就是王冰本的最大問題。全元起本和王冰本都有錯誤，但全元起本的錯誤是顯而易見的、大家都能發現的錯誤，王冰本則是把錯誤給掩藏起來了，讓大家看了不但不能發現錯誤，還誤以爲是正確的。看到一個明顯的錯誤，肯定不會被誤導；但是如果是一個隱藏的錯誤，很容易把我們誤導。我們之所以在讀王冰本的時候，很少注意到這些問題，就是因爲王冰把這些明顯的錯誤變成了隱蔽的錯誤，這從我們文獻學角度來看是更大的問題——這是在製造問題而不是解決問題。這是第一篇，我們就可以看到這麽大的問題，下面再舉一個非常典型的例子：

凡痹之客五臟者，肺痹者，……心痹者……肝痹者，……腎痹者……脾痹者，……大腸痹者，……胞痹者，……

陰氣者，静則神藏，躁則消亡。飲食自倍，腸胃乃傷。淫氣喘息，痹聚在肺……

陰争於内，陽擾於外，魄汗未藏，四逆而起，起則動肺，使人喘喝。陰之所生，和本曰味。是故剛與剛，陽氣破散，陰氣乃消亡；淖則剛柔不和，經氣乃絶。

這裏面有一段："陰氣者，静則神藏，燥則消亡。飲食自倍，腸胃乃傷。"這一段大家認爲是講痹的，而且也恰恰在《痹論》裏面——"凡痹之客五臟也"，大家肯定覺得很自然，這是《痹論》的内容。但實際上這是王冰移改的。這段話原來在哪裏呢？《太素》是在《陰陽雜説》裏面，對應通行本是在《陰陽别論》，所以我們看段老已經把《陰陽别論》給復原了，這段"凡痹之客五臟"云云，"陰氣者，静則神藏，躁則消亡。飲食自倍，腸胃乃傷"在這裏肯定是很突兀，前面講"鼓一陽曰鈎，鼓一陰曰毛"，其實是講脈象的，後面是"死陰之屬，不過三日而死"。《内經》裏好多這種一段一段的，也看不出前後有什麽關聯；我們現在看天回醫簡，類似的情况很多，也是一段一段的，前後未必有關聯。因此我們推測《陰陽别論》這一篇的原本可能不是問答體，今本雖然有問答的形式但也是個假問答體，因爲開頭黄帝問了一句"人有四經十二從"，下面全是"岐伯曰"了，但只有第一句話是回答黄帝這個問題的，後面完全跟這個問題都没有關係，而黄帝也再没有問過問題了，這是很詭異的一個體例。所以可見這裏的問答體是後人附加的，只是爲了和其他篇的問答體保持一致而已。"陰氣者，静則神藏"這段話確實是講陰陽的，但放在《陰陽别論》裏肯定是錯簡，不定是從什麽地方溜過來的。因爲古代的簡是要編在一起的，假如散了以後就有一些簡找不到地方，整理者必須給這些簡找到適當的地方，纔能讀得文從字順，要不然則文意肯定是不通的。所以王冰是恰如其分地發現這段話是錯簡了，不應該在這兒，他就自作主張地把它挪到了《痹論》裏面去，因爲他認爲這是講痹的。但是《痹論》在全元起本第八卷，如果錯簡的話，最有可能是在同卷内錯簡，因爲不同的卷都是一卷一卷分開的，從第八卷錯簡到第四卷是不符合古書體例的。如果我們看到過出土竹簡或者卷子的實際情况，就會覺得這種錯簡是很不可思議的一件事。所以王冰的移改完全是主觀的，他只是因爲這段話説的是痹，就把它放到《痹論》裏面去了。

《痹論》裏面這一百八十四個字原來在《陰陽别論》，王冰把這一段話整個移到《痹論》裏面，如果把王冰移的這段話去掉，説"痹，其有五者何也"，"骨痹……""筋痹……""脈痹……""皮痹……"，"内舍五臟六腑，其氣使然"——"骨痹"是到腎，"筋痹"到肝，"脈痹"到心，"肌痹"到脾，"脾痹"到肺，"所謂痹者，各以其時感，風寒濕之氣也"，"著痹不已，亦益内也，其風氣盛者，其人易已也"。這段話就非常完整，什麽也不缺，因爲講的都是五體，所謂"皮、肉、筋、骨、脈"和五臟的關係，而且在内是在哪、在外是在哪都説得清清楚楚，根本没有地方再插一段話了。我們再回過頭來看，王冰插加進來這段話，這看起來是説了"痹之客五臟"如何如何，但它的内容並不是僅限於五臟，又出現了"腸痹""胞痹"是不是？前面講了五臟痹的證候，後面又講了其他的痹，不是對應的，所以“胞痹”“腸痹”肯定又是别的體系裏面的。所以這一段話放在《痹論》那一個地方是完全不合理的，王冰把它改了，以後大家讀順了，因爲看到前面説五臟，這裏又有五臟，所以就輕易地讀過去了。還是像我剛纔强調的一樣，本來是一個容易發現的錯誤，被王冰改成一個隱蔽的錯誤。假如不是當時校正醫書局比較負責任，把它標記出來，大家就又被蒙混過去了，就以爲這段話真的是《痹論》裏面的。但這段話是錯簡，其實是從另外一個地方錯過來的。

我們可以看出，關鍵是這句話——“陰氣者，静則神藏，躁則消亡”，這是一個很對仗的句子。我們看一下，哪篇裏面會有這樣的句子——《生氣通天論》“陽氣者，精則養神，柔則養筋”，與“陰氣者，静則神藏，躁則消亡”，這兩句話是很完美的對應，一個是講陽氣，一個是講陰氣。《生氣通天論》和《陰陽别論》）這兩篇都在全元起本卷四，很可能是從那兒錯簡的。所以，這兩句合在一起顯然是更合理，而且還有别的對應：看這一段話“陰争於内，陽擾於外，魄汗未藏，四逆而起……陰之所生，和本曰味”，我們看《生氣通天論》的後面，“陰之所生，本在五味，陰之五宫，傷在五味”，這跟剛纔那段話意思也是很一致，而且很可能是從這個地方錯簡的，因爲“陰之所生，本在五味，陰之五宫，傷在五味”跟“和本曰味”看起來文字差不多，體現了這兩段文字有粘連的地方。所以這段話應該是從《生氣通天論》裏面錯簡出來的。我們不是説全元起本就是完美無缺的，但是通過全元起本我們可以發現王冰所掩蓋的那些錯誤，這樣我們可以進一步找出它真正應該在的地方，而不是王冰給它放錯了的地方。這樣來重新看這一篇，這一段話應該是在《生氣通天論》裏面的。

我有一篇文章詳細寫了根據全元起本校正通行本錯簡的問題，大家可以去看。其實這樣的問題是可以解决的。通過我的文章説明《素問》傳承至今，其實存在不少錯簡，歷代整理者雖有校正，但是因爲通行本經過王冰的改易，與早期全元起本在編次上有很大差距，有失《素問》的原貌，根據全元起本可以發現通行本有很多錯簡，這些在通行本裏是不太容易發現的，但是從全元起本裏——雖然全元起本也可能是錯的——却可以比較容易發現和修正這些錯誤。而且非常有價值的就是全元起本的卷次應該體現它的原始編次，在改易原文的時候如果不考慮它原來編次的話，肯定會把它改得非常離譜，就好比王冰這種改法，會出一樣的問題。

通過以上例子，大家可以發現《内經》爲什麽很難讀。其實它本身的文本就存在很多問題，如果不從文本入手，只是順文演繹，就是看着原文是什麽樣就强爲之説，而不考慮這裏面可能有錯簡等各種問題，那必然是“抱殘守缺”的一個狀態。這樣只能説是隨文敷衍，這也是很多後世的學者對王冰的批評，説王冰注《素問》是“隨文敷衍，逢疑則默”——《素問》這段話原文是什麽，就按照原文大概地解説幾句，看得懂的地方他解釋，碰到看不懂的地方他也不解釋了，想看注釋也没有注——大家對他有這樣的批評。但楊上善比他好得多，起碼不是“逢疑則默”，碰到疑難的問題他會儘量地給出解釋，儘管可能也是錯的，但起碼可供大家參考，不回避問題。

我這不是要否定王冰的成就，王冰整理本中的很多問題也不完全是王冰的錯，因爲王冰已經説了——他的態度其實是很老實的，並没有有意要騙大家——“或二篇重出而别立兩名”，這指的就是《離合真邪論》。“或兩論併吞而都爲一目”，這是把《皮部》和

《經絡》兩篇合成一篇，在全元起本和《太素》裏都是一篇，他給分成了兩篇，結果分成兩篇特别短的文章，而且這兩篇分的實在没道理，但王冰這樣有分有合，可以不改變"八十一篇"的總數。"或問答未已而别立篇題"，就是説他也注意到很多問答是"僞問答"，後面其實是並没有回答前面問題的。"或脱簡不書而云是缺"，他也知道有脱簡。"重《經合》而冠針服，並《方宜》而爲《咳篇》，隔《虚實》而爲《逆從》，合《經絡》而爲《論要》，節《皮部》而爲《經絡》"，他説"節《皮部》而爲《經絡》"，照實説，他不認爲《皮部》和《經絡》是應該分開的，但是王冰本《經絡》和《皮部》確實是分開的，説明我們今天所見的這個本子也並不一定符合王冰整理的原貌，現在看《太素》這兩篇都是合在一起的。"退《至教》以先針"……諸如此類。但他説的這些問題並不完全是全元起本的，還有其他傳本。他也説了他自己都做了什麽——"闕漏名目者，區分事類，别目以冠篇首；君臣請問，禮儀乖失者，考校尊卑，增益以光其意"，其實就是説，好多這種問答體例都是王冰加的，或者他改動過的；"錯簡碎文，前後重疊者，詳其指趣，削去繁雜，以存其要；辭理秘密，難粗論述者，别撰《玄珠》。"就是説他根據文意，對重疊、繁雜的文字有删改；"凡所加字，皆朱書其文，使今古必分，字不雜糅。"他説他在改的時候是朱書其文——像他做的這些改動，爲什麽林億他們還能知道，應該跟他"朱書其文"有關，並不是一行一行字去對的。也就是説，其實王冰還是有意識的，他知道做的改動可能會對後來的讀者造成誤導，所以采用"朱墨分書"的體例來標識；偏偏這種體例在後世刻板中會消失，所以我們看不到"朱書其文"，只知道他把這些改了之後我們不知道它原來在哪兒。正因爲有這種情况，也就是我講全元起本的意義。全元起本確實存在不少錯簡和重出的問題，但王冰之改易得失參半，有以不誤爲誤者，也有原本雖誤而改易仍誤者等問題。但是不管怎麽説，全元起本比王冰本是更接近《素問》原貌的古傳本，更爲切近地反映了《素問》的學術源流和成編過程，所以很有必要對全元起本進行全面的研究，尤其是我們現在有這些出土文獻可供對校的情况下，可以讓我們更容易發現和改正它的錯誤。這也是我講《素問》的校讀第一個問題。

二、出土文獻的校讀

前面大概談了一下《内經》不同傳本，尤其是跟古傳本之間的校讀問題，特别涉及了一個目前已經亡佚的版本——全元起本，全元起本實際上是一個不存在的本子，現在看到的是輯佚本。但是我們現在很幸運可以看到很多出土的文獻，通過這些出土文獻，我們有更多的可以跟《黄帝内經》互證的内容。之前出土的張家山脈書和馬王堆古醫書的很多内容，是可以跟《靈樞·經脈篇》相對應的。出土的這些《脈書》中還有一部分内容是講脈診的，其實可以和《黄帝内經》中講脈診的内容相對應。這個現象過去大家一直没理解，爲什麽講脈診的跟講經脈的内容會放在一起？天回醫簡出土以後，我們對這個問題瞭解得更清楚了——古代這種所謂的《脈書》，我們今天理解是有關經脈類的文獻；但在古代其實是屬於醫經類的文獻，我們看鄭樵《通志·藝文略》裏面是把這一類文獻全部叫作"脈經"。《素問·病能論》裏面有一段話："《上經》者，言氣之通天也；

《下經》者，言病之變化也。”之前大家都不太理解《上經》“氣之通天”與《下經》“病之變化”講的是什麽。現在我們看到有張家山出土的比較完整的《脈書》，前面一部分是講疾病的内容，然後是十二經脈，然後講脈法，然後講脈死候等。馬王堆出土的古脈書也是差不多同樣的内容，天回出土的《脈書・下經》也是這樣的一個結構：前面第一部分是講各種疾病，但是比張家山《脈書》還要詳盡，然後第二部分是十二經脈，第三部分也是脈法和陰陽脈死候，最後多了一個第四部分，叫“間别脈”。

我這裏先談一下診脈的内容。古人是把診脈和經脈這兩部分看成一體的，也就是所謂的《上經》和《下經》。《上經》講的是“通天”，“通天”很多内容涉及五臟脈法。比如在《素問・脈要精微論》與《素問・玉機真臟論》這些經文裏面，都有“弦、鈎、毛、石、代”這五臟的脈象，這些五臟病脈或者死脈都在天回醫簡裏出現了，而且這部分内容還被冠以“通天”。“肝之通天爲春”，然後講肝的脈法，就是這樣一個體例。所以，爲什麽《上經》與《下經》都叫《脈書》而且分上、下呢？所謂“上”就是“氣之通天”，講的其實是診法的原理；“下”是“病之變化”，講的是經脈病，包括經脈循行及其病證。我們現在看這些診法的内容其實也保存在傳世文獻裏面，而且這部分内容是相當穩固的，從某種意義上講是跟活化石一樣的内容。

先看一下我們特别熟悉的《素問・三部九候論》，根據新校正，該篇在全元起本的第一卷。昨天我們看了全元起本的篇目，這篇跟《平人氣象論》是在一起的，可能《平人氣象論》之後就是《三部九候論》。《平人氣象論》討論平人的脈象，《三部九候論》的篇名在全元起本叫《决死生》，被後人改成《三部九候論》，先看一下《三部九候論》的經文：

> 余聞九針於夫子，衆多博大，不可勝數。余願聞要道，以屬子孫，傳之後世，著之骨髓，藏之肝肺，歃血而受，不敢妄泄，令合天道，必有終始，上應天光星辰曆紀，下副四時五行，貴賤更立，冬陰夏陽，以人應之奈何？願聞其方。

這一段話一開始强調這些經文之重要性，要“著之骨髓，藏之肝肺”，“歃血而受，不敢妄泄”。然後講“上應天光星辰曆紀，下副四時五行”，來説明“三部九候”的重要性。之後黄帝又問：“以决死生，爲之奈何？”開始討論决死生的問題。我們都知道，關於經脈有段著名的論斷——《靈樞・經脈篇》：“經脈者，所以能决死生，處百病，調虚實，不可不通”，第一個就是“决死生”，第二個“處百病”，第三個“調虚實”，這三個重要性好像依次下降；我估計在對經脈的認識中，“决死生”也是時代上比較早的，因爲我們可以看到《扁鵲倉公列傳》中有很多“决死生”的内容，對於古人而言，死生是頭等大事。(在古代世界的醫學裏)“决死生”是第一步的。然後講“决死生，奈何”？“形盛脈細，少氣不足以息者死”，“三部九候皆相失者死”，“上下左右之脈相應如參舂者病甚。上下左右相失不可數者死”……後面就有一段很奇特的内容：“以左手足上，上去踝五寸按之，庶右手足當踝而彈之，其應過五寸以上，蠕蠕然者不病。”這個“蠕”字，很多學者都指出應該是“輭”的意思，在《太素》《甲乙》《素問》裏面有很多“耎（輭）”

和“濡”的互用。接着是“其應疾，中手渾渾然者病；中手徐徐然者病；其應上不能至五寸，彈之不應者死”。後面接着一個很重要的内容：“其脈代而鉤者，病在絡脈。”這個理論在《内經》各篇是貫徹了的，《靈樞·禁服》也是這樣説的——“代則取血絡且飲藥”，倉公診脈也説“代則絡脈有過”。但這個絡脈跟我們今天理解的那個體表的絡脈應該不是一回事，而是指内臟之間溝通的一種絡脈。下面《三部九候論》接着講：“察其府藏，以知死生之期；必先知經脈，然後知病脈”，這段話很有意思，此處的“經脈”肯定不是咱們理解的“十二經脈”的經脈，這個經脈是“常脈”的意思，必先知常，然後知病。所以這一段話其實還是在講“决死生”的原理。這段還在很多出土醫書裏出現過，《脈法》基本上就是這個内容，之後是《陰陽脈死候》；張家山《脈書》結構是比較清楚的，但是它的次序有顛倒，前面是陰陽脈死候，後面是脈法。大家注意一下這個次序的不同。

我們來看馬王堆出土的《脈法》：“脈者，亦聽（聖）人之所貴也。”這個“聽”讀爲“聖”，因爲古音的“聽”和“聖”聲韻是接近的。“氣也者，利下而害上”，“故聽（聖）人寒頭而暖足”——這是古代一個很著名的醫學理論，認爲人體的氣像水一樣，是從上往下行的，所以人要想健康的話，要讓脚是熱的，頭是凉的，這樣纔能健康。所以古人説要“寒頭而暖足”，所以古代人的枕頭都很硬，一般用石頭枕頭或者竹枕。“治病者取有餘以益不足”，然後講什麼時候用灸法，什麼時候用砭法——“氣上而不下，則視有過之脈，當環而久（灸）之”，氣的正常運行是往下的，當不能下行的時候呢，就用灸法；“氣一上一下”，則用砭法（這段文字《脈法》有脱失，據張家山《脈書》補）。“氣出郤與肘之脈而砭之”（“出”張家山作“當”），“郤”是指膕窩，其實王冰也有注釋（注“郤中”），這個“郤”專指膕窩；“肘”就是肘窩，這就是我們熟悉的委中與曲池這些穴位。“用砭啓脈者必如式。癰腫有膿，稱其小大而爲之砭。砭有四害：一曰膿深而砭淺，謂之不達；二曰膿淺而砭深，謂之太過；三曰膿大而砭小，謂之斂，斂者惡不畢；四曰膿小而砭大，謂之泛，泛者傷良肉也”，這是“砭有四害”，這段内容後面還會講。

下面就是“相脈之道：左手上踝五寸按之，右手直踝而彈之。它脈盈，此獨虚，則主病。它脈虚滑，此獨澀，則主病。它脈静，此獨動，則主病。脈固有動者，骭之少陰，臂之大陰、少陰”。臂大陰，指的是太淵（脈口）；臂少陰，就是神門（脈口）。我們今天在《靈樞·動輸》中看到“經脈十二，而手太陰、足少陰、陽明獨動不休”，相比此處有一些變化，“足陽明”替代了“臂少陰”，但“臂大陰”和“骭少陰”是一樣的，也還是三個地方。“骭少陰”之所以不叫“足少陰”，是因爲它的部位是貼近小腿的，這是比較古老的幾個診脈部位。因爲天回醫簡也出現了“心出臂少陰，肺出臂大陰，腎出骭少陰，胃出足大陰”的内容，這其實是一種遍身診法。最後一句説：“脈之玄，書而熟學之，季子忠謹……言不可不察也”，是講脈理很玄微，需要記下來加以熟讀。季子，是小子的意思。《集釋》改釋“季”爲“孝”，認爲是孝子，也可通。

這段話裏面出現了“相脈之道”的内容，且這段内容跟《三部九候論》裏有一段是高度對應的。馬王堆的《脈法》和張家山的《脈書》，裏面都有這一段話；而且不單是秦漢時期出土文獻裏面有，敦煌卷子裏也有這段内容，跟今天看到的《素問·三部九候論》一樣——“以左手足上，去踝上五寸按之，庶右手足當踝而彈之……”。這一段内容，其實跟《素問》是一樣的。而且後來沈澍農老師還發現了俄藏的一段卷子，正好是前面缺的這部分，這樣幾乎就把《三部九候論》湊齊了。這説明在《素問》成書以後，這段脈法的内容仍然在“單篇别行”。余嘉錫先生説古書多“單篇别行”，《三部九候論》這一篇也會被單獨抄録，可見有其獨立的價值，而這些内容也在幾個出土《脈書》裏得以傳承。

我們再來看一下天回醫簡。首先《脈書·下經》也有這段内容，與《脈法》和張家山《脈書》是完全一樣的。但是除此以外，在《刺數》裏也有脈診内容。我們來看這一段：

> 切病所在，脈熱，動（動）不與它脈等，其應手也疾，盛則動（動），其應手疾，其虚則徐。(652)

第一個字應該是“切”，原字形實際上是一個“扌（手）”一個“七”，古代這個“七”字，没有最後一筆那個勾，就是一横一豎，跟“十”字很像。從扌從七的這個字，是切字的異體。“切病所在”還是在講切脈。後面説“脈熱，動不與它脈等”，就是説脈摸起來感覺很熱，脈動跟其他脈不一樣——“其應手也疾……其虚則徐”，就是説如果説是實證則脈應手快，虚證則應手慢。實際上這裏談的可概括爲一點：只要有一處脈動跟其他處脈動不一致，則爲病所在之脈。這就很接近於《三部九候論》裏的説法：“察九候獨小者病，獨大者病，獨疾者病，獨遲者病，獨熱者病，獨寒者病，獨陷下者病”，某部脈“動不與它脈等”，即跟其他脈動不一樣就是病脈。所以我們可以知道，這種診脈法肯定是遍身診，就是要診好多的動脈，然後有一個比較，哪一部脈跟其他的脈動不一樣，那這一部脈就是“有過之脈”，或者説病在這部脈，然後治療的時候就刺這個脈。由此可見，古代的脈診與針刺治療應該是非常密切地結合在一起。現在診脈時獨取寸口，就不存在像三部九候脈診那般“獨大獨小”的問題了；只有用比較診脈法，纔會出現每部脈不一樣的情況，而“動不與它脈等”的脈就是病脈，針刺就要針對這個病脈。這也是《刺數》的内容。

我相信將來如果再發現此類的《脈書》，可能還會有這段話。《三部九候論》裏的這個診脈法是怎麼操作的，我們今天也説不太清楚，但是可以知道這段内容是自古以來一直流傳的，是診脈决死生的一個重要的方法，被當作要訣一樣的東西傳承下來。我猜測這大概是一種診太溪脈的方法，具體怎麼操作，各家有不同的説法。

下面我們再看一段比較有意思的，出自《靈樞·官針篇》：

> 凡刺之要，官針最妙。九針之宜，各有所爲，長短大小，各有所施也，不得其用，病弗能移。

下面講病的深淺和針刺深度的關係：

> 病淺針深，内傷良肉，皮膚爲癰。病深針淺，病氣不瀉，反爲大膿。病小針大，氣瀉太甚，疾必爲害。病大針小，氣不泄瀉，亦復爲敗。失針之宜，大

者瀉，小者不移。已言其過，請言其所失。

這也是一段韻文。這段話與《脈法》中“癰腫有膿者，則稱其小大而爲之砭”那一段，以及《素問·寶命全形論篇》中“制砭石小大”的内容相似，大家比較一下以下的内容：“癰深而砭淺，謂之不達”，“膿淺而砭深，謂之太過”，“膿小而砭大，謂之泛”……再來回看《官針》這段話做了一些什麽改動呢？把《脈法》中的“膿”字改成了“病”字，把“砭”字改成了“針”字，然後就把砭法變成了一段針法的内容。膿的大小淺深和砭石的關係是非常直接的，如果我們有切開排膿的經驗，就很容易理解這段話，《靈樞·官針篇》把它變成了病和針的關係，好像要玄妙得多了。由此看來，這一段其實就是繼承了《脈法》中本來講“砭”與“癰”關係的文獻，而把它變成了一段針法的論述。從這兩段文字互證，我們可以很清楚地看到這個變化，古代文獻就是這樣加工出來的。

下面，我們再看《刺數》的另一段話，這段話更有意思：

> 𠜗（刺）數，必見病者狀，切視病所，乃可【循察】。病多相類而非，其名衆，審察診病而蔵（鍼）之，病可俞（愈）也；不審（667）其診，蔵（鍼）之不可俞（愈）。治貴賤各有理。(670)

“刺數者，必見病者狀”，“刺數”這個詞在《素問·繆刺論篇》裏出現過。這篇經文主要講了繆刺法，繆刺法適合於“病在絡者”，具體操作是左取右、右取左，即是采用交叉取穴的方法。《繆刺論》裏面的治法看起來很古樸，比如用“左角髮灰”來治療“尸厥”(突然驚厥)。經文最後有一個總結：“凡刺之數，先視其經脈，切而從之，審其虚實而調之。不調者，經刺之；有痛而經不病者，繆刺之。因視其皮部有血絡者，盡取之，此繆刺之數也。”這裏特别提到“凡刺之數”，楊上善有解釋説：“繆刺之處，皮部絡邪血，皆刺去之，名曰繆刺之法。數，法也。”這裏説“數”是法，“刺數”就是刺法。這個“數”的概念就有意思了，司馬遷在《扁鵲倉公列傳》中特别提到，扁鵲治病有一個特點叫“守數精明”，這也是扁鵲倉公醫學的一個特點。所以“數”這個概念，在扁、倉的醫書裏是經常可見的，如倉公所云“有數者能異之，無數者同之”。今天在天回出土了一本書，恰好可以命名爲《刺數》，就是目前我給大家看的這部。

我們再回過來看《刺數》：“刺數者，必見病者狀，切視病所”，是説要按察病變的部位，“乃可……”，這裏的字殘得太厲害。下面説“病多相類而非”，病和病之間看起來很相似，但實則不然；“其名衆”，病的名稱衆多。“審察診病而針之，病可愈也。不審其診，病不可愈”，此處提到“切視病所”，比較《素問·繆刺論》“先視其經脈，切而從之，審其虚實而調之”，也提到了要“切”，“審其虚實”而施以調治。可見《刺數》這段内容與《繆刺論》相當一致，二者有明顯淵源關係。只不過《繆刺論》把後來的醫學思想揉合了進去，《刺數》只是强調要“審其診”，就是説要診得很仔細；《繆刺論》加了一個“審其虚實”，因爲針可以調虚實，這點跟砭、灸不同，砭法基本上是瀉法，灸法更傾向於補法，都是一種方法只能治虚證或者實證，不像針法那樣可以調虚實。所以《刺數》有“審察診病而針之”這樣的思想是後來《繆刺論》的淵源。

所以，我們看到傳世文獻——以《内經》爲代表的文獻——它的形成是非常複雜的。如今我們看到這些出土文獻，通過這種文本的比對，可以看出一些變化的綫索。比如《素問·繆刺論》與天回發現的《刺數》這一篇是非常相似的，都是講了很多的刺法，當然不是每個刺法都能相對應。但是這兩個文本的結構體例有很多相似之處：都是以刺法爲主題，都是列舉了若干種病的治療等等，還有都强調診脈和針刺合一的問題。《繆刺論》也是一篇刺法類的文獻，古代這種文獻很多，在《靈樞經》裏也保存了不少。

以上我給大家介紹了對出土醫書的概括比較，下面我講幾個比較細節的具體例子。

（一）疹筋——狐筋

《素問·奇病論》曰：

> 帝曰：人有尺脈數甚，筋急而見，此爲何病？岐伯曰：此所謂疹筋，是人腹必急，白色黑色見，則病甚。

這是根據天回醫簡出土的内容，與《黄帝内經》裏的字句做一個互校。《素問·奇病論》裏面有這麽一段話“人有尺脈數甚，筋急而見，此爲何病”，這裏尺脈不是我們今天理解的尺部脈的意思，而是指尺膚和寸口脈。寸口脈和尺部皮膚之間有對應關係，所以可以通過脈和尺的合診來診病。這裏説尺和脈都“數甚”，同時還出現“筋急”這個症狀；然後，岐伯説“此所謂疹筋，是人腹必急”，説這個病叫“疹筋”，病人的肚子按起來會比較緊張，如果有“白色黑色見，則病甚”，是説面白或者面黑。

“疹筋”這個病名其實有點怪，因爲這個病名在《内經》中僅出現了這一次，所以大家可能也没太注意。我們的教學參考書怎麽説呢？它説“疹，病也”，“疹筋”就是筋之病變，現在的解釋等於只是説“疹筋者，病在筋也”，實際上這就是很多學者批評的“順文演義”，看到這個字是什麽就怎麽去解釋。當你覺得這個字可能有問題的時候，應該運用文獻、校勘、訓詁等方法去考察——首先，我們要考慮其他本子是不是都是這樣子，如果都是這樣子，即使我們懷疑有問題，那也没辦法，除非再看到新的證據，比如出土的有與傳世本不一樣的材料，這就是我們首先要考慮的校勘。再者，我們要考慮訓詁、音韻，比如這個“疹”字是不是就直接解釋爲“病”，是不是與别的字通假？是不是可以破讀，可以讀其本字？這些是我們進一步的考慮。

以“疹筋”爲例，具體而言，首先我們要看版本是不是都是這樣，而恰恰《針灸甲乙經》就不一樣——疹筋，《甲乙經》卷四“病形脈診第二上”作“狐筋”。大家看，“狐”跟“疹”兩個字還是蠻像的，很容易混淆。

天回醫簡裏面的“狐”字和“診”字，這兩個字的寫法在古代容易混，尤其是在寫得比較潦草，或者筆劃有缺失的情况下，“診”字會跟“狐”字有混淆，“狐筋”在這裏被誤認成了“診筋”。

雖然《甲乙經》有“狐筋”的異文，但因爲“狐筋”看起來也挺陌生的，所以這麽多年來《内經》的很多注解如張注、馬注等，幾乎没人注意到這件事兒。但是天回醫簡出土就不一樣了，其中好多支簡（根據公布的數字有 12 支簡），都是在講與“狐”相關的病。12 支簡的内容就非常可觀了，比很多病的内容都要多，所以我們現在知道古代有一大類病就叫作“狐”；這個“狐筋”呢，就一點也不奇怪了。這裏面出現的有一條條文是“直狐”，“直狐，堅，直少腹”，就是説在少腹這個部位按起來很硬，這和《奇病論》“人腹必急”這個記載是完全一致的。“狐”這個病名其實在古書中也出現過，大家比較熟悉的是“狐惑病”。爲什麽這種病叫“狐惑”呢？因爲它時隱時現——古人認爲狐狸很狡猾，這種動物有個特點，就是晝伏夜出，而且行蹤詭秘，讓人摸不到規律——“狐惑病”也有這樣的特點。跟“疹筋”比較接近的，其實不是“狐惑”，而是“狐疝”。《金匱要略》有“陰狐疝氣”這個病，可以簡稱“狐疝”，這種病是説陰囊睾丸偏有大小，時時上下——也是有時隱時現的特點——用蜘蛛散治療。然後我們看《儒門事親》裏講“七疝”，七疝之一是“狐疝”，其中對“狐疝”的描述是非常準確的——“狐疝其狀如瓦，卧則入小腹，行立則出小腹入囊中……此疝出入，上下往來，正與狐相類也”。腹股溝疝這個病大家都很熟悉，躺下的時候腸子就回到腹腔裏面，一站起來腸子就掉到陰囊裏面，這類病我們今天叫作“疝”。這裏面有古今病名的變化，這個問題余雲岫先生已論證過了——古代的疝證不是指我們今天説的“疝氣”這個病，這個“疝”是一種痛症，所謂“心腹疝”就是心腹痛，而不是説心腹這個地方鼓了個包，這個病名有古今的變化。現在，大家是認爲有個東西突出來（人體組織或器官一部分離開其正常解剖部位，通過先天或後天形成的薄弱點、缺損或空隙進入另一部位）叫作“疝”，所以有“腦疝”之類的病名；但古人所説的“疝”是根據字音推求字義，説是“氣詵詵然上而痛也”（《釋名》）。所以，古今的疝是不一樣的。而這個“狐”病呢，其實是體腔中有物突出，時隱時現，引少腹陰筋痛——會牽扯陰囊與精索，會有疼痛——並有小便不利的症狀。由於古今病名的變化，導致我們對“狐”這個病不是很熟悉了，而且後世把它與“疝”合流了。《甲乙經》中這個非常明顯的異文“狐筋”被大家忽略了，使大家一直認爲這個病名就是“疹筋”，相沿成習。但是今天我們看到古文獻中大量存在的“狐”病，是可以跟這個“狐筋”對應的，使我們去反思“疹筋”是不是有問題。

（二）不表不裏，其形不久

《靈樞·壽夭剛柔》：

> 病有形而不痛者，陽之類也；無形而痛者，陰之類也。無形而痛者，其陽完而陰傷之也，急治其陰，無攻其陽；有形而不痛者，其陰完而陽傷之也，急治其陽，無攻其陰。陰陽俱動，乍有形，乍無形，加以煩心，命曰陰勝其陽，此謂不表不裏，其形不久。

第二個例子，“不表不裏”。《壽夭剛柔》裏，有這麽一段話是講“（病）有形無形”的問題，以此分别病的陰陽，説“病有形而不痛者，陽之類也”，這種病屬於陽證，能看得見但没有痛感；“無形而痛者，陰之類也”，看不到病的變化，但是感覺痛，這種情况屬於陰證。説無形而痛的人“陽完而陰傷之”，説明雖然看不到哪有病情變化，但是身體内部已經受傷了，就好比陰疽，看不到皮膚表面有變化什麽的，裏面很痛，這是内部已經受傷了，故叫作“陰傷之”，(這種情況下)“急治其陰，無攻其陽”。“有形而不痛者，其陰完而陽傷之”，就好比看到皮膚表面腫了一大包，但没有痛感，説明内部是完好的，僅僅是表面受傷，這種情況下應當“急治其陽，無攻其陰”。這段是講病要分陰分陽治療。此外還有“陰陽俱動”，“陰陽俱動”表現爲什麽呢？“乍有形乍無形，加以煩心”，就是説有時候有形，有時候無形，又兼有煩心的症狀，“命曰陰勝其陽”。“乍有形乍無形，加以煩心”，就説既不是陰證又不是陽證，但是有煩心，煩心這個症狀古人認爲是“陰勝其陽”。因爲煩躁發生在内部，跟痛是相似的。“此謂不表不裏，其形不久”，説這種病不是表證也不是裏證，這種情況下“其形不久”。“其形不久”怎麽理解？與“其形不久”相似的表達出現在《素問·奇病論》——“外得五有餘，内得二不足者，此其身不表不裏”，這也是“不表不裏”，“亦正死明矣”，就説這種情況是非常明確的死證。所以説“不久”，其實就是死的意思，“其形不久”就是説是死證。

爲什麽説“不表不裏”就是死證呢？我們從出土文獻裏發現，《天回醫簡·逆順五色脈藏驗精神》裏面有這麽一段話——“不表不裏者死”，它前面還有一句“病不表不可以鑱石，病不裏不可以毒藥”，那反過來説就是這段話——《素問·移精變氣論》：“今世治病，毒藥治其内，針石治其外，或愈或不愈，何也……故毒藥不能治其内，針石不能治其外，故可移精祝由而已。”

古代是怎麽去區分什麽時候用針、什麽時候用藥呢？其實就是分别表裏陰陽。“病在表”就是指病在血脈、經絡這些(身體表淺的部位)，古代認爲病在表是用針灸和砭石來治療的；那麽“病在裏”——在腸胃、在五藏——在體内古人是用毒藥來治療。這也就能理解扁鵲診蔡桓公，説“君之疾在腠理，不治恐深”“君之疾在血脈，不治恐深”“君之疾在腸胃”云云，等到“君之疾在骨髓”已經不治了。

扁鵲云“君之疾在腠理，可湯熨而已”，就是這時候熨一熨就好了，或者今天説刮刮痧。“在血脈”就要用鑱石，鑱石就是針石，王僧孺説“石有砭石，有針石，有鑱石，其實一也”，指的是同一個東西；“鑱”是鋭的意思，就是説石頭上有尖，可以刺破血脈或者癰腫來治療。“病在腸胃”就要用毒藥，毒藥就是現在説的藥物。因爲藥是吃進去的，所以腸胃有病可以通過吃藥來治療。古人這種思想是非常直觀和樸素的。《素問·湯液醪醴論》也説：“當今之世，必齊毒藥攻其中，鑱石針艾治其外。”“必齊”就是火劑，用這樣的東西治其内。所以當時的醫家治病，常用有兩種方法：一個是鑱石，一個是毒藥；一個是病在外、病在陽，一個是病在裏、病在陰。而且又説如果“身羸瘦”，“無用鑱石也”；倉公也説了“屍奪者，形獘，形獘者，不當關灸鑱石及飲毒藥也”，就是説人如果形氣衰，用針調動不起精神血氣了，就是“神不使也”。《内經》説身體很弱承受不了毒藥，就如同現在做放、化療的，最後脾胃已經敗了，再給他用藥用針也没有用——“形獘者”不能再用鑱石和毒藥了，再治就把人治死了。而且《倉公傳》還説“陽疾處内，陰形應外者，不加悍藥及鑱石”，其實道理是一樣的。“陽疾處内，陰形應外者”這是反了的，應該陰在内陽在外；陽在内陰在外，就陰陽顛倒了，這時候也不能用毒藥、鑱石治療了，《内經》説這種情況只能“移精變氣”。

《湯液醪醴論》提出一個辦法——“開鬼門，潔净府”。當然這其實不是我們今天理解的發汗、利小便，而是另外一種類似於静坐的方法，跟“祝由”一類都是屬於所謂

"移精變氣"的方法。這裏就不細説了。

總的來説，按照當時醫學的認識，針灸是治表證的，吃藥是治裏證的；病既不在表也不在裏，用針治不了，用藥也治不了，所以叫"不可治"，是死證。這也是爲什麼我們有個成語叫"病入膏肓"，説病在膏之上、肓之下——一般的注解説膏肓位置在胸膈之間，"膏"與"膈"有互用的例子——這個部位其實也正好處在一個所謂"不表不裏"的位置上，如果病在這個位置，既不能用針，也不能用藥，所以就叫"攻之不可，達之不及"（《左傳》），這樣的病是不可治的。發展到後世有所謂的"汗、吐、下"法：如果病在表，用汗法；病在裏，用下法；病在胸膈，可以用吐法。如果病既不在表也不在裏，那怎麽治療？所以纔有所謂的"和法"，其實"和法"是和吐法有關的，是一種獨立於汗、下法之外的治法。這就是我們醫學理論的發展。"和法"是既不發表也不攻下，那麽它就可以治"半表半裏"，也就是所謂的"不表不裏"。"和法"是既不發表也不攻下，那麽它就可以治"半表半裏"，也就是所謂的"不表不裏"（有了治療的方法，它就不被認爲是"死證"了）。

（三）去爪

《靈樞·刺節真邪》曰：

> 黄帝曰：刺節言去爪，夫子乃言刺關節肢絡，願卒聞之。岐伯曰：腰脊者，身之大關節也；股脛者，人之所以趨翔也；莖垂者，身中之機，陰精之候，津液之道也。故飲食不節，喜怒不時，津液内溢，乃下留於睾，水道不通，日大不休，俯仰不便，趨翔不能。此病滎然有水，不上不下，鈹石所取，形不可匿，常不得蔽，故命曰去爪。帝曰：善。

這個例子更有意思，《刺節真邪論》這篇是《靈樞經》中比較老的文獻，《内經選讀》一般都不講。這裏面有五節刺法，包括"振埃""發蒙""去爪""徹衣""解惑"五種刺法，這些刺法現在我們都不太熟悉了。黄龍祥老師專門研究過《刺節真邪論》這篇的内容，比如他認爲"發蒙"針法類似於現在的咽鼓管吹張術，能够疏通咽鼓管，這也是一家之言。這些刺法現在很難復原。

這裏講一下所謂的"去爪"，"去爪"這個名字看起來就很怪。"夫子乃言刺關節肢絡"，説明"去爪"就是刺關節肢絡的一種方法；刺關節肢絡，岐伯説"腰脊者，身之大關節也；股脛者，人之所以趨翔也"，是説人的身體運動跟腰、大腿、小腿有很大的關係。"莖垂者，身中之機，陰精之候，津液之道也"，指的是男性的陰莖。"故飲食不節，喜怒不食，津液内溢，乃下留於睾，水道不通，日大不休，俯仰不便，趨翔不能"，是説以上病因就會引起陰囊的腫脹，從而影響人體的活動。此病"滎然有水，不上不下"，陰囊腫脹，裏面有很多積液，不能上下，這時候要用"鈹石所取，形不可匿，常不得蔽"，所以要用鈹石把陰囊刺穿，把積液給排放出來；"形不可匿，常不得蔽"，"常"字應當讀爲"裳"。大家知道古人是没有褲子的——（中國古代的衣服）分衣和裳，"褲"古代寫作"袴"，只有兩條褲筒，没有襠部，下面以裳來遮蔽，所以對古人來説"箕踞"（張開腿坐着）是非常不禮貌的行爲——陰囊腫脹得太厲害，到了“形不可匿，常不得蔽”的地步。原文“常不得蔽”應當是“裳不得蔽”的意思，“衣裳”的“裳”，是指下衣。

這種刺法名曰“去爪”，這很奇怪，爲什麼叫“去爪”？“爪”的本義就是爪甲，跟這個有什麼關係？這個名字很費解，過去的注家都對“去爪”没有什麼很好的解釋。但是在《甲乙經》裏就寫成了“去衣”——治療時要“去衣”，把衣服脱下來施治，但這樣的話應該叫“去裳”了，而不應該“去衣”。所以這裏“衣”字恐怕也有問題，“衣”字“跟”爪字比較像，可能是傳抄者看這“爪”字覺得不對，想到是不是“衣”字之誤，於是就逕改了。

楊上善的注釋説這個誤字應該是“水”，原文應該是“去水”。“去水”就非常好理解了，本來這種病就是因爲有積液，通過治療把水排出去就好了。黄龍祥老師有一個比較新奇的解釋，説“去爪”應該是“去瓜”。爲什麼叫“去瓜”？説是陰囊腫脹如瓜，所以叫“去瓜”。總之，大家都覺得“去爪”是不可理解的。郭靄春先生就認同楊上善的説法，認爲“去水”是對的。其實現在從簡文的字例看確實應該是“去水”，因爲《天回醫簡·刺數》中有“刺水”，“水”字就是這樣寫，如果上部有些殘損的話就會被認成“爪”字。所以楊上善説是“水”字是對的，因爲原文裏也提到了“水道不通，日大不休”，這時的治法就是“去水”。對應天回《刺數》裏面有種刺法叫刺水，而且説這種刺法所用的針要“大如履針”。

《天回醫簡·刺數》中有三種刺法：一種叫脈刺，一種叫分刺，再一種就是刺水。脈刺就是刺脈，“針大如緣針”——“緣”是邊緣的緣，過去縫衣服要勾衣邊，《説文》“緣，衣純也”，勾衣邊的針比一般的縫衣針略大一點——那是刺脈的；刺水的針更大，“大如履針”——履針就是縫鞋的針，以前老輩人經常還會“納鞋底”，履針就是納鞋底的，俗稱“針錐子”——用大針可以造成比較大的切口，使體腔中的水更容易引流出來，所以“刺水”是跟“脈刺”“分刺”並列的一種古刺法。分刺，“刺分肉間”，我們現在的針刺基本上都是分刺，没有古代典型的脈刺；脈刺還不是現在説的刺絡，刺絡有專門的説法，叫作“除”，除其血絡——《靈樞·九針十二原》有“盛則瀉之，虚則補之，宛陳則除之，邪盛則虚之”，“宛陳則除之”就是我們今天刺絡放血的方法。但脈刺顯然不是刺絡，而是刺脈；古代所謂的“脈”一般是指動脈，刺脈是在能診到脈有異動的地方，用專門的針去刺——按照《靈樞·官針篇》，這種針是鍉針；如果按照《官針篇》的説法，它的尖並不是很鋭。所以説古人這些刺法都是怎麽操作的，現在還不能完全想象。我有一篇文章是講天回醫簡刺法的，大家可以從中看到脈刺其實可能是刺得非常淺的。古代的針，像中山靖王劉勝墓出土的金銀針，我們看都覺得是比較粗的，其中有的針尖不是特别鋭利——馬繼興先生就認爲鍉針針尖就像半粒黍粟一樣，是有點圓的。這種針如果按照天回醫簡裏那種深度刺脈的話，我估計是不大可能刺穿動脈的；但是古人的刺法挺有意思，脈刺是要連續刺五次，是以一個點爲中心，刺一下以後，間隔很近的距離再刺四下，刺成梅花形——《靈樞·官針篇》裏把這種刺法叫作“豹紋刺”，分刺則是“雞足刺”——所以是在一個部位取穴以後（古代大概也没有穴的概念），即在有脈動的部位針刺，刺到一定深度以後，在周圍再刺四下。不留針是因爲針比較粗，不適於留針；只有很細的毫針纔能“深以久留之”，其他的針大概都不能留針的。看來在天回醫簡、扁鵲倉公的年代恐怕還没有毫針這種針具，也没有留針這樣的刺法，這些古代的針具與刺法都是值得鈎沉的。

（四）馬刀

《靈樞·癰疽》曰：

> 發於腋下，赤堅者，名曰米疽。治之以砭石，欲細而長，疏砭之，塗以豕膏，六日已，勿裹之。其癰堅而不潰者，爲馬刀挾癭，急治之。

最後講一個“馬刀”，出自《靈樞·癰疽篇》。“膽足少陽經之脈……腋下腫馬刀挾癭”，大家有没有深究過“馬刀挾癭”到底是什麽？肯定是一種癰腫，教參説屬於瘰鬁之類，形長者稱爲“馬刀”，或生於耳下頸項，至缺盆延至腋下；或生肩上而下延。就是説從耳下到脖子再到缺盆、腋下，所有這些部位長的癰腫都叫“馬刀挾癭”；又説這是瘰癧之類，就是淋巴結節那樣的東西。但明明（《靈樞》原文）説的是“發於腋下，赤堅者，名曰米疽……其癰堅而不潰者，名爲馬刀挾癭”，看起來完全不像瘰癧之類的東西。這兩段話肯定是要連起來讀的，要看《癰疽篇》的體例，按部位説，首先是發於腋下——“發於腋下，赤堅者，名曰米疽”，“堅而不潰”顯然是對“赤堅者”而言的，堅者是“米疽”，既堅且不潰的纔叫“馬刀挾癭”。所以這個病首先是發於腋下的，不能説又是到耳下、又是到頸項。爲什麽會産生這樣的説法？這是從“挾癭”來的。古代有個詞叫“結纓”。如果頸部這個地方腫了就叫“癭瘤”，或者“癭病”。古人結纓是（把冠纓）繫在下頷下面，不能繫到側面去。那爲什麽又要很含糊地説是耳下、頸項呢？這是爲了照顧原文明明説的是足少陽之脈，不可能到頸部中央的位置，所以這些説法是有種種矛盾的，是把不同的説法揉在一起了，變成了一個似是而非的解釋。大家讀過了可能覺得知道“馬刀挾癭”在哪兒就行了，不會再去考慮有没有矛盾，不會像我們搞文獻的人這麽較真兒，非要把它讀得文通字順。“馬刀”肯定是發於腋下的，跟“挾癭”放在一起很奇怪。

很有意思的是，這又是我講的文獻學的方法了——看到一個東西有問題，一定要看看其他的版本有没有異文，我看《諸病源候論》引《癰疽篇》——“發於腋下，赤堅者名曰米疽，堅而不潰爲馬刀也”，米疽治之以砭石，删了這没什麽奇怪的，因爲《病源》主要探討疾病的源候，治法它不關心，所以這段就删了。“堅而不潰者爲馬刀也”，後面兩字“挾癭”没了，這就有問題了，“挾癭”兩字爲什麽在其他本子上就没了？而且“米疽”兩個字與“馬刀”兩個字，對應得很好，多一個“挾癭”，其實是有點怪。其他的異文，都使人想到“挾癭”這兩個字可能是衍文。那麽下面我們再看“馬刀”，《甲乙經》《千金》治療“馬刀”的穴位都是淵腋、章門、足臨泣，基本上都在足少陽經，這跟《靈樞·經脈篇》的説法是一樣的，而且腋下也屬於少陽經循行的部位，所以馬刀肯定是發於少陽經的。再看《甲乙經》，三次出現“馬刀瘺”都跟“腋下腫”是並見的，體例也是一樣，都是“馬刀”，也没有“挾癭”。所以“馬刀”在腋下基本是没有疑議的了。

我們現在看張家山《脈書》，它前一部分是講病的，這部分内容非常清楚地對“馬”這個病下了定義：在腋下爲“馬”。病在腋下，其實也是癰疽類的病，發於腋下的叫作

"馬"。《足臂十一脈灸經》也有這種病,"足少陽脈……其病……産馬",足少陽病可能會得一種病叫作"馬",這裏的"馬"跟"馬刀"就很接近了,應該是一類的;天回醫簡裏面也出現了"馬",但也不寫這個字了,寫了一個病字頭的"馬","少陽産瘻産瘍,脅外腫",我們看還是少陽,它是會産生"馬"病,"馬"病會發生在脅外的部位。足少陽脈有"腋䐶痛"——腋痛和䐶痛——腋在這兒,䐶也是。所以"馬"應該是非常接近腋下的部位,但它又不完全是腋部,是腋部就不用再造一個"䐶"字了。但《説文》説"馬"是目病,肯定跟這個不一樣,那是另外一個病了,因爲張家山《脈書》説得再清楚不過——"腋下爲馬",它是發於腋下的一個病。

"馬"是生在什麽地方的一個病呢?我們試着用音韻學的知識來解决,就是聯繫到和它同音的"媽"字。有一個非常有意思的現象,就是大部分語言裏父親的發音本身就是爸爸,母親的發音都是媽媽。大家説不對,會有人跟我抬杠説中國古代管父親叫父(fu),媽媽叫母(mu)。如果這麽説,那是不懂古音的變化,古無輕唇音,發"父"的音,聲母其實是讀 b 的,而且如果查"父"字或者"斧"字都是幫母魚部字,魚部字的主韻母是 a,那麽"父"字古代的讀音是接近於"爸"(ba)的,而不是現在讀的 fu 音。"母"的讀音,它是個明母字,聲母肯定是 m;韻母按照現代的古音研究,它是支部字,韻母大概是 e;很有意思的是,我們現在表示禁止的"毋"字是魚部字,"毋"字跟"母"字從文字學角度公認是同一個字,只是寫法不同,意思是一樣的:"毋"是個借字,借的是"母"的字形,是一個虚字,虚字很不好造字,造不出它的字形來,就會借一個字。因爲我們現在的古音其實是擬構出來的,根據押韻之類的規律,實際上一個字未必只有一個發音,所以"母"字古代的發音如果跟"毋"一樣的話,它應該也是讀"媽",或者"嬤","嬤嬤"其實也是"媽媽"的意思,就跟"大大"也是爸爸一樣。所以"母"字,或者"媽媽",一定是指母親。"媽"字,我們都覺得是現在纔有的字,其實不對,"媽"字産生得非常早,《廣韻》裏面就已經出現了"媽"字。王念孫在做《廣雅疏證》的時候已經指出,《廣雅》本來有"媽,母也"這樣的訓釋,但是今本的《廣雅》脱佚了;從其他的韻書引用"媽,母也",明顯是出自《廣雅》。今天的《玉篇》也比《廣雅》要晚,《廣雅》是三國時作的,《玉篇》則是到了六朝時;《玉篇》裏也有"媽,母也",而且注音是"莫補切",莫補切是很明確的"媽"的發音,"補"古代也是魚部字。所以"媽"字産生得很早,從文字學的角度講發音是"馬",加個"女",表示她是女性。所以"母"和"媽"本來是一個字,字形是什麽?許慎説得很清楚,是"像乳子也"。"母"字爲什麽有兩個點?其實它本來的字形是横着的,是畫了一個女性的形象,突出了這兩個點,就是她的乳房——生了孩子要哺乳,這是母親的一個重要的特徵,所以"母"字像人乳形,段玉裁已經注出了,其中"兩點像人乳形",所以"媽媽"名字是這麽來的,"有奶就是娘"。從語言學的角度講,爲什麽各種語言裏都會把母親叫作"媽媽",因爲這是嬰兒吃奶吮吸時候都會發的一個音,因爲他吸奶的時候口腔不能發音了,只有鼻子可以發音,他就會發出 mm 這樣的音,所有表示母親的都是這麽一個 m 的音,至於它的韻母,看他是張嘴還是閉嘴,mama 還是 mumu 了。嬰兒吃東西或者想吃東西時會發這個音,這時候他最需要的人就是他媽媽,所以就變成了他呼唤母親的一個方式,而且母親也會認爲嬰兒發出這個音是在叫她,所以就成爲媽媽的代表。特别有意思的是,日語裏的米西米西，m音表示吃東西，其實還是這一個系列裏面的。所以“母”或者“媽”字，都是表示母親，本來是指哺乳這個行爲；這個字如果指一個人體部位，那非常清楚就是乳房。這就是柳長華老師説的方言的問題，因爲當時我們在做整理的時候，一出現這個字，柳老師就立刻説，“吃媽媽”就是吃奶的意思，現在的山東話還有這麽説的。《方言大辭典》説在冀魯官話裏，“䐢䐢”是指乳房或者乳汁的意思。當然在不同的方言中可能不一樣，但因爲天回醫簡很大可能是從齊地來的，齊語特徵特别明顯，所以出現的是“䐢䐢”；其他地方比如四川，是叫“咪咪”，其實道理都一樣，記録字音的字形有變化而已。所以“馬刀”其實很清楚地就是指這個地方的腫物、癰腫，而且是接近腋下，跟腋窩又不是一個部位，必須要區分。我們搞外科的朋友，尤其是乳腺病科的都知道，乳房的外上象限是最容易出問題的一個地方，也是接近腋窩的部位——所謂陽明經循行的部位可能都没太大問題，就是少陽經循行的部位容易出問題。既然“馬刀”是指腋部，那麽“挾癭”出現在這兒肯定就有問題。這個問題比較複雜，我就不細説了，因爲涉及一些考證的内容。

把“馬刀”説完了，大家可能都有很清晰的認識了，要想理解《黄帝内經》，在目前的條件下，不結合這些出土的材料，幾乎是不可能的，到處都是“坑”。能把“馬刀”解釋成騎馬的時候用的那種刀嗎？肯定是不可以的，那樣解釋也很奇怪。所以這個例子是非常有意思的，跟我們的生活結合得蠻緊密的，只是大家可能“習焉而不察”；看起來好像是運用了好多的知識——音韻學、語言學，包括一些民俗學，但實際上還是蠻直觀的。大家在看的時候應該會想到一件事大概是怎樣的，然後再去尋找各種證據來證明它確實如此，這樣就實現了一個比較完美的考證。考證其實跟我們做題一樣，有些時候你是先意識到它的答案可能是什麽，再進一步去搜集證據；但不能只搜集對你有利的證據而回避不利的證據，一定要全面地搜集，最後做出綜合的判斷。以上幾個例子基本可以説明出土醫簡對於《内經》研究的重要意義。

毛氏汲古閣抄本《針灸甲乙經》校讀

周 琦

（中國中醫科學院中國醫史文獻研究所，北京 100700）

提 要：醫籍的校勘工作中，底本的選擇、不隨意改動底本文字尤其值得重視。在以目録學、版本學角度對現存《甲乙經》基本信息進行解讀的基礎上，重點對上海生命科學研究所圖書館藏汲古閣本《甲乙經》的校勘過程進行詳細解説。從對汲古閣本《甲乙經》的題簽、函套、藏書印入手，進而采取在内容上比對其他版本、分析字迹書寫等方式。同時指出，《甲乙經》卷前序例和其他體例在校勘中不容忽視。此外，還與敦煌殘卷《甲乙經》進行異文比對分析。另，就版本選擇與校勘問題上，指出汲古閣本並非轉抄自藍閣本，兩者謄抄自同一底本的可能性大於兩者之間相互轉抄。就“心主之脈”問題上，對十二經脈中手心主之脈、心包絡等名稱的形成過程和發展脈絡作出梳理。

關鍵詞：汲古閣本；《針灸甲乙經》；題簽；函套；藏書

一、校讀緣起

2013 年秋，我與顧漫師兄隨業師柳長華先生專程赴上海生命科學研究院圖書館古籍特藏部訪書，在塵封古書中意外發現了明代毛氏汲古閣抄本《甲乙經》（以下簡稱“汲古閣本”），毛晋很善於發現宋本書並請人抄寫下來珍藏，這真是一次可遇而不可求的重要發現。

我點校《甲乙經》的緣起，是來自師門的傳承。我的太老師張燦岬先生前兩年仙逝了，他當年在做《針灸甲乙經校注》工作的時候，校注稿寫了近百萬字，他的學生（即業師柳長華先生）將校注書稿謄抄了很多遍，前輩們的這些前期工作對我的影響是非常大的。太老師的這本書在我十年多前校勘《甲乙經》的時候，是常備的參考書。這本書人民衛生出版社現在應該是出到第三版了，1996 年是第一版。前兩天，北京中醫藥大學的常老師拿我校的《甲乙經》（中國醫藥科技出版社）讓我給他簽名，我特别詫異，没想到他會買這本書，我覺得很慚愧，因爲校得不好。這本書是我讀博士的時候點校的，當時在學習校書，參加了柳老師一個中醫古籍數位化課題的點校培訓班。那個時候我像是做作業一樣點校了《丹溪心法》《赤水玄珠》以及《甲乙經》等中醫古籍。《甲乙經》的點校比較難，開始不知如何下手，就參考太老師的書，發現太老師的書特别厚，精裝本上下兩册，翻起來特别不方便，所以我就想弄一個縮減版。在校注中盡可能地舉出了一些《素問》《靈樞》《太素》及其他版本諸如四庫本《甲乙經》中我認爲有價值的異文，這樣大家翻看的時候會方便比較，然後進行判斷取捨。這是我當年校《甲乙經》的動機和緣起。

柳老師在我畢業之後招了個博士叫宋曉溪，她的博士論文做的是《針灸甲乙經》的文獻研究。她對照藍格抄本及現在的這個汲古閣抄本，把我點校的那個書又重新校了兩遍，做了滿篇的批注和記號。讀完她的批注，我心裏面覺得很慚愧，自己又翻了一遍，改得面目全非。所以當常老師捧着這書給我的時候，我膽戰心驚。我不建議大家去買這本書，這是我在校勘古醫籍過程中的一個實驗品。有没有用呢？可能也有點用。因爲書的校注中舉了不少異文，對於你瞭解各《甲乙經》版本還是有一些意義的。但確實校得不好，我以後會重新再校再出版。我今天講的《甲乙經》是明代毛晋家抄的汲古閣本，而之前點校本子用的是《醫統正脈》本爲底本，用不同底本點校出的文本差異會很大。就像前兩天王家葵老師跟大家講的一樣，底本的選擇決定了你校勘的品質，選擇底本在點校古書中是很重要的一環。在談到校勘醫籍的時候，柳老師常跟我們講，原來太老師在校注《甲乙經》之前，曾去各地尋訪《甲乙經》的本子，力求找到一個最好的底本，不能隨意地去找一個底本做，萬一選錯了就很麻煩，再换底本是非常麻煩的。大家從王家葵老師的講座也可以知道，校勘過程中不能隨意改動底本文字，這樣容易把底本作者的很多意義給改掉了，這是校勘的大忌。

説起來真的很感慨，二〇一〇年夏天博士畢業的時候，我父親來參加我的畢業典禮。我父親是個民間中醫，但他也很愛讀書，尤其崇拜北京中醫藥大學的錢超塵先生，他知道我這些年得到錢老許多指導和提携，就特意到錢老的家中去拜訪他，以表示感謝。見面之後，錢老對我爸説："你這兒子了不起啊，你看他要整理校對《針灸甲乙經》。"然後我父親激動地握着錢老的手説："我兒子就拜托給您了。"這下我就覺得没有退路了，《甲乙經》的點校工作必須做下去了，我父親要是没來拜訪錢老，我還没有這麽大壓力。這個書出版之後，我也没有跟太多人説。錢老買了一本，有一天他對我説："周琦，我最近在用你這本書，目前爲止還没發現錯誤。"那是二〇一二年的事，這書二〇一〇年出版的，我當時心裏還沾沾自喜，心想錢老都表揚我，真是給我很大的鼓舞。但是等宋曉溪讀完博士之後，我就覺得壞了，錢老真的就只是在鼓勵我而已。我做這個課件的時候，會不斷回想起這些事，歷歷在目。

二〇一三年，天回醫簡的發現轟動中醫界，那以後因爲工作重心有所轉移，我就没怎麽去處理《針灸甲乙經》的諸多異文了，當然這也只是個説辭。校勘的工作應該像錢老説的，要把它當作日課一樣去做，纔能够不斷地完善。我理解此前課上陳劍老師説的，對所學物件有興趣是對其進行深入研究的一個基礎。我確實對傳統文化比較感興趣，剛纔顧老師表揚我書法寫的好，這都是從小就有的興趣，要是没有興趣，我不會在看到很多古籍上的藏書印和簡帛文字時這麽來勁、這麽興奮，這在實際的工作當中對我的鼓舞和幫助是非常大的，以上説的是一個引子。

二、《針灸甲乙經》校讀

《甲乙經》的文獻學研究方法，應先從目録學上着手。宋以前的史志目録裏，《甲乙經》的記載如下表所示：

《隋書·經籍志》	《舊唐書·經籍志》	《新唐書·藝文志》	《通志·藝文志略》 《宋史·藝文志》
《黄帝甲乙經》 十卷	《黄帝三部針經》 十三卷，皇甫謐撰	《黄帝三部針經》 十二卷	皇甫謐《黄帝三部 針灸經》十三卷

大家可以看到，在不同的歷史時期《甲乙經》的書名不同，卷數也有增減。《隋書》裏它叫《黄帝甲乙經》，《舊唐書》中又加了個“三部”，《新唐書》没有怎麼加，到《宋史》《通志》，稱作《黄帝三部針灸經》，宋校正醫書局校書時定爲《黄帝三部針灸甲乙經》。類似這樣書名的變更，其他中醫古籍如《難經》也基本都一樣，大家如果去對照着一比就知道了，時代越早書名越簡單，這是一個普遍現象。

其次談版本。在我太老師的著述《黄帝内經文獻研究》中，主要提及了三個《甲乙經》的版本。現存世的《甲乙經》皆傳自北宋校正醫書局熙寧二年之初刊本，但時下宋本《甲乙經》天壤間已不存。根據現在已知版本信息及前賢研究，目前《甲乙經》的幾部主要版本情况如下：

1.《醫統正脈》本。明萬曆年間吴勉學校勘《醫學六經》時收録了《甲乙經》，後又收入題名王肯堂所編之《古今醫統正脈全書》(以下簡稱“醫統本”)中，醫統本刊行後，逐漸成爲《甲乙經》之主流版本，爲現存諸版本中翻印次數最多、流行最廣者。此版本系統中品相較好、年代較早的爲明五車樓本及明刻《醫學六經》本。

2. 藍格抄本。此本抄寫年代約在明末清初，有熙寧二年四月及五月兩處銜名，並附有乾隆辛卯年（1771）戴霖及朱筠跋文。藍格抄本與醫統本差異較大，脱文及大小字混淆之處較醫統本爲甚，品相不及醫統本完好，但多數異文相較醫統本而言更古。現藏於日本静嘉堂文庫，常作爲《甲乙經》校勘之主校本。

3. 四庫本。即乾隆修訂《四庫全書》本。《四庫全書總目》記載爲8卷，實仍爲12卷，因分8册抄寫而記作8卷。四庫本抄寫底本爲醫統本，而其中亦有不合與醫統本者，或抄寫之時另有校本。

4. 嘉靖刊本。肖延平曾據此本校勘《黄帝内經太素》，余雲岫曾據此本校勘醫統本《甲乙經》，現嘉靖本已佚，從余氏校語可管窺嘉靖本面貌。有研究稱此本與四庫本爲同一祖本。

5. 正統抄本。此本爲日人抄録明英宗二年（1437）正統重刊本，僅餘卷一至卷三。現藏於日本國立公文書館内閣文庫。此本與流行較廣的醫統本出入較大，雖爲殘卷，仍有一定的參校價值。

6. 陸氏抄本。此本爲光緒年間陸潤庠據醫統本抄録，並有批校，現藏於中國國家圖書館古籍館。

7. 汲古閣抄本。馬繼興先生《中醫文獻學》一書於“《甲乙經》傳本系統”一節中曾言：“明末清楚藏書家毛扆在《汲古閣珍藏秘本書目》中曾有此書的‘宋版影鈔本六本’，但今已佚。”

我覺得這些版本都有一定的價值，所以就羅列出來了。其中，醫統本是流傳最廣的，大家去《總目》（《中國中醫古籍總目》）上一查就可以知道。明清以來的醫家主要使用的就是醫統本及其復刻本，以至於現在市面上已出版的《甲乙經》，多數都是以醫統本爲底本校勘出來的。下面再進一步介紹一下以上這些《甲乙經》的版本。

比較有價值的抄本是藍格抄本，藍格抄本原來藏在陸心源的皕宋樓，後來這個本子輾轉到了日本的静嘉堂文庫，在《東陽醫學善本叢書》裏面有影印出版，在大陸買不到，這書只是日本的書商在賣。這個本子清人給了比較高的評價，它雖然殘缺得比較厲害，但是許多文句比現行的醫統本要更古，意義更好，這是大家公認的。

四庫本是一個很奇特的本子，目前爲止應該還没有人拿這個本子做底本校過，我拿這個本子做過參校本。這個四庫本我説不出它什麽味道，它的異文有些怪，有時候跟《太素》《靈樞》《素問》都不一樣，不知道當時修《四庫全書》的時候用的是什麽底本。有人説這本子和嘉靖本《甲乙經》同源，但因嘉靖本已見不到，不好考證。我校的《甲乙經》注文裏，有選擇性地出了一些四庫本的異文。

嘉靖本也是比較神秘的一個版本，嘉靖本現已無完帙。蕭延平校訂《太素》的時候參考過這個本子。中國中醫科學院的圖書館有很多余雲岫的藏書，如其中有一部惲鐵樵撰寫的《群經見智録》上鈐蓋着余雲岫的藏書章。余雲岫在《群經見智録》眉批上面批滿了批注，我讀碩士的時候去查閱過，他和惲鐵樵之間的許多中西醫論戰的文字都被余雲岫寫在眉批上，很有意思，余雲岫的毛筆字寫得非常漂亮。館裏還有余雲岫藏的《神農本草經》，還有他用嘉靖本校勘過的醫統本《甲乙經》，附有校記近百條。據説馬老50年代曾見到過嘉靖本，後來也不知道哪兒去了，現在要想瞭解嘉靖本的面貌，只能通過余雲岫校勘《甲乙經》的批注。

明代正統抄本是個殘卷，可惜只存前三卷。正統抄本與醫統本、藍格抄本的差異都比較大，是個不知出處的本子，其文古奥，有較高的校勘價值。很明確的是，醫統本和藍格本的差别是非常大的，假如這兩個版本都源自宋本的話，大概宋代官方應該至少刊行過兩次《甲乙經》（北宋、南宋分别刊刻一次），那麽正統抄本是從哪兒來的呢？這是個值得思考的問題。我的太老師張燦玾先生在做校注的時候，以上這些本子都參考過。

陸氏抄本的《甲乙經》應該是抄本裏面品相最好的，但是年代比較晚，它是光緒年間陸潤庠據醫統本抄録的，屬於名人的抄本，現存於國家圖書館的古籍館，我曾去看過膠片，也覺得它跟醫統本差不多。

那麽説到我們今天主要要講的毛氏汲古閣抄本《甲乙經》，現在已經能够確定這是明代的抄本。這個抄本已經在藏書屋裏塵封多年了。十多年前，柳老師帶着我們去上海生命科學信息中心生命科學圖書館調研中醫古籍，就在書架上翻到了這個抄本。前面提到過，我們師門有校對《甲乙經》的傳統，柳老師當年抄《甲乙經校注》書稿（一百多萬字的稿子）抄了四五遍，他對《甲乙經》是非常熟悉的。柳老師在書架上看到這個抄本之後説：這個抄本跟醫統本的來源不同，從版本氣象及内容看都有不一樣的地方，且上面還有毛晋汲古閣的藏書印。於是就告訴我們説：得重視這個抄本。這個《甲乙經》的抄本已於二〇一七年影印出版。《甲乙經》的毛晋抄本在以往前輩學者們的文獻考證文章中也偶有提及，如馬老在《中醫文獻學》裏提到過，張燦玾先生的《黄帝内經文獻研究》也提到過。如張老在書中介紹完宋臣校正醫書的大概情况後，即説到明末清初藏書家毛扆（毛扆和毛晋兩個是表兄弟關係）："在《汲古閣珍藏秘本書目》中，曾有宋版影抄本的記載，但今亦佚，故宋刊本原貌，現已難考。"①《汲古閣珍藏秘本書目》提到過毛晋家藏善本中有這個抄本，是影宋抄本。我偶然間見過這個書目，但這個書可能是坊間影印的，不是正式出版物，是士禮居藏版的影印件（圖 1）：

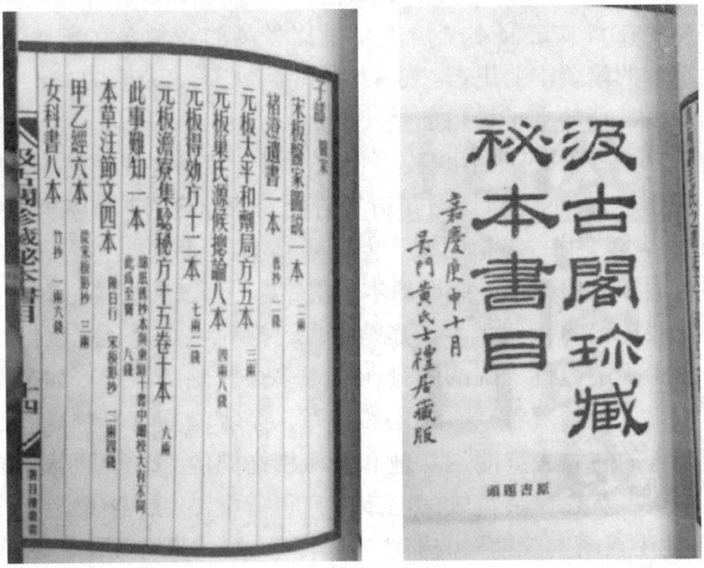

圖 1

上海生命科學研究院圖書館藏的這個《甲乙經》抄本共兩函。其版式爲：半葉十行，行十八字，白口，左右雙邊，單上黑魚尾。魚口下書卷數，版心下口書卷之頁數。版框：高十九點二厘米，半葉寬十五點七厘米。開本：高二十六點八厘米，寬十七點八厘米。每册書封面上皆貼有簽條，簽條之上未題寫書名。兩函套側面所題書名皆爲"針灸甲乙經"(圖 2)。

大家以後去圖書館看古籍的時候一定要很仔細地把所有信息都過一遍，從題簽到函套上書寫的文字都不要放過，這裏面會找到很多有價值的版本信息。

函套上的題名有一個錯字，"灸"寫成"炙"了，"針灸"的"針"字，寫了一個半簡化字，這個簡化的"針"字字形在《玉篇》《廣韻》中就記載，但不能因此確定它的題簽年代。"半葉十行，行十八字"，這是宋版書常見的行款，趙開美的影宋刻本《仲景全

① 張燦玾：《黄帝内經文獻研究》，北京：科學出版社，2014 年，第 373 頁。

書》的版式也跟這本子差不多（圖 3）。宋版書再大一點的甚至有半葉八行，那樣它刻出來的字會“字大如錢”，是所謂的大字本。我們中醫古籍的宋版書寥寥可數，尤其是醫經類的醫書，很少有宋本傳下來。

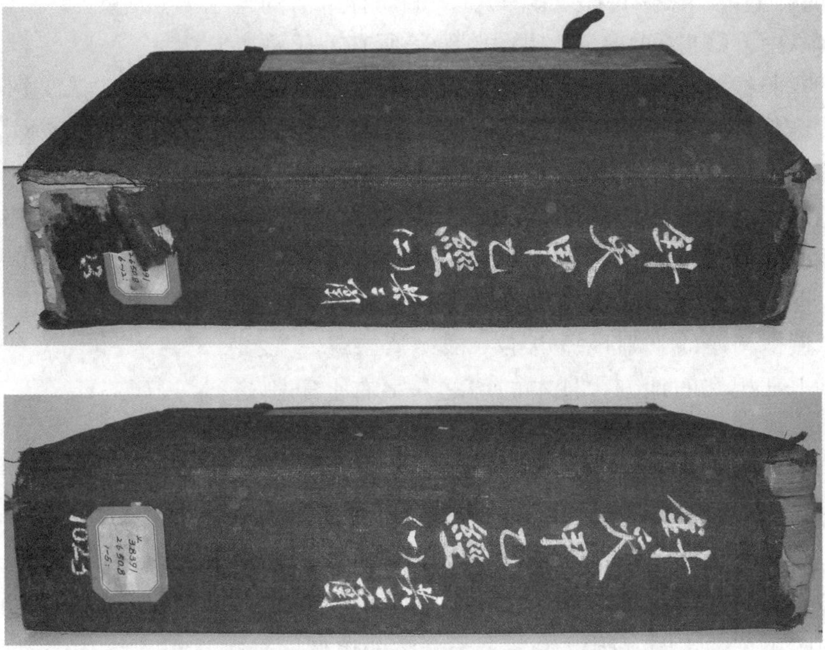

圖 2：上海生命科學研究院圖書館藏抄本《甲乙經》

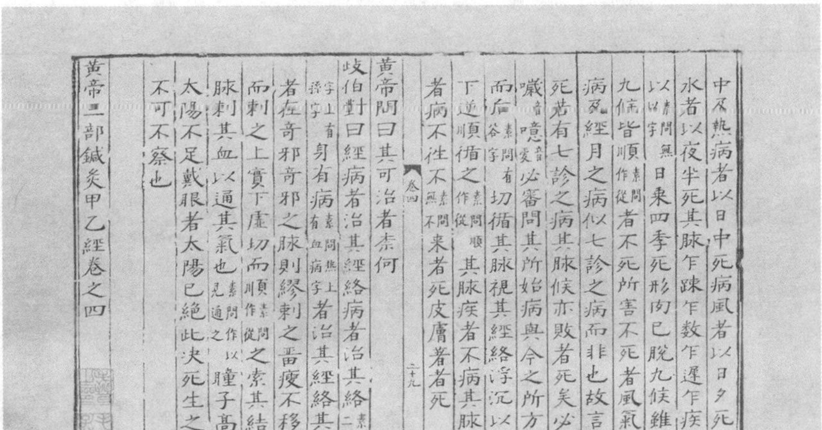

中風熱病者以日中死病風者以日夕死病
水者以夜半死其脉乍踈乍数乍遲乍疾者
以日乘四季死形肉已脫九候雖見（素問無以字）
九候皆順（素問作從）者不死所言不死者風氣之
病及經月之病似七診之病而非也故言不
死若有七診之病其脉候亦敗者死矣必發
噦噫（音愛）必審問其所始病與今之所方病
而后（素問有谷字）切循其脉視其經絡浮沉以上
下逆順（素問順作從）循之其脉疾者不病其脉遲
者病不往不來（素問無不字）者死皮膚著者死
（卷四　二十九）
黄帝問曰其可治者奈何
岐伯對曰經病者治其經絡病者治其絡（素問二絡）
（素問無上字）身有病（素問有血病字）者治其經絡其病
者在奇邪奇邪之脉則繆刺之畱瘦不移節
而刺之上實下虛切而順（素問順作從）之索其結絡
脉刺其血以通其氣也（素問作以見通之）瞳子高者
太陽不足戴眼者太陽已絶此決死生之要
不可不察也
黄帝三部鍼灸甲乙經卷之四

圖 3

我們接下來分析一下這個抄本上的藏書印。該《甲乙經》抄本的藏書機構請上海圖書館的專家對書中的藏書印進行了鑒定，他們很肯定地得出結論說，此抄本上毛晉家藏書章都是僞造的。歷史上鈐有毛晉假印章的古籍非常多，這現象很常見。大家知道他是明代一個赫赫有名的藏書家，經他手的書往往都會升值，於是就會有人假借毛晉之名抄

圖 4

書，以提升該書的價值。有可能這個抄本的藍本本來就是很好的，確是個真宋本，但是若不僞造個名人印章鈐在上面，别人不知道它的好。我們來仔細看一下這個明抄本《甲乙經》的“毛晋”家藏書印（圖 4）。一個叫林申清的老師出過一本《中國藏書家印鑒》，書中收録了所有毛氏藏書印的印蜕，我們把這個抄本裏面所有毛晋的印章都拿出來比對一下。這一頁應該是抄本的最後一頁，鈐蓋有四個印章。這四個藏書印都是非常有名的，當時只要是讀過一點書的人可能都知道這是毛晋家的印章。

從圖表所列的印章細節仔細比較一下。第一處，“毛氏子晋”的“毛”字上部筆劃轉折處，二者轉折的角度不一樣，與印章邊框相連的筆劃長短也不一樣；第二處，“之”與“毛”字上部相鄰的地方，抄本的“之”字右上筆劃是連接邊框的，而林老師書中的毛氏印章這個“之”字的筆劃與印章邊框是完全脱離的。且“毛”字左上筆劃的疏密程度，二者之間也有顯著不同；第三處，“汲古主人”的“主”字，抄本的“主”像是個水滴的形狀，而林老師書中的“主”字上部細，往下漸漸變粗，像個棒槌形。且“古”字下部二者的“口”寬窄不一。現在有比較先進的影像處理軟體，把這些圖放進去對比，很容易鑒别出印章的真僞。以上所舉是肉眼可辨的不同。所以説，今天介紹的這個明抄本《甲乙經》中毛晋家的藏書印是僞造的，上海專家的判斷應該没有問題。但就算它是僞造的，也應屬於我們現在説的高仿品。

	細節 1	細節 2	細節 3
《中國藏書家印鑒》			
明抄本《甲乙經》	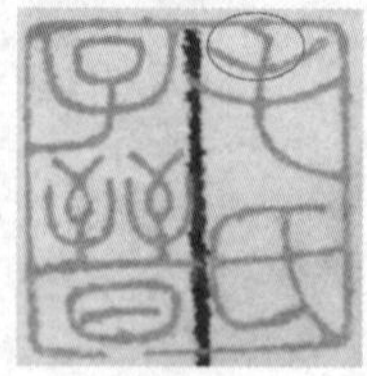	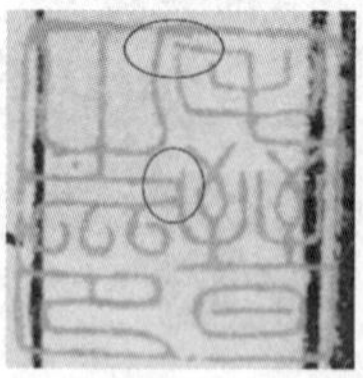	

從内容上看，我經過校勘比對，認爲這個毛氏汲古閣的抄本跟明藍格抄本應該都傳自一個底本。張燦玾先生對藍格抄本的特點總結了十二點（見《黄帝内經文獻研究》第九章“《黄帝内經》别傳本的文獻研究”），試舉其中幾個來瞭解一下藍格抄本的特點：

第一點，在醫統本中按凡例所示删除的黄帝問、岐伯答等字樣，均已保留。《甲乙經》的編撰體例是這樣的，只要本篇前面提到過“黄帝問岐伯曰”，接下去又是“黄帝問岐伯曰”的話，後文的“黄帝”“岐伯”就會省去，藍格抄本多數未遵循這個凡例。

第二點，虚詞特别多。

第三點，音釋内容尤多。北京中醫藥大學的李雲老師就特别看不慣這些音釋，他説藍格抄本的音釋簡直就像個小孩寫的，亂七八糟。其實，通過研究這個本子音釋内容的音韻學特徵，應當可以判斷這個本子的抄寫年代。

第四點，大小字互混的情况較爲嚴重。這些特點在接下来的例子中會見到。其實，醫統本也存在這個問題，大小字互混的情况是唐以後本子的一個通病。大家前兩天聽王家葵老師的講座知道，宋以前的本草文獻也有這個問題，它表明這些文獻經過了歷代套娃式的整理，根據這些文獻整理的規律與特點，還可能將其原貌還原出來。當然，《甲乙經》諸多抄本、刻本中的這種現象與《本經》類醫籍不同，也比較嚴重，不太容易找到將這些注文小字和正文大字分别開來的方法。

第五點，個别篇目與醫統本不同。

第六點，較醫統本少文多文，訛字尤多。張老根據日本人篠原孝市統計，説此抄本脱落了多少處、增字了多少處云云。這個情况我在校書的過程中也注意到了，這些文句上的增减及文字上的訛誤，可運用校勘學的方法從他校本中增補或更正，所以如果不是大篇幅的文本丢失或殘缺，其實並不妨礙它成爲一個好底本。

第七點，卷一有八篇於首行正文之前加冠經文出典之字樣。這一點下面會找具體例子予以説明。

第八點，明抄本可以校正醫統本之衍誤訛脱處。朱筠在藍格抄本上的跋文説：“此本訛字雖多，然其不訛處視今本大勝，真古抄本也。”

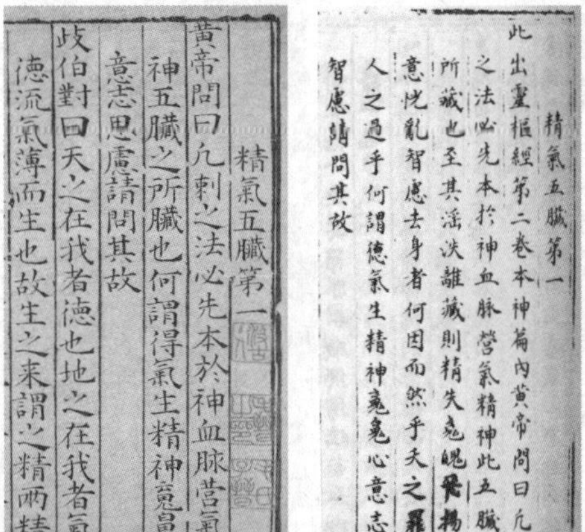
精氣五臟第一
黄帝問曰凡刺之法必先本於神血脉營氣精神五臟之所臟也何謂得氣生精神魂魄心意志思慮請問其故
岐伯對曰天之在我者德也地之在我者氣也德流氣薄而生也故生之來謂之精兩精相

精氣五臟第一
此出靈樞經第二卷本神篇内黄帝問曰凡刺之法必先本於神血脉營氣精神此五臟之所藏也至其淫泆離藏則精失魂魄飛揚志意恍亂智慮去身者何因而然乎天之罪與人之過乎何謂德氣生精神魂魄心意志思智慮請問其故

圖5

上圖（圖5）左側是汲古閣本《甲乙經》的書影，這篇叫“精氣五臟第一”，經常讀《甲乙經》的人會覺得很奇怪，“精氣五臟”的篇名好像與我們通常看到的版本不一樣，主流的《甲乙經》版本這篇叫“精神五臟”。右側白底黑字的是該篇藍格抄本的書影，與汲古閣本相比，開篇多出“此出《靈樞經》”一段，也就是前文提及的藍格抄本的特點之一：“在卷一八篇於首行正文之前加冠經文出典之字樣。”而汲古閣本没有這段。有没有可能是抄書的書手遺漏了？如果不是，爲什麽要加這一段呢？我認爲這不是林億等宋臣補入的，這是個懸案。但它確是藍格抄本相較其他諸本特殊的一個地方。藍格抄本卷一篇首有"加冠經文出典"的八篇分别是：第一、第二、第七、第九、第十、第十一、第十三、第十六篇。

我們再看卷前的銜名，左側是明代步月樓刊刻的一個醫統本《甲乙經》，右側是藍格抄本（圖 6)。這個醫統本將"序列"和銜名刻於同一頁中，應該是調整了宋版原有的版式。藍格抄本卷一首頁右下有静嘉堂的印章"静嘉堂珍藏"五字。日本學者小島尚質把參考藍格抄本和正統本對醫統本做過一個較爲詳細的校對，做了大量的眉批，注於中國中醫科學院圖書館藏的一個醫統本《甲乙經》上。

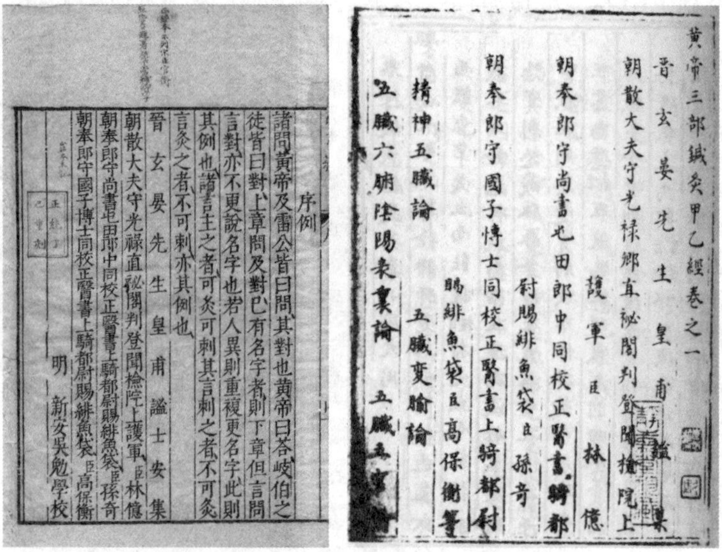
序例
諸問黃帝及雷公皆曰問其對也黃帝曰荅岐伯之
徒皆曰對上章問及對已有名字者則下章但言問
言對亦不更說名字也若人異則重複更名字此則
其例也諸言主之者可灸可刺其言刺之者不可灸
言灸之者不可刺亦其例也
晉　玄　晏　先　生　皇　甫　謐　士　安　集
朝散大夫守光祿直祕閣判登聞檢院上護軍臣林億
朝奉郎守尚書屯田郎中同校正醫書上騎都尉賜緋魚袋臣孫奇
朝奉郎守國子博士同校正醫書上騎都尉賜緋魚袋臣高保衡
明　新安吳勉學校

黃帝三部鍼灸甲乙經卷之一
晉　玄　晏　先　生　皇　甫　謐　集
朝散大夫守光祿卿直祕閣判登聞檢院上護軍臣林億
朝奉郎守尚書屯田郎中同校正醫書騎都尉賜緋魚袋臣孫奇
朝奉郎守國子博士同校正醫書上騎都尉賜緋魚袋臣高保衡等
精神五臟論　五臟變腧論
五臟六腑陰陽表裏論　五臟五

圖 6

這是幾個版本《甲乙經》卷終的銜名，藍格抄本和汲古閣本都提到了與校勘《甲乙經》這項工作有關的時間（圖 7)，先是"熙寧二年四月二十三日"，後又有一個日期"熙寧二年五月二日"，且於此後附有王安石、魯公亮等北宋名臣的名職。一般我們把熙寧二年作爲宋臣校訂《甲乙經》完畢的時間，"五月二日"是否是該書可以奉旨刊行的日子。左邊這個醫統本，上面還有奈須恒德的題款，是日本學者校讀《甲乙經》的工作本。醫統本的卷終之處就沒有這些宋臣的銜名，因爲它不是影刻本。

關於這個銜名，還請大家注意一個細節，就是這銜名中林億、孫奇姓名書寫的字形大小問題。最後邊的汲古閣抄本《甲乙經》書影中，林億、孫奇的名"億""奇"是明顯較其姓氏"林""孫"縮小一號書寫的。這是宋官刻古籍銜名中比較常見的狀況。我們看宋刻《外臺秘要》《經史證類備急本草》及元刻《金匱要略》中的宋臣銜名，也可以清楚地看到這種大小字分别書寫姓名的款識形態。但是，在藍格抄本的銜名上，林億、孫奇的姓名都寫成了一樣大的字形，這是書手抄寫的疏忽，他影照的底本應當是大小字分别開來的。我把這幾種宋元刻本及影宋抄本列表如下，供大家參考。明代趙開美影宋刻《仲景全書》時，也没有用大小字區分他們的姓氏和名字，只是"臣"字進行了小寫，而

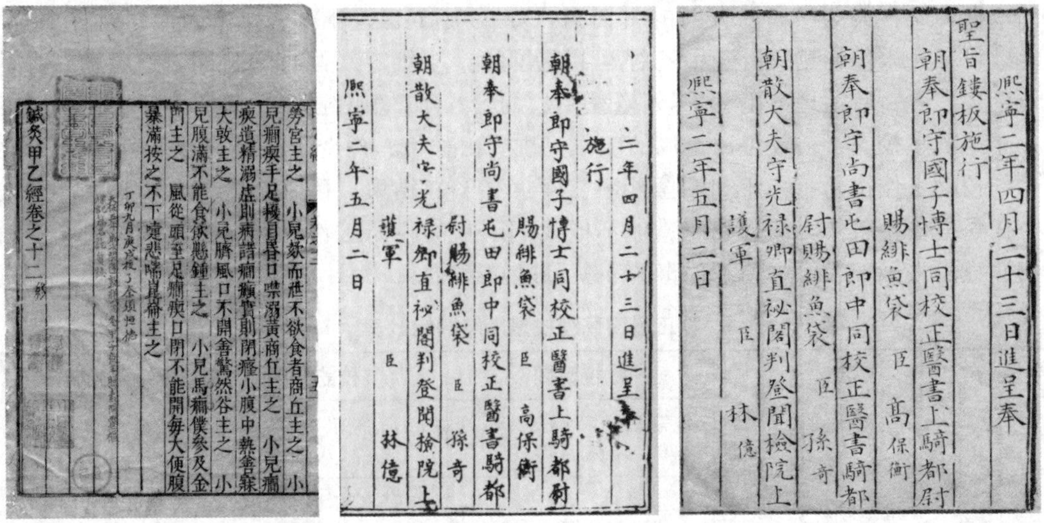

圖 7

宋臣的名都做和姓氏一樣大小處理了。這個姓名大小字的差别在影宋的抄本中常常被書手忽略，但較爲細心的書手還是會注意到這一點，並忠實於原樣抄寫下來。如近年出現的一個較好的《金匱要略》影宋抄本，明吴遷本抄本，仔細看其卷末的林億、孫奇、高保衡銜名，書手還是進行了大小字的區分書寫的。那麽，對比藍格抄本《甲乙經》而言，汲古閣抄本《甲乙經》在這一點上顯然是做得更好的。

版本	宋紹興兩浙東路茶鹽司刻本《外臺秘要》	蒙古定宗惠明軒刻《證類本草》	元刻鄧珍本《金匱要略》	明吴遷抄本《金匱要略》	汲古閣影宋抄《甲乙經》	藍格抄本《甲乙經》
宋臣銜名字形大小	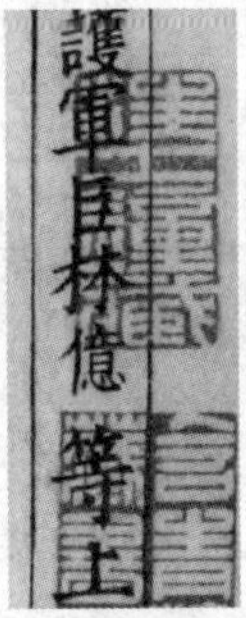					

現在在内蒙古搞中醫醫史文獻工作的一個老師叫孟永亮，他在北京中醫藥大學讀博士的時候，專門研究過宋校正醫書局的校書工作，這是他編製的一個宋臣校書名目時間表①。最初的時候，校正醫書局没有準備校十一本書，《金匱玉函經》《金匱要略方論》《千金翼方》應是後加入進去的。從《金匱要略》等書的序言可知，到了宋臣校理醫書工

① 孟永亮：《北宋校正醫書局編校醫籍概述》，《中華醫學會議史學分會第十四届一次學術年會論文集》，2014 年，第 242 頁。

作的末期，又在館閣中發現有新的古醫書，如《金匱玉函經》之類，因而多加了幾部。從上表可知，宋臣校勘《針灸甲乙經》共花了約十一年零八個月的時間，這麽薄一本書校這麽久，我暫時還理解不了。《外臺秘要》約十八年，《脈經》約十年，《千金翼方》不到一年他們就校完了。校正醫書局的工作，主要由林億、孫奇、高保衡幾人負責，《甲乙經》的校勘工作從嘉祐二年開始至熙寧二年（1069）結束。孫奇應當獨自承擔了大部分的宋代醫書校正工作，而且我認爲他不像我們現在的科研工作，把一個課題的部分工作交給研究生去做，大家去讀讀孫奇的序就可以知道了。

校正醫書局編校醫籍時間統計表

序號	書名	始校時間	校訖時間	用時
1	《嘉祐補注本草》	仁宗嘉祐二年（1057）八月	仁宗嘉祐六年（1061）八月	4年零4個月
2	《本草圖經》	仁宗嘉祐三年（1058）十月	仁宗嘉祐七年（1062）十二月	4年零2個月
3	《傷寒論》	仁宗嘉祐二年（1057）八月	英宗治平二年（1065）二月四日	約7年零4個月
4	《金匱玉函經》	英宗治平二年（1065）二月四日	英宗治平三年（1066）正月十八日	11個月多
5	《金匱要略方論》	英宗治平三年（1066）正月十八日	英宗治平三年（1066）	不足1年
6	《備急千金要方》	仁宗嘉祐二年（1057）八月	英宗治平三年（1066）正月二十五	約7年零8個月
7	《千金要方》	英宗治平三年（1066）正月二十五日	英宗治平三年（1066）	不足1年
8	《重廣補注黄帝内經素問》	仁宗嘉祐二年（1057）八月	英宗治平四年（1067）	約10年
9	《脈經》	仁宗嘉祐二年（1057）八月	神宗熙寧元年（1068）七月十六日	約10年零11個月
10	《黄帝針灸甲乙經》	仁宗嘉祐二年（1057）八月	神宗熙寧二年（1069）四月二十三日	約11年零8個月
11	《外臺秘要方》	仁宗皇祐三年（1051）五月二十六日	神宗熙寧二年（1069）五月二日	約18年

接下來我們分析一下汲古閣本中字迹的書寫風格。多名書手同時抄一部書的歷史由來已久，確鑿可考者，可上溯至西漢早期的天回醫簡，乃至戰國時期的郭店簡、清華簡等，這些上古時期的竹書、帛書皆是由多個書手分工合作謄寫並編連成卷的。尤其是清華簡，清華大學的賈連翔先生做了非常細緻且深入的字迹分析研究。後世的抄書者延續了這個傳統。明代毛晋家藏書甚富，每遇宋版或善本而不可得者，毛晋皆力求借來影抄，抄畢再歸還這些善本。因爲租借來的善本通常歸還時限較短，爲了提高影抄的效率，往往需要多個書手分工合作進行抄寫。毛晋家因此培養了一批專門抄寫宋本、善本的書手。通過書寫的氣象，具體筆劃的粗細、筆勢以及字的結構等特徵分析，我大概做了個判斷，

這個汲古閣本的《甲乙經》中至少有四個不同書手的書迹。從書迹的特點來看，底本像是個顔體字刻本（宋蜀刻本?）（圖 8）。

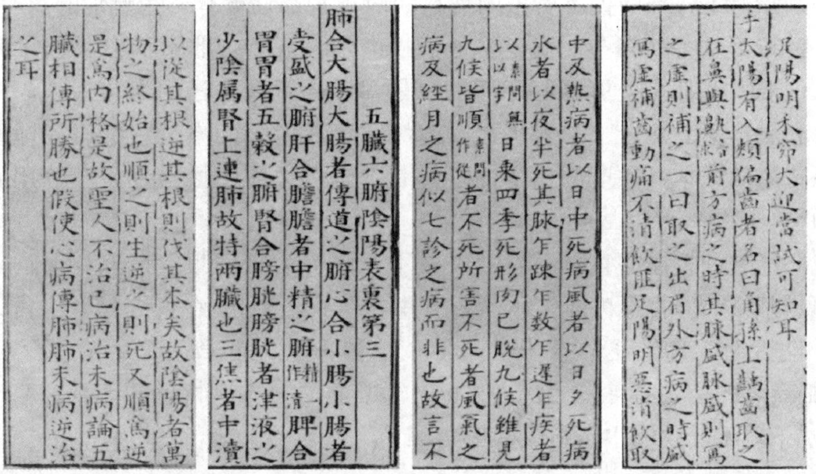

甲　　乙　　丙　　丁

圖 8：汲古閣本的幾種書風

前面分析過，從僞造的藏書印來看，這應該不是毛晋家藏的抄本。但即便它不是出自毛晋家的抄本，從這些不同的書手字迹也可説明書的主人非常看重這部書，且抄寫得十分用心。如圖所示，我們將這四種字迹標注爲甲、乙、丙、丁（圖 9）。

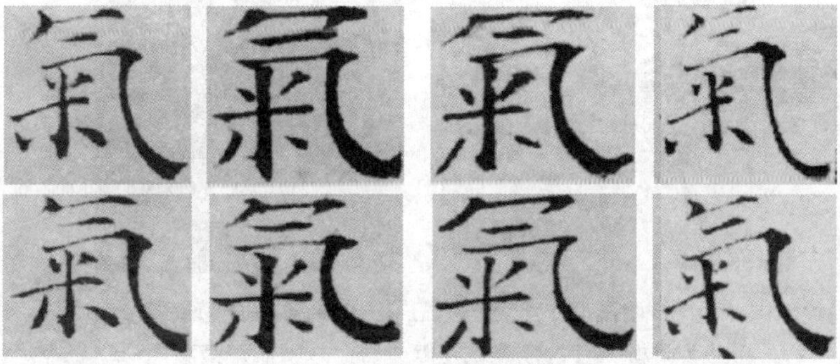

甲　　乙　　丙　　丁
卷一　　卷一　　卷四　　卷十二

圖 9

我們以該書中出現頻次較多的“氣”字爲例稍作分析。實際應當盡可能多地分析幾個字，這樣比對出來的結果更爲可信。限於篇幅，我們今天只看這個“氣”字。從筆勢上看，書手丁書寫的字筆勢往右上方傾斜，整體感覺字與字之間的間距小，稍顯擁擠，書寫有點隨意。書手乙抄得最認真，一筆一畫，一絲不苟，也是這幾種字中最有顔體意味的一種字迹。書手丙書寫的筆劃比較拙樸，毛筆開叉的情况比較嚴重。書手甲在寫“氣”字筆劃轉折的地方和書手乙明顯不一樣。書手乙的“氣”字最下面這個横筆很平，而書手甲是往上翹的，行筆的時候會有一個切筆，造成了局部的差異，這是書寫習慣的不同導致的。書手丙書寫的“氣”字在轉折處基本上不頓筆，輕輕一拐就下來了。因爲是照着相同底本的同一個字寫的，所以也會有很多一樣的地方。刻本上的字即便是不同的刻工鐫刻的版，基本上字迹都是差不多的。如果單個字不好區分，那就從整篇幅的書寫氣象上去判斷，不一樣的書手所做的抄寫一般來説都是會有一些差别的。

從書手抄寫筆劃特點來看，我覺得他們抄的這個底本，非常像以顔體字刊刻的一個底本，所以他們大概都在模仿這個字體。但是書手畢竟有自己的書寫習慣，抄寫出來之後，難免會和底本不一樣。宋本書裏面蜀地經常刻顔體字的本子。所以説即便印章不能證明它是毛晋家的藏本，從這個抄本的抄寫狀况也可以説明抄書者是十分用心且非常看重這個書的。

下面我們從幾則校勘的實例，看一下《甲乙經》的幾個版本情况。上圖是常用的主流版本，即步月樓的《古今醫統正脈全書》中的《甲乙經》。在《總目》上可以查到這個是小島父子進行過大量批注的本子（圖 10)。鈐印有“尚真私印”，有“父子燈前共讀書”，這是很有名的一句詩，是元代人寫的。還有極具日本人特色的印章“小島質精校醫經”。這個本子現藏於中國中醫科學院圖書館。

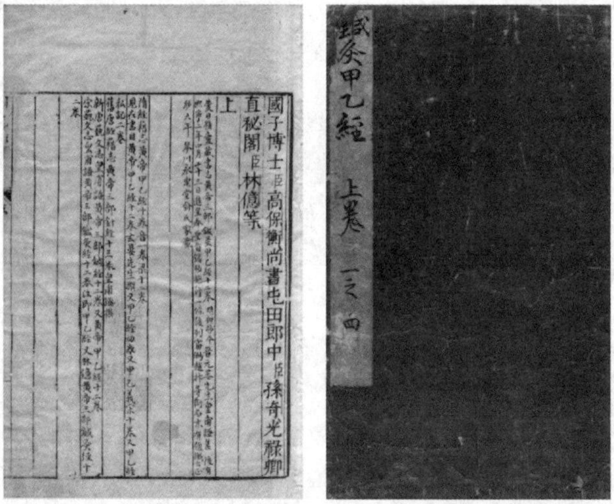

圖 10：明萬曆二十九年辛丑（1601）新安吴勉學校步月樓刻《古今醫統正脈全書》本映旭齋藏版

這是四庫全書中的《甲乙經》，這個本子較少被提及（圖 11)。下面通過一個校勘的實例，以管窺四庫本《甲乙經》的價值。我以往在校《甲乙經》的時候，書包裏常背着這個四庫本的影本。“精氣五臟第一”中有一段冠以“《素問》曰”的注文：“《素問》曰：人卧血歸於肝，肝受血而能視，足受血而能步，掌受血而能握，指受血而能攝。”（汲古閣抄本《甲乙經》）肝，四庫本作“目”，《針灸甲乙經校注》云：“《宣明論方》引《素問》作‘目’，律之此後諸文，於義爲順，然守真引文尚有‘耳得血而能聽’，‘藏得血而能液’等，顯非《素問》原文，故疑此‘目’字，系守真自增。”① 《宣明論方》是金元時期醫家劉完素的著作，金元時期的醫家喜歡發揮經義，增補《内經》的文句。太老師

① 張燦玾：《針灸甲乙經校注》(上)，北京：人民衛生出版社，1996 年，第 15 頁。

説劉守真等金元醫家還將“耳得血”“臟得血”等義項加進去，所以他認爲這四句得删掉。我們再看《太素》蕭延平的注：“據經文，肝、足、掌、指四事，疑衍。”① 痹症與“肝受血能視，足受血能步，掌受血能握”有什麽關係？蕭延平也認爲他們之間没有必然聯繫，是衍文。這衍文《甲乙經》裏也有，《素問》裏也有，不會是唐宋以後的人增補進去的。那這句“衍文”放在這兒有什麽意義呢？這可能就是六朝以後的人對經文的注解，年代久了，這些比較古的注解便混入經文正文使我們難以辨識了。從“肝受血而能視”中“肝”的異文看，不論《素問》還是《太素》，都與主流版本《甲乙經》同作“肝”，唯獨四庫本《甲乙經》作“目”。這與劉完素當年所見《素問》中此條的文句相合，説明四庫本應有一定的版本價值。四庫本與醫統本、汲古閣抄本的異文還有不少，這裏就不一一列舉了。

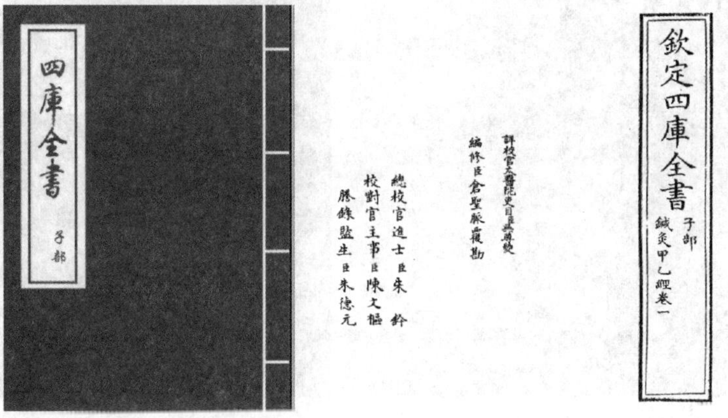

圖 11

説到這，順便看一看蕭延平對此後兩條《太素》原文的注釋，便於我們瞭解一下校勘學的方法。《太素》此後一條作：“卧出而風吹之，血涘而膚者爲痹，涘於脈者爲泣，涘於足者爲厥。”其中，“血涘而膚者爲痹”的“而”，蕭氏注云：“《素問》作‘於’，應依《素問》爲允。”② 蕭延平出注較爲謹慎，他指出了異文，覺得“而”字很怪，但没敢肯定“於”一定就是正確的。“而”這個字在上古時有許多用法，比如“而”常用作“如”，也有用作“於”字的詞例。因此，雖然我們現在看《素問》作“於”可能更好理解，但如果你是在校《太素》的話，則不宜改動《太素》中的這個“而”字。之後接着有“此五者，血行而不得反其故空，故爲痹”。平按説：“五當作三。”那麽，這個“五當作三”的語氣就比“應依《素問》爲允”更爲肯定。所以，《太素》的文句應該比較古，“血涘而膚則爲痹”，就是説血凝滯的狀況到達肌膚了，就會有痹的感覺。張家山《脈書》中有關於這種痹症的描述，叫“浸浸善痹”。

因此，在校勘《内經》類醫經的過程中，《太素》是一部比較重要的他校本。錢老在

---

① （唐）楊上善撰，錢超塵、李雲校正：《黄帝内經太素新校正》，北京：學苑出版社，2006 年，第 380 頁。

② 同上。

他的著作《黄帝内經太素研究》裏，就是用《太素》來校改《素問》《靈樞》中一些疑難、錯訛的文句。我在校勘《甲乙經》的時候也會參考《太素》，所用的版本是錢老的《黄帝内經太素新校正》，這是一部非常值得大家在學習《内經》校勘《内經》過程中參考的書。

錢老曾經給我寫了很多勉勵我好好學習的名言警句，如這扉頁上寫的“振興中醫從讀書始，學問在校讀中。考誤正譌，樸學家法”。最後還補一句“天空陰沉，未見陽光”，可能錢老覺得我還比較差勁，看不到出師的希望（圖 12）。

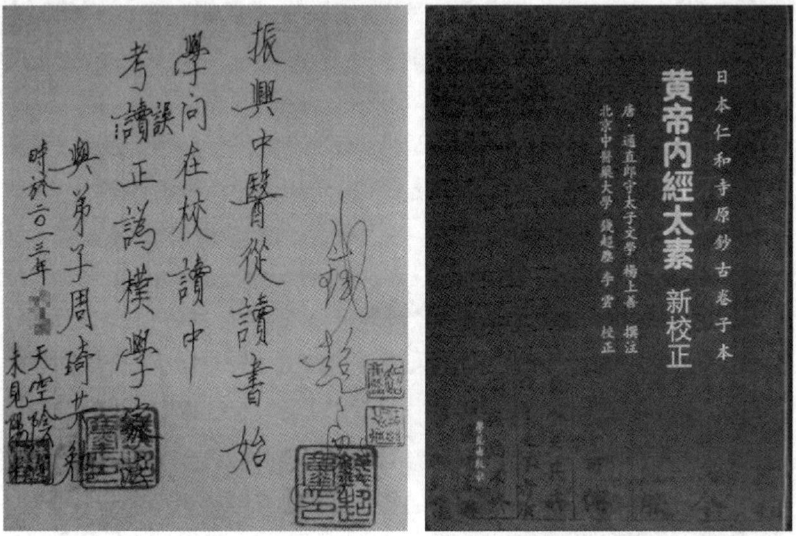

圖 12

《甲乙經》卷前的序例是讀懂《甲乙經》的一把鑰匙，用黄龍祥老師的話來説，這是《甲乙經》的使用説明書。“序例”云：

> 諸問，黄帝及雷公皆曰問。其對也，黄帝曰答，岐伯之徒皆曰對。上章問及對已有名字，則下章但言問曰，亦不更説名字也。若人異則重複更名字。此則其例也。諸言主之者可灸可刺，其言刺之者不可灸，言灸之者不可刺，亦其例也。①

“諸問，黄帝及雷公皆曰問。其對也”，此前張老説到藍格抄本特點的時候説，藍格抄本經常重出“黄帝”“岐伯”，這不符合《甲乙經》的序列，但却是很重要的一個特點。“諸言主之者可灸可刺，其言刺之者不可灸，言灸之者不可刺”，是指在穴位後注明了可針、可灸、針灸皆可三類治法的注意事項。許多人用《甲乙經》的腧穴主治進行臨床治療，看書上説這個穴位可灸，然後就也想去扎針試試，這就不符合皇甫謐《甲乙經》裏面的原旨原意。在天回醫簡裏面，有“石、犮”兩種治法，這兩種治法也有不同的治則，

① （晋）皇甫謐撰，周琦校注：《針灸甲乙經》，北京：中國醫藥科技出版社，2011 年，第 15 頁。

這些治療原則中，簡文中常常可見“可石者不可犮，可犮者不可石”，就像序例裏面講的一樣，明文該穴位可刺則不能灸，可灸就不能刺。若有更多充分的材料證明“石”“犮”爲“針”“灸”早期的稱謂之一，那麼如《甲乙經》序例等後世醫籍中注明“不可刺”“不可灸”或“可刺可灸”的内容大概就能溯源至西漢以前的上古經脈醫學了。

除序例外，《甲乙經》還有些其他隱藏的體例。《明堂》裏有不少腧穴是不同部位的同名穴，即所謂的“同名異穴”。這些《明堂》的腧穴也都被摘録在《甲乙經》中，即腹部、足部、頭部的某個穴位，它們的名稱都一樣。如“竅陰”“臨泣”“通谷”“三里”“五里”，這些腧穴有手足、腹足或頭足之分，如“竅陰”有“頭竅陰”與“足竅陰”，但它們在《甲乙經》的文本之中皆簡稱爲“竅陰”。區别這些同名異位腧穴的方法爲：以竅陰爲例，若其前後皆是頭部腧穴，則此“竅陰”爲頭竅陰，若其前後皆是足部腧穴，則此“竅陰”爲足竅陰。其餘同名穴準此可辨。這些《明堂》的腧穴也被摘録於《千金方》中，但《千金方》的體例與《甲乙經》不一樣，因爲它把腧穴的次序打亂了，按病症將這些腧穴分列於各篇之中，如果你搞不清楚《千金方》中的同名穴具體部位在哪，按照《甲乙經》中的這個體例到《甲乙經》裏面去找，就可以把它給弄清楚了。

下面通過與敦煌卷子中的《甲乙經》殘卷比對，看一看汲古閣抄本《甲乙經》的一些特點。這個敦煌卷子的編號是 P. 3481。馬老在介紹敦煌醫書裏的《甲乙經》殘卷時説，此卷文字不避“世”諱，認爲這是唐太宗以前的寫本。唐代將《甲乙經》列爲醫生科考的必修課，《甲乙經》在唐代較爲盛行，這樣的卷子在當時應當較爲常見。這段敦煌殘卷文字在毛氏汲古閣抄本《甲乙經》卷四“病形脈診第二”中，其文字如下：

問曰：脈之緩急、小大、滑澀之形病何如？

對曰：心脈急甚爲瘛；微急爲心痛引背，食不下；緩甚爲狂暵（笑），微緩爲伏梁，在心下，上下行，時唾血。大甚爲喉介，微大爲心痺引背，善淚出。小甚爲善噦，微小爲消癉。滑甚爲善渴，微滑爲心疝引齊（臍），少腹鳴。澀甚爲厥，微澀爲血溢維厥，耳鳴，癲疾。

肺脈急甚爲癲疾；微急爲肺寒熱，怠惰，欬唾血，引腰胷，若鼻息肉不通。緩甚爲多汗，微緩爲委，偏風，頭以下汗出不可止。大甚爲腫脛；微大爲肺痺，引胷背，起惡血。小甚爲泄；微小爲消癉。滑甚爲息賁上氣……①

敦煌殘卷	汲古閣抄本	醫統本	《靈樞》	《太素》	《脈經》
問曰…… 對曰	黄帝問曰 ……岐伯 對曰	黄帝問曰 ……岐伯 對曰	黄帝曰 …… 岐伯曰	黄帝曰 …… 岐伯曰	（兩段分離，未冠問對）
形病	形病	病形	病形	病形	病形
瘛	瘛瘲	瘛瘲	瘛瘲	瘛	瘛瘲

① 馬繼興撰：《中國出土古醫書考釋與研究》（中），北京：中國科學技術出版社，2016 年，第 19—21 頁。

續表

敦煌殘卷	汲古閣抄本	醫統本	《靈樞》	《太素》	《脈經》
喉介	喉吤吤	喉吤吤	喉吤	喉吤	喉介
淚	淚（音骨）	淚	淚	淚	淚
瘴	痹痹	瘴	瘴	瘴	瘴
引齊	臍	引臍	引臍	引臍	引臍
厥	瘖	瘖	喑	瘖	喑
胷	痛胸	背胸	背胸	背胸	背胸
息	宿（一作息）	息	息	宿	息
委	痿痛	痿痛	痿痛	痿	痿
偏	漏	偏	漏	漏	偏（一作漏）
腫脛	脛腫	脛腫	脛腫	脛腫	脛腫
惡血	惡日光	惡日光	惡日光	惡日	腰内

上表所示，爲此段敦煌殘卷與《甲乙經》諸本比對的異文。可以肯定的是，唐太宗以前《甲乙經》的文本主體與現在的傳世諸本差異不大，但也有不少“錯互非一”之處。我們簡單分析一下這些異文。

如黄帝與岐伯問對的異文，按《甲乙經》的序例看，可以肯定的是這個序例不可能是宋臣編的一個凡例，因爲殘卷的文本已經省去了“黄帝”和“岐伯”，這極有可能就是依照序例進行的省略。

“脈之緩急、小大、滑濇之形病何如”中的叫“形病”，多數版本作“病形”。通常我們念“病形”念得特别順口。如文中“形病”二字，在醫統本《甲乙經》卷四《病形脈診第二（下）》、《靈樞·邪氣藏府病形》及《太素·五臟脈診》中皆作“病形”，而毛晋汲古閣本《甲乙經》與此敦煌殘卷同作“形病”。按《孫真人千金方》卷二十二《叙論第一》：“河東衛泛（一説作衛汎，是六朝時期的醫家）記曰：扁鵲云：人之所依者，形也；亂於和氣者，病也。”①“形”與“病”的次序或許不應隨意調换，“形”代表了人體正常的生理形態，“病”代表人體氣息逆亂時的病理狀態。《素問》云：《上經》言氣之通天也，《下經》言病之變化也。上、下經的次序本不應顛倒。如同西漢時期出土文獻中的北京大學藏《老子》，其德經（《老子上經》）列於道經（《老子下經》）之前。當然，毛氏汲古閣抄本《甲乙經》與敦煌殘卷此處相同僅證明二者所據底本可能有一定淵源關係，前者較之醫統本《甲乙經》，其版本價值應值得更多的重視。

上表中所列的“息”和“偏”，我們看宋臣在汲古閣抄本《甲乙經》和《脈經》中有出注云：“一作宿”“一作漏”，這説明宋臣在校書時也見到了這些不同版本中的異文，並把一些有價值的異文寫在注文中。這也説明《甲乙經》的文獻價值是非常大的。根據這

① （唐）孫思邈撰，曾鳳校注：《新雕孫真人千金方校注》，北京：學苑出版社，2012 年，第 298 頁。

樣的宋臣校語，我認爲宋校正醫書局有可能對《甲乙經》校刻了兩次，刻完第一次後，覺得有些没改完善，又刻了一次，或者説在由大字本改刻成小字本時，順便做了一些校注文字的改動。

我們看一看汲古閣抄本《甲乙經》中小字注文的問題。順便提一下，這個抄本裏的俗字非常多（圖 13）。舉個例子，汲古閣抄本《甲乙經》中的“笑”字，有兩種俗寫形式，一種是“咲”（卷一“精氣五藏論”），就是一個口字旁，右部一個“夭”上面加兩點，像天又像关（像關係的關的簡體字）。還有一種是“笑”（卷四“病形脈診”），這兩種笑的字形是六朝時期笑字常見的俗字形態，在敦煌寫本和隋唐時期的字書中都有記載。還有一些異體字，如“匈”字，這個形態不能認作是胸字的俗字，這種寫法秦漢時期就有，而且是比較常見的字形。這類俗字、異體字的辨別，可以參考《干禄字書》和《龍龕手鏡》，這兩部字書專門指出如何區分正字和俗字的形態，這些俗字主要出現在六朝至隋唐時期。如果書手是照着一個宋本的底本影抄，那他基本會按照底本的原字形進行抄寫。若完全按照書手自己的書寫習慣抄寫，是不太可能在一部書中將同一個字寫成兩種像“笑”字那樣迥然不同的俗字形態的。因此，這個抄本中的大量俗字，或也可證明它源自一個較古的底本。

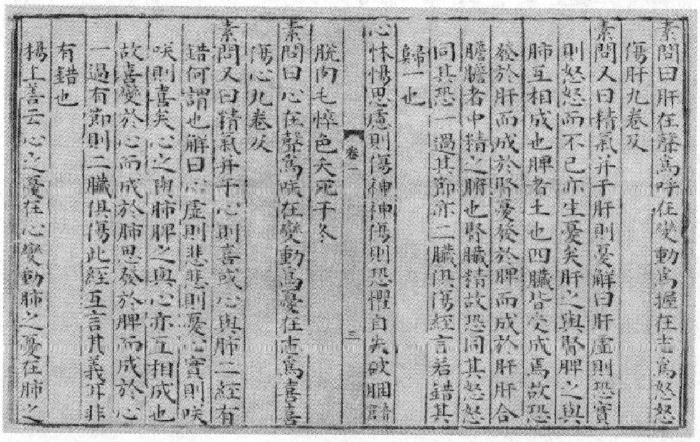
素問曰肝在聲爲呼在變動爲握在志爲怒怒
傷肝九卷又
素問又曰精氣并于肝則憂解曰肝虛則恐實
則怒怒而不已亦生憂矣肝之與腎脾之與
肺互相成也脾者土也四臟皆受成焉故恐
發於肝而成於腎憂發於脾而成於肝肝合
膽膽者中精之腑也腎藏精故恐同其怒怒
同其恐一過其節亦二臟俱傷經言若錯其
歸一也
心怵惕思慮則傷神神傷則恐懼自失破䐃
脫肉毛悴色夭死于冬
素問曰心在聲爲咲在變動爲憂在志爲喜喜
傷心九卷又
素問又曰精氣并于心則喜或心與肺二經有
錯何謂也解曰心虛則悲悲則憂心實則咲
咲則喜矣心之與肺脾之與心亦互相成也
故喜發於心而成於肺思發於脾而成於心
一過其節則二臟俱傷此經互言其義耳非
有錯也
楊上善云心之憂在心變動肺之憂在肺之

圖 13

大家看上表汲古閣抄本《甲乙經》中的“宿”字，“若鼻宿肉不通”的“宿”下有作兩行書寫的小字注文“一作息”三個字。這三個小字注文是宋臣校語，這基本是可以肯定的，它都會作小字雙行書寫，這樣可以很容易與正文分辨開來。但宋臣之前的注文，就不太容易辨别，因爲經過數百年的傳抄，許多用以分别正文和注文的朱墨或大小字痕迹都消失了。這樣就較難分辨《甲乙經》原來經文的正文是什麽樣子了。比如其中冠以“楊上善云”的内容。楊上善是唐初時期的人，“楊上善云”後接的文句肯定不是最早皇甫謐編纂《甲乙經》的内容，應是注文，但現在傳世本的《甲乙經》並没有把這些内容標作小字。我們拿卷一第一中的一段話舉例，把小字注文變成小字，這個文本就會是這樣：

肝氣哀動中則傷魂，魂傷則狂妄，其精不守（一本作下精，不敢正當中）。**令人陰縮而筋攣，兩脅肋骨不舉，毛悴**（音卒）**色夭，死於秋。**

《素問》曰：肝在聲爲呼，在變動爲握，在志爲怒，怒傷肝。《九卷》及《素問》又曰：精氣並於肝則憂。解曰：肝虚則恐，實則怒，怒而不已，亦生憂矣。肝之與腎，脾之與肺，互相成也。脾者土也，四藏皆受成焉。故恐發於肝而成於腎；憂發於脾而成於肝。肝合膽，膽者中精之府也。腎藏精，故恐同其怒，怒同其恐，一過其節，亦二藏俱傷。(經言若錯，其歸一也 。)

心怵惕思慮則傷神，神傷則恐懼自失，破䐃（音窘）**脱肉，毛悴色夭，死於冬。**

《素問》曰："心在聲爲笑，在變動爲憂，在志爲喜，喜傷心。"《九卷》及《素問》又曰："精氣並於心則喜。"或心與肺二經有錯，何謂也？解曰：心虚則悲，悲則憂；心實則笑，笑則喜矣。心之與肺，脾之與心，亦互相成也。故喜發於心而成於肺，思發於脾而成於心，一過有節，則二藏俱傷。此經互言其義耳，非有錯也。

楊上善云：心之憂在心變動，肺之憂在肺之志。是則肺主於秋，憂爲正也；心主於夏，變而生憂也 。①

第一段和第三段是它的正文，夾在中間比較簡練的注語"一本作……"等基本上都是宋臣的校語，這是大家公認的。或者注文中若是引用楊上善、王冰或皇甫謐的話，像是"楊上善云""皇甫士安云"這樣的文例，也基本是宋校正醫書局的注文。而"《素問》曰""《九卷》曰"起頭的這些話，可能就不是宋臣所爲，這大概是皇甫謐寫的。而且"素問曰"的"素"字是頂格寫的，這就會讓人很疑惑。一般在刻本中，經文頂格寫，非經文内容是空兩格寫。在已經没有朱墨與大小字區别的文本中，我們其實很難一眼就區分出經文與注文，更不用説要去確定那些注文的歸屬。

我們再看看關於版本的選擇與校勘的問題。最近黄龍祥老師在《中醫文獻雜志》上發表了一篇名爲"中醫古籍校勘的新思考與新探索"的文章，其中提到了這個毛氏汲古閣抄本《甲乙經》的版本問題，以及幾則校勘《甲乙經》的實例。借培訓課的機會，在此就黄老師提出的校勘實例與版本問題也與大家分享一下我的體會。黄老師是我十分敬重的前輩，以下討論僅是我對黄老師部分研究内容的一些粗淺分析，不對之處請大家多指教。

黄老師在文中第二例時説不能亂用本校法，本校法會害人，尤其校勘水準不高的人絶對要慎用。於是舉《甲乙經》卷一第一中"心氣虚則悲憂，實則笑不休"的文句，説："三十年前筆者校《甲乙經》時已指出'悲憂'之'憂'字爲古人的旁注混入正文……今人校《甲乙經》者將此條文字校改爲'心氣虚則憂'，即以'悲'字爲古人旁注而删之。"② 現在的校注者爲什麽要把"悲"字劃掉呢？就是因爲他們看到《素問》新校正裏王冰的注文："悲，一爲憂，誤也。"就此宋臣他們有按語云："《甲乙經》及《太素》並全元起本並作

① （晋）皇甫謐撰，周琦校注：《針灸甲乙經》，北京：中國醫藥科技出版社，2011 年，第 13 頁。文中所引内容，書中未進行相應的小文書處理。

② 黄龍祥：《中醫古籍校勘的新思考與新探索》，《中醫文獻雜志》2021 年第 1 期，第 3 頁。以下所引黄龍祥先生關於此事的校注意見皆出此文。

憂”，然後大家就都把“悲憂”兩個字改成了“憂”。黄老師説，實則《甲乙經》此條文字引自《九卷》（即當時的《靈樞》），而《素問》新校正中的注文所説的《甲乙經》等三本並作“憂”者，實際上是《甲乙經》卷六第三另一句話的注文。只不過卷六第三的這句話的意義與“心氣虚則悲憂，實則笑不休”相近，作“神有餘則笑不休，神不足則悲”。因此，黄老師在此處的校勘建議是保留“悲”，删去這個悲字的注文“憂”。

<table>
<tr><td rowspan="2">心氣虚則悲憂，實則笑不休。（《甲乙經》卷一第一）</td><td colspan="4">“悲憂”異文</td></tr>
<tr><td>《靈樞》作“悲”</td><td>《太素》作“悲”</td><td>《千金方》作“悲不已”</td><td>《脈經》作“悲不已”</td></tr>
<tr><td rowspan="2">神有餘則笑不休，神不足則憂。（《甲乙經》卷六第三）</td><td colspan="4">“憂”異文</td></tr>
<tr><td>王冰注引《針經》作“憂”</td><td>《太素》作“憂”</td><td>《素問》作“悲”</td><td>新校正注引全元起《素問》作“憂”</td></tr>
</table>

這個地方到底應當如何理解、如何進行校勘？我們先列出這兩句話的出處及異文，列表如上。除以上異文外，《素問》新校正引皇甫謐的注語值得注意：“皇甫士安云：心虚則悲，悲則憂。”[①] 這對我們理解心神不足時的狀態有説明。《靈樞》《太素》確實都作“悲”，《千金方》《脈經》作“悲不已”，大家可以去看顧老師校的無名氏本《靈樞經》。顧老師在“悲”後打了一個方括號，把“不已”加上去了，“心氣虚則悲［不已］，實則笑不休”[②]。《甲乙經》的諸版本之間，這兩句話没有什麽異文。卷六第三的“神有餘則笑不休，神不足則悲”一句後有“血氣未並，五臟安定，邪客於形”，在《素問·調經論》中，這兩句話是前後緊密相接的。結合以上異文，黄老師的意思説，在做本校法的時候你不能機械地用《甲乙經》卷六第三的文句在另一本書（《素問》）中校語的引文去校定卷一第一的正文，我認爲這個説法確實没問題，這種方法運用起來確實危險。而這兩個字的校勘問題，可能不是僅分析異文這麽簡單就能解决的。錢老在《黄帝内經太素新校正》中“神不足則憂”下的注釋説：“‘休’與‘悲’字不能押韻，憂則於韻和諧，‘休’‘憂’皆在幽韻”[③]，幽韻是段玉裁上古音第三部，認爲這句應是韻文。如果通過古音去判斷一定要押韻，那它原本這句話末一字應該就是“憂”，而且它後面也是韻文：“血氣未並，五臟安定，邪客於形”，這幾句是押耕韻。我覺得錢老説的很有道理，應該把這視作韻文，這句話末尾作“憂”是對的。

綜合以上考慮，我們並没有確鑿的證據斷定“悲”“憂”二字誰是正文誰是注文，或者在這二字中做一個取捨。如果結合錢老對此句音韻學上的考證及《素問》宋臣引皇甫士安語“心虚則悲，悲則憂”的話來看，我認爲這句話最早應當是像馮舒所言“《素問》通篇有韻”一樣，至少確定“憂”是在韻脚上的，而皇甫謐的“心虚則悲，悲則憂”應當是對“心氣虚則悲憂”的一個拆解。秦漢時期，天回醫簡裏悲和憂都與心有關係：“敝

① 《黄帝内經素問》，北京：人民衛生出版社，2012年，第228頁。

② 顧漫點校：《黄帝内經靈樞》，北京：北京科學技術出版社，2016年，第29頁。

③ （唐）楊上善撰，錢超塵、李雲校正：《黄帝内經太素新校正》，北京：學苑出版社，2006年，第506頁。

昔曰：脈句至者曰病出心，心曰善悲，得之憂。”心病有悲也會有憂。那麽在校勘這句話時，便不必對《甲乙經》卷一第一中“心氣虚則悲憂”的“悲憂”進行删改，出注説明即可，大家可就已有的證據，做出自己的判斷。

藍格抄本和醫統本都是相同的，但汲古閣抄本有不同之處，我給大家舉幾個例子。汲古閣抄本《甲乙經》卷五第一上有“刺中肝，五日死，其動爲欠”，其中的“欠”，醫統本及藍格鈔本都作“穴”。宋臣的《素問》新校正云：“按全元起並《甲乙經》‘語’作‘欠’。”宋臣看到的《甲乙經》應該是“欠”，《素問》作“語”。不管是作“語”還是作“欠”，它跟醫統本和藍格抄本是完全不一樣的。這種差别，如果跟宋臣的校語裏面相同，那還是有一定意義的。

我們再看這兩個《甲乙經》抄本的版本問題。黄老師説這個所謂的毛晋汲古閣本子是轉抄本，印章是作僞的。如果汲古閣這個本子僅僅是藍格抄本的轉抄本，那它的版本價值顯然就又往下降了。藍格抄本它是有殘破的地方，如果殘破的地方是全的，那它跟轉抄本也不一樣，跟醫統本也不一樣，那這是從哪兒來的呢？

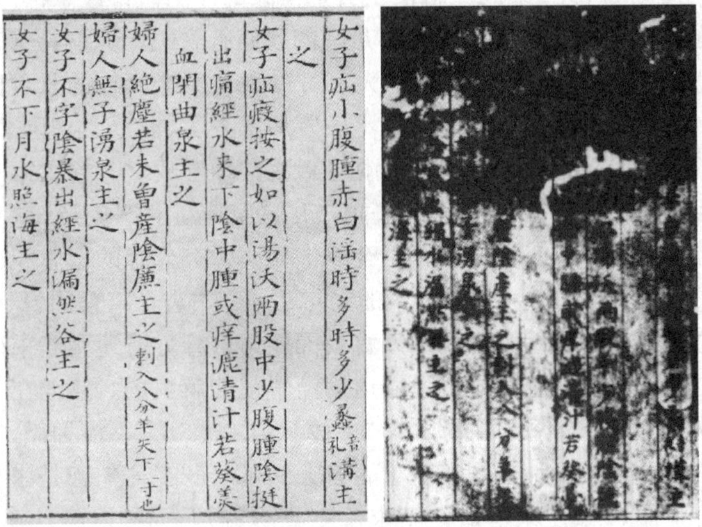
女子疝小腹腫赤白淫時多時少蠡溝主
之
女子疝瘕按之如以湯沃兩股中少腹腫陰挺
出痛經水來下陰中腫或痒漉清汁若葵羹
血閉曲泉主之
婦人絕塵若未曾產陰㢘主之刺入八分羊矢下一寸也
婦人無子湧泉主之
女子不字陰暴出經水漏然谷主之
女子不下月水照海主之

圖 14

具體樣貌我們看上圖（圖 14），左側是毛氏汲古閣抄本，右側是藍格抄本，這一頁的内容大致相同。我標出其中四處異文，來分析這兩個版本之間的差異（提校詞皆出自毛氏汲古閣抄本）：

汲古閣抄本與藍格抄本不同之處	
血閉	醫統本及《千金》此後有“無子，不嗜食”五字。
塵	醫統本及《外臺》作“産”。
産	醫統本作“生産”，《校注》據《千金》《外臺》《醫心方》等删“生”字。
陰廉	藍格抄本作“陰産”。
羊矢下一寸	藍格抄本作大字，且抄寫位置已與藍格抄本不同。

以上異文中"血閉""塵""産"這些文字，藍格抄本都已殘損不清，醫統本和《千金》《外臺》有，但與汲古閣抄本不一樣。另，表中的"陰廉"藍格抄本作"陰産"，且"刺入八分羊矢下一寸"一句，藍格抄本作大字，而汲古閣抄本雖未作兩行書寫，但顯然寫作小字。同類的例子還有很多。這些都足以説明汲古閣抄本並非轉抄自藍格抄本。

再看其他例證：

汲古閣抄本與藍格抄本不同之處	
胃者五臟六腑之海，其精氣上注於肺。（卷二第一下）	精：《千金》同此，醫統本作"清"，藍格抄本作"積"。
腸胃之中常留穀二斗四升，水一斗一升（卷二第七）	一升：醫統本作"五升"，藍格抄本作"二升"，劉衡如校本據《太素》卷十三改作"一升"。《靈樞》作"五升"。

這兩個例子中，在諸本的異文中，汲古閣抄本是正確的，而與藍格抄本不同。汲古閣抄本與藍格抄本、醫統本均不同的地方也有不少。如果説這些不同之處是書手轉抄藍格抄本時抄錯了，且抄錯的地方還跟《千金》一樣，或跟《太素》還一樣，那麽這樣的巧合就無法解釋了。這兩個抄本的異文還有很多，限於時間關係，不能一一列舉。我們雖然不能以此判斷這個抄本的優劣，但是不能忽略這個現象而下結論説這個毛氏汲古閣抄本就是藍格抄本的轉抄本。

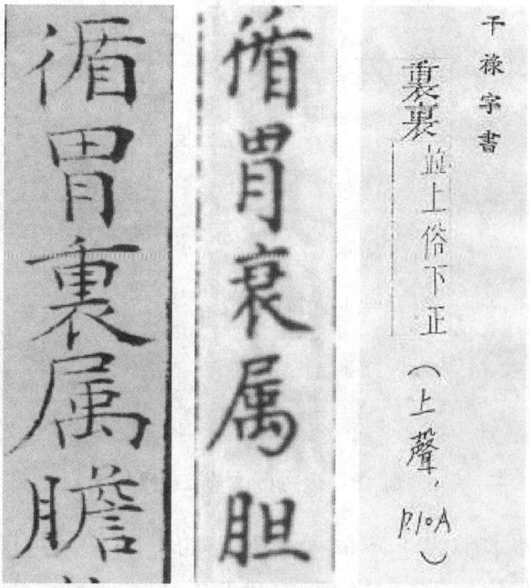

圖 15

我們再舉一個例子（圖 15）。卷二第一，"足少陽之正……别者入季脅之間，循胃**裏**"，仔細看這個"**裏**"字，"屬膽"，"胃**裏**"藍格抄本作"胃衰"，"衰"顯然是個訛字，除了藍格抄本和毛本之外，其他版本都作"胸**裏**"。中間這個圖是藍格抄本，我剛纔説過，這本子是個俗字大全。"**裏**"字上部寫成一個"重要"的"重"字，這就是從六朝以來就延續了很久的俗字形態。如圖，《干禄字書》"**裏**"字中説"上俗下正"。這個"胃**裏**"的"**裏**"，藍格抄本則是誤抄成了"衰"字。而且藍格抄本的"膽"寫作了一個簡體字的形態。這樣看，汲古閣抄本與藍格抄本在書寫上的差異是顯而易見的，汲古閣抄本似乎比藍格抄本要抄得好不少。

汲古閣抄本與藍格抄本、正抄本同，與醫統本異	
足太陰脈過於内踝之上（卷二第一）	内踝：藍格抄本、正抄本及《太素》皆同，醫統本作“外踝”。按，足太陰之脈無過外踝者，醫統本誤。
曲垣，在肩中央曲甲陷者中，按之動脈應手，刺入九分，灸十壯。（卷三第二）	九：藍格抄本及正抄本同，醫統本作“八九”。

前面説過，正抄本也是一個很古的本子，《甲乙經》中有不少正抄本和藍格抄本以及汲古閣抄本都相同，而醫統本有不同且錯誤的地方。例如上表中的“足太陰脈過於内踝之上”，大家都知道足太陰脈是從内踝走的，它不可能到外踝上去，那麽藍格抄本、正抄本及《太素》本都是一樣的，而醫統本作“外踝”，這顯然是一個錯誤。又，卷三第二的“曲垣，在肩中央曲甲陷者中，按之動脈應手，刺入九分，灸十壯”中的“九”字，藍格抄本及正抄本同，而醫統本作“八九”，醫統本這裏可能衍了一個字。

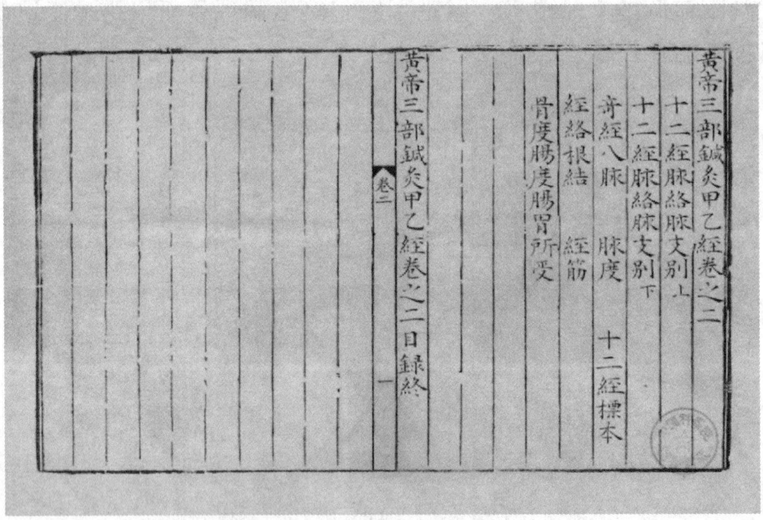
黃帝三部鍼灸甲乙經卷之二
十二經脉絡脉支別上
十二經脉絡脉支別下
奇經八脉　脉度　十二經標本
經絡根結　經筋
骨度腸度腸胃所受
黃帝三部鍼灸甲乙經卷之二目録終
卷二

圖 16：汲古閣本卷二目録

我們再看一下兩個抄本版式上不同的例子。如上圖，汲古閣本每卷之前皆有目録。以卷二目録爲例，汲古閣的本子卷二的卷前目録有十二經脉、奇經八脉、十二經標本一直到骨度、脉度等（圖 16）。而在藍格抄本卷一終了之後、卷二首頁之前是空白頁，就是説藍格抄本没有抄録卷二的卷前目録（圖 17）。不過，藍格抄本的其他卷却有卷前目録，很可能書手在抄録這一段的時候，遺漏了這個不太起眼又没有實質内容的目録。

又如以上兩頁中“人迎大一倍於寸口”之後、“後入缺盆其支者”之前，汲古閣抄本有“足少陽之脈”至“出手少陽之”兩行，而藍格抄本於此有脱漏（圖 18）。如果説汲古閣抄本是藍格抄本的轉抄，那麽汲古閣抄本大概率也是會抄漏的，從一個轉抄者的角度看，書手不可能翻《太素》等他本去補這兩行，這是校勘者的工作，不是書手幹的事。

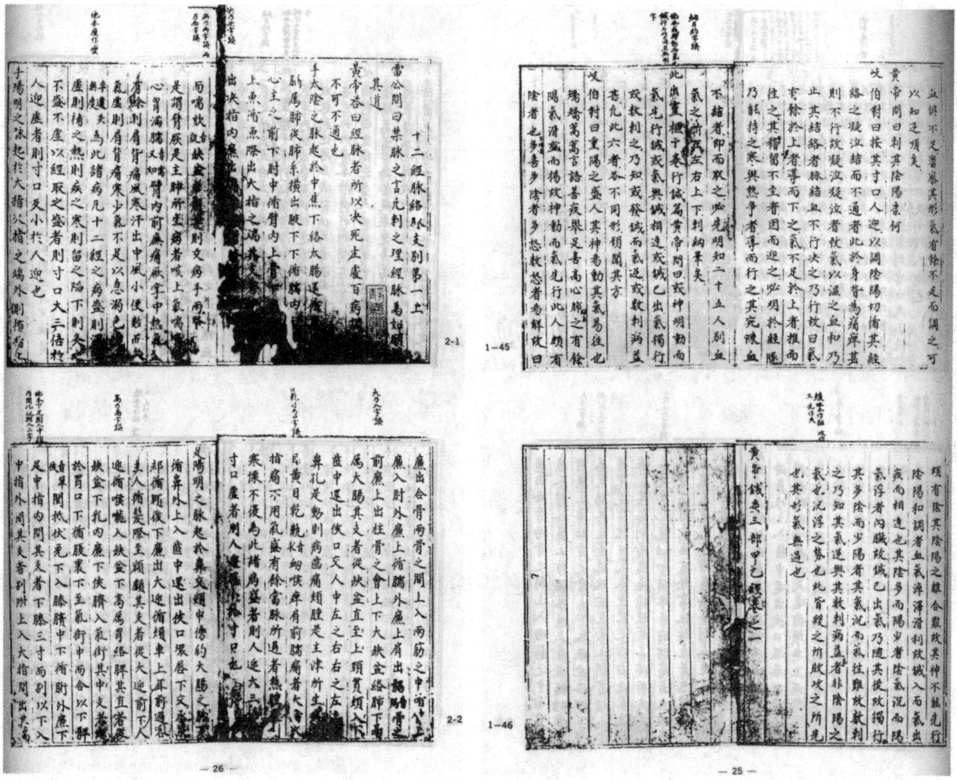

圖 17：藍格抄本

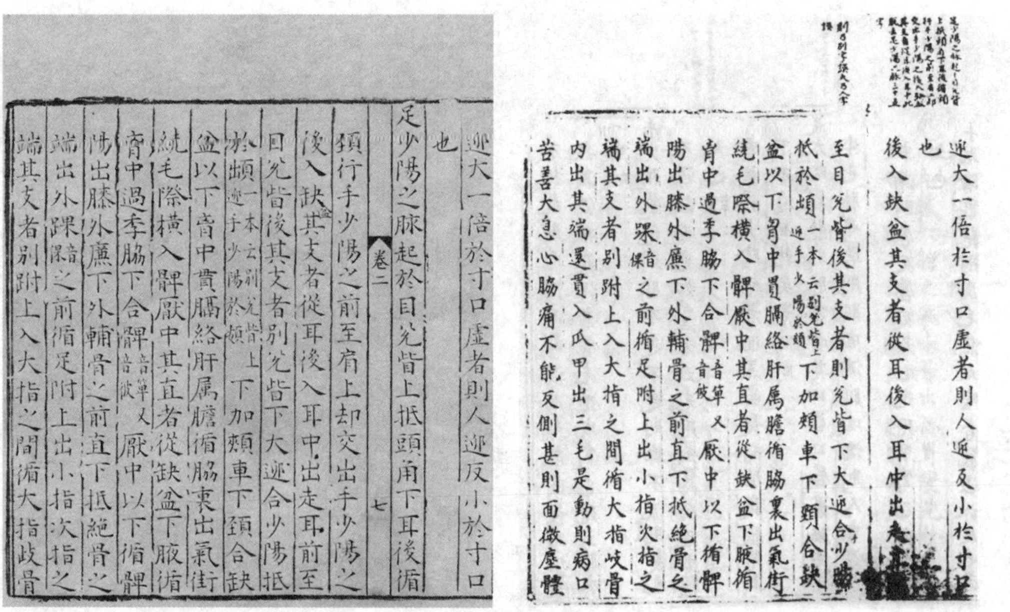

逆大一倍於寸口虚者則人逆反小於寸口
也
足少陽之脉起於目兊眥上抵頭角下耳後循
卷二　七
頸行手少陽之前至肩上却交出手少陽之
後入缺盆其支者從耳後入耳中出走耳前至
目兊眥後其支者別兊眥下大迎合少陽抵
於䪼（一本云別兊眥上迎手少陽於䪼）下加頰車下頸合缺
盆以下胷中貫膈絡肝屬膽循脇裏出氣街
繞毛際橫入髀厭中其直者從缺盆下腋循
胷中過季脇下合髀（音卑）厭中以下循髀
陽出膝外廉下外輔骨之前直下抵絶骨之
端出外踝（音裸）之前循足跗上出小指次指之
端其支者別跗上入大指之間循大指歧骨

逆大一倍於寸口虚者則人逆反小於寸口
也
後入缺盆其支者從耳後入耳中出走耳前
至目兊眥後其支者別兊眥下大迎合少陽
抵於䪼（一本云別兊眥上迎手少陽於䪼）下加頰車下頸合缺
盆以下胷中貫膈絡肝屬膽循脇裏出氣街
繞毛際橫入髀厭中其直者從缺盆下腋循
胷中過季脇下合髀（音卑）厭中以下循髀
陽出膝外廉下外輔骨之前直下抵絶骨之
端出外踝（音裸）之前循足跗上出小指次指之
端其支者別跗上入大指之間循大指歧骨
内出其端還貫入爪甲出三毛是動則病口
苦善大息心脇痛不能反側甚則面微塵體

圖 18

	音堨	頔	咽	舌本	目内	胸
汲古閣抄本	音堨	作小字雙行	咽	舌本	目内	育
藍格抄本	音謁	作大字單行	呾	古本	目𠕎	胷

大家再對比這兩頁的不同（圖 19），可以看出汲古閣抄本比藍格抄本錯了兩行。就是因爲剛纔所列的那一頁藍格抄本漏抄了兩行，所以後面的文字内容都一直往後錯。這裏描述的是足陽明經的循行，足陽明上頭之後是環口上到鼻梁。大家看“上頞”之後的大小字，兩個抄本有“音堨”與“音謁”的不同。又之後的小字有：“《九墟》云上頔”，頞是鼻梁，現在我們知道的足陽明經會循經的部位，而頔指的是顴骨，所以是不一樣的地方。但藍格抄本將“頔”抄作大字了，而汲古閣抄本抄的是小字。這種情況，把小字抄成大字的可能性要大於把大字抄成小字。即汲古閣本照着藍格抄本謄抄的可能性不大；再看“咽”字的不同，藍格抄本的這個形態的咽字“呾”不叫俗字，大家去查一下《龍龕手鏡》或者《干禄字書》，裏面肯定有這個“呾”字，在這兩本字書裏“咽”和“呾”都是咽的正字，不是俗字；接着看藍格抄本中的“咽貫古本”，這個“古本”顯然錯了，

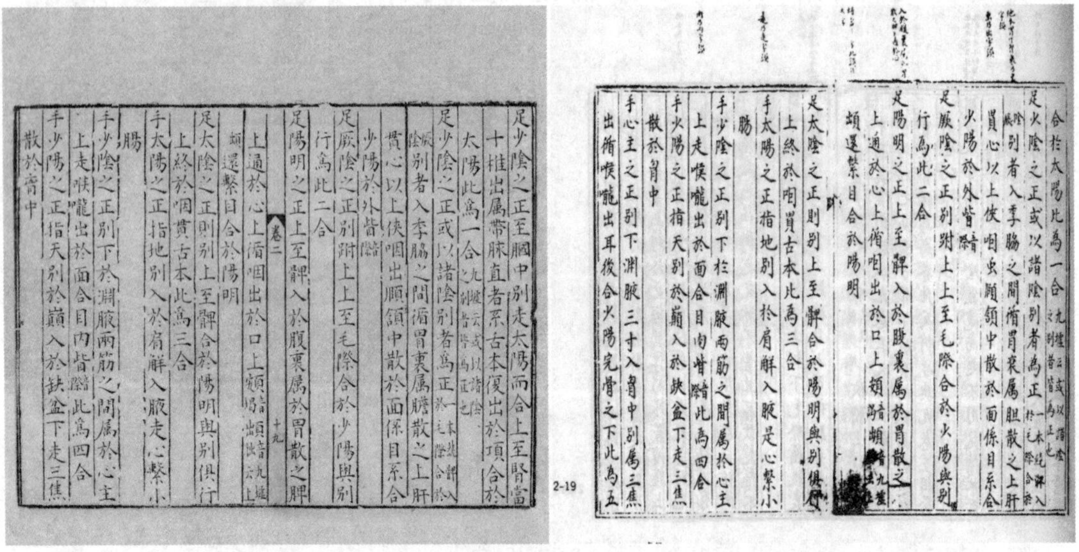

圖 19

圖 20

汲古閣抄本作“舌本”。如果汲古閣抄本的書手要照藍格抄本抄，十有八九就抄成“古本”了；再看後面藍格抄本中“上走喉嚨，出於面合目”這句後面的“𠕎”，這是一個肉字的俗字形態。而汲古閣抄本中寫得很清楚是“内”，没有錯；最後是“胸”字，兩本抄的這個字的形態也有不一樣的地方，汲古閣抄本作“育”，藍格抄本作“胷”，這兩個字都可視作胸的異體字。大家看《龍龕手鏡》“胸”字所列的字形（圖 20），第一個字上部往左邊有兩小撇，這樣的寫法就是俗字，然後接下去兩個字形“二今正”，是説這兩個是正字，“許容反”是反切注音。這裏没講“育”這種形態到底是正還是俗，“二今正”表示“胷”“胸”這

兩個是正字，最後一個小字的“四”字指的是他舉出了四個字，反正有正有俗的胸字就舉了這樣四個，都是當時胸字出現過的字形。汲古閣抄本中的“胷”字，在六朝時期是很常見的一個胸字形態，與其他兩種常見的胸字正字都不一樣。

綜上所述，在一頁紙之内，兩個抄本的不同之處有：1. 注文的大小字不同；2. 音釋不同；3. 文字正訛的不同；4. 大量俗異字形態的不同。加上此前漏抄的兩行，實際上每頁的行款也是不同的。如果這兩個本子是所謂的“轉抄”關係，對於一個已經程式化的熟練書手來説，不大可能出現如此衆多的抄寫差異。

那麽，我們再來回過頭看黄老師對這個汲古閣抄本所做的判斷：“明汲古閣本與明藍格抄本行款同，異文極少……且從兩抄本錯誤多同，又在相同地方據明刻本出校來看，兩抄本是轉抄關係。”按照上文所舉的例子看，實際情況似乎並不是這樣。再結合開頭我們講的其他方面的差異，如銜名的大小字等，通過這些分析研究，我們認爲這個汲古閣抄本與藍格抄本謄抄自同一個底本的可能性遠大於這兩個版本互相轉抄的可能性。

最後，説一下經脈理論中大家比較關注的“心主之脈”。我把最早的出土文獻到現在主要記録十二經脈中手心主之脈、心包絡、手少陽、三焦這些名稱的情况列成下表，做了一個簡單的比較分析。

出土、傳世醫經	《脈書》	足臂、陰陽十一脈灸經	《天回醫簡・脈書・下經》	《難經》	《脈經》卷	《甲乙經》	《靈樞・經脈》
年代	吕后	公元前 168	景武之時	東漢初？	晋・王叔和	晋・皇甫謐	？
手心主脈名稱	無	無	心主之脈	手心主、心主	手心主、手心主經、手心主之脈	手心主之脈	心主手厥陰心包絡之脈
心包絡名稱	無	無	無	無	包絡	心包絡	心包絡
手少陽名稱	耳脈	臂少陽脈	手少陽脈	手少陽	三焦手少陽經	手少陽之脈	三焦手少陽之脈
三焦	無	無	無	心主與三焦爲表裏	心主之脈歷絡三焦	心主之脈歷絡三焦	手心主之脈歷絡三焦

心主之脈的出現對十二經脈體系的形成與完善到底有什麽樣的意義呢？傳世文獻中關於手心主之脈、心包絡、手少陽、三焦這些名稱有怎樣的不同呢？因爲這些名稱的出現，是後世醫經十二經脈如環無端體系形成的關鍵與標志。我們仔細看以上表格，這些名稱在從無到有、從簡單到複雜的變化過程中，《難經》與《脈經》起到了一個承前啓後的重要作用。我們主要關注一下手心主、心包絡及其與手少陽、三焦的名稱及其關係變化。

張家山《脈書》與馬王堆的陰陽十一脈，應當是比較早期的經脈文獻，它們不僅只有十一脈，没有出現“心主”“心包”，甚至手少陽或臂少陽脈都是以“耳脈”做稱謂的，這個時期大概是在秦漢之際。足臂十一脈灸經應該較前面兩種經脈晚些，以“臂少陽脈”代替了“耳脈”，這個時期大概是文帝中晚期。《天回醫簡·脈書·下經》出現了“心主之脈”，且出現了“手少陽脈”，這個時期在景武之時。之後的傳世醫經除了《脈經》《甲乙經》有較爲確切的撰輯年代，《難經》《靈樞·經脈》都没有明確的成書時代定論。從内容上看，《難經·十八難》提及“手心主”“心主”，這已經與《天回醫簡·脈書·下經》中“心主之脈”之名十分相近，但天回醫簡的經脈文獻中尚未出現三焦的名稱。《難經》二十五難云：“心主與三焦爲表裏，俱有名而無形，故言經有十二也。”① 而《難經》中雖提到了三焦之名，却未將其與手少陽結合起來。《難經》二十三難中雖已强調了經脈的如環無端，但六臟配六腑對應十二經脈配屬的體系在《難經》中並未完全成型。《脈經》卷第六中亦有“手心主”，在本卷的編目中，僅列出十一脈病症，“手心主”脈附於手少陰心脈之下，但已明確“包絡者，心主之脈也”，並將三焦與手少陽組合在一起稱作“三焦手少陽經”。《甲乙經》與《脈經》相差無幾，只是未將手少陽與三焦結合在一起稱名。而在《靈樞·經脈》中，“心主”“厥陰”與“心包”已完全關聯形成“心主手厥陰心包絡之脈”。

可見，從出土醫經文獻到傳世醫經典籍，在《靈樞·經脈》中互爲表裏的“心主手厥陰心包絡之脈”與“三焦手少陽之脈”，作爲組成十二經脈如環無端的最後一環經脈，其名稱的形成過程不僅有迹可尋，且發生發展的脈絡十分清晰。從秦漢之際至南北朝時期，經脈名稱及絡屬關係經歷了一個由簡單到複雜的體系化過程。結合《難經》二十三難、十九難相關内容的論述，若我們認可上表諸醫經屬於扁鵲醫學一脈相承之作，那麽《難經》時代的經脈理論顯然尚處於十二經脈體系完整建立之前的過渡期，至《脈經》《甲乙經》的著述時代，經脈理論日臻完備。如果這樣看手少陽經與手厥陰經的發展演變，《靈樞·經脈》的成書時代則最可能在《難經》之後、《脈經》之前。

如今《素問》《靈樞》中的内容已完全不按漢代醫經的體例編排，秦漢時期沿傳下來的各種針灸理論與針灸治法内容都混雜在一起。這些上古時期的醫經理論在傳世醫經典籍中大多得以賡續，這得益於“傳訓詁”之學模式的傳承。而在經脈理論的長期流傳過程中，醫家對經脈數、經脈與五臟配屬及經脈流注的順序進行了較大規模的改造，形成了現在的十二經相傳如環無端的樣貌。這個改造的完成時期大約在東漢末。腧穴的演變則因經脈、絡脈或經脈醫學流派的不斷豐富，致使當初的“經脈穴”不能滿足日漸複雜的症治需要。明堂孔穴中的“腧穴—適應症”的體式開始成爲針灸治要的主流，進而漢以後形成《脈經》《甲乙經》中經脈醫學的樣貌。

我不喜歡將《素問》《靈樞》這樣的傳世醫經看作是秦漢時期醫家“論文集”的説法，這將會蒙蔽讀醫經的人，使他們不易辨識書中内容的由來。現在已經很清楚，《素問》《靈樞》乃至《難經》《脈經》《甲乙經》的編撰成書，顯然是受到漢末醫經、經方融合的影響（診脈與其他經脈理論開始應用於經方），腧穴主治内容不斷膨脹，經脈理論走向如環無端，這些著述的整理者以他們當時對醫經的認知重新編輯了這些傳自上古的醫經。再加上“傳訓詁”之文驟然增加，秦漢時期簡練的經文被淹没在“一字萬言”的論

① （戰國）秦越人撰，淩耀星校注：《難經校注》，北京：人民衛生出版社，2013年7月，第48頁。

述之中，不易分別了而已。

所以，最後還是引述柳老師的一個觀點結束今天的培訓課：我們現在的傳世文獻裏，大部分醫籍其實都可以看到漢以前醫書的面貌，這就得益於傳訓詁的傳承模式的學習。

音韻學在醫書校讀中的應用

劉　陽

(中國中醫科學院中國醫史文獻研究所，北京　100700)

提　要：校讀傳世中古以下醫書，涉及音注、詩詞韻文時，可以運用“今音學”知識深入勘釋；校讀傳世中古以上醫籍、敦煌醫籍，涉及通假字時，需要綜合運用“今音學”“古音學”進行辨析；校讀出土簡帛醫學文獻，須運用古音學方法，結合文字學、依據諧聲關係進行釋文，並破讀通假，判斷韻文句讀。在應用音韻學校讀醫書時，必須嚴格掌握原則，不可濫用古音通假，需要有充足的例證，以避免穿鑿附會。

關鍵詞：校讀；音變；今音學；古音學

一、醫籍校讀在什麽情况下須應用音韻學

習見的醫籍校讀，一般只是校讀中古以下的醫籍。如圖，《醫古文》（圖 1）教材的這一段“誤補益疾”校注内容，摘自《續名醫類案》卷十二（圖 2、3)。

可以看到，識字方面没有問題，本段繁體字不會有認不出來的字，也基本没出現通假一類的現象，那麽這裹也就没有需要運用到語音方面的知識。這就是爲什麽一般來説中古以下醫籍的校讀，其注釋不含音韻學相關校記的原因。

另有一種常見情况，會含有音韻學相關校記。即我們現在校對上古醫籍，最典型的就是《黄帝内經》(圖 4)，如郭靄春先生的《黄帝内經素問校注》。《黄帝内經素問校注》是國家力量組織中醫古籍整理工程的代表作，這裹面涉及了校注古籍時需要用到的各種校勘方法，如存異、正訛、句讀等，再加上注解，這就是對於上古醫籍，尤其是《黄帝内經》這樣的醫籍做的一個比較完整的“校注”工作。

如圖 5，可以看到書上有“［一］、［二］、［三］、［四］”這樣標記的校注條目，有的屬於“校記”，主要比較各版本間的文字異同，如第［七］説《大戴禮・五帝德》“登天”作“聰明”；有的屬於“注釋”，如第［二］“黄帝：爲中華民族始祖”。有校勘有注解，所以説它叫“校注”，這種形式是我們常見的。

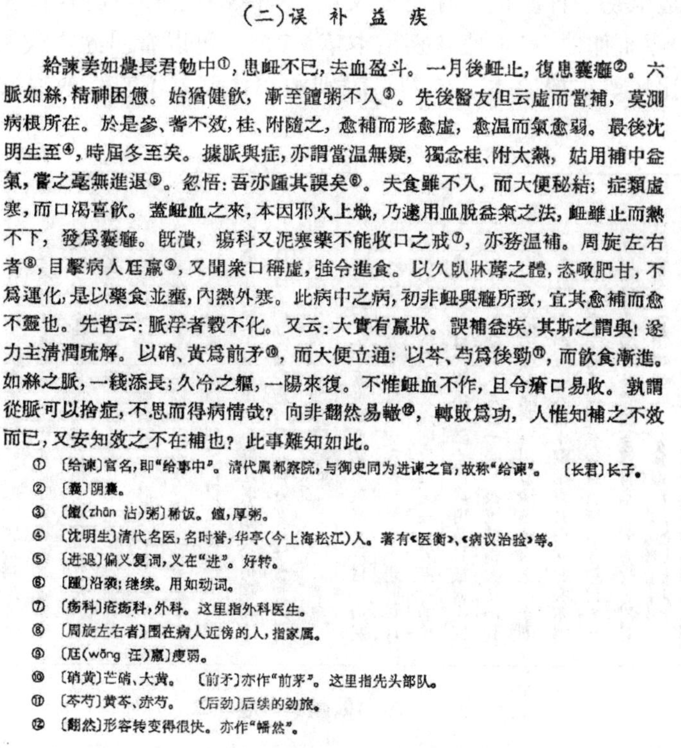

（二）误 补 益 疾

給諫姜如農長君勉中①，患衄不已，去血盈斗。一月後衄止，復患囊癰②。六脈如絲，精神困憊。始猶健飲，漸至饘粥不入③。先後醫友但云虛而當補，莫測病根所在。於是參、耆不效，桂、附隨之，愈補而形愈虛，愈温而氣愈弱。最後沈明生至④，時屆冬至矣。據脈與症，亦謂當温無疑，獨念桂、附太熱，姑用補中益氣，嘗之毫無進退⑤。忽悟：吾亦踵其誤矣⑥。夫食雖不入，而大便秘結；症類虛寒，而口渴喜飲。蓋衄血之來，本因邪火上熾，乃遽用血脫益氣之法，衄雖止而熱不下，發爲囊癰。既潰，瘍科又泥寒藥不能收口之戒⑦，亦務温補。周旋左右者⑧，目擊病人尪羸⑨，又聞衆口稱虛，强令進食。以久臥牀蓐之體，恣啖肥甘，不爲運化，是以藥食並壅，內熱外寒。此病中之病，初非衄與癰所致，宜其愈補而愈不靈也。先哲云：脈浮者穀不化。又云：大實有羸狀。誤補益疾，其斯之謂與！遂力主清潤疏解。以硝、黄爲前矛⑩，而大便立通；以芩、芍爲後勁⑪，而飲食漸進。如絲之脈，一綫添長；久冷之軀，一陽來復。不惟衄血不作，且令瘡口易收。孰謂從脈可以捨症，不思而得病情哉？向非翻然易轍⑫，轉敗爲功，人惟知補之不效而已，又安知效之不在補也？此事難知如此。

① 〔给谏〕官名，即"给事中"。清代属都察院，与御史同为进谏之官，故称"给谏"。 〔长君〕长子。
② 〔囊〕阴囊。
③ 〔饘（zhān 沾）粥〕稀饭。饘，厚粥。
④ 〔沈明生〕清代名医，名时誉，华亭（今上海松江）人。著有《医衡》、《病议治验》等。
⑤ 〔进退〕偏义复词，义在"进"。好转。
⑥ 〔踵〕沿袭；继续。用如动词。
⑦ 〔疡科〕疮疡科，外科。这里指外科医生。
⑧ 〔周旋左右者〕围在病人近傍的人，指家属。
⑨ 〔尪（wāng 汪）羸〕瘦弱。
⑩ 〔硝黄〕芒硝、大黄。 〔前矛〕亦作"前茅"。这里指先头部队。
⑪ 〔芩芍〕黄芩、赤芍。 〔后劲〕后续的劲旅。
⑫ 〔翻然〕形容转变得很快。亦作"幡然"。

圖 1：《醫古文》第五版

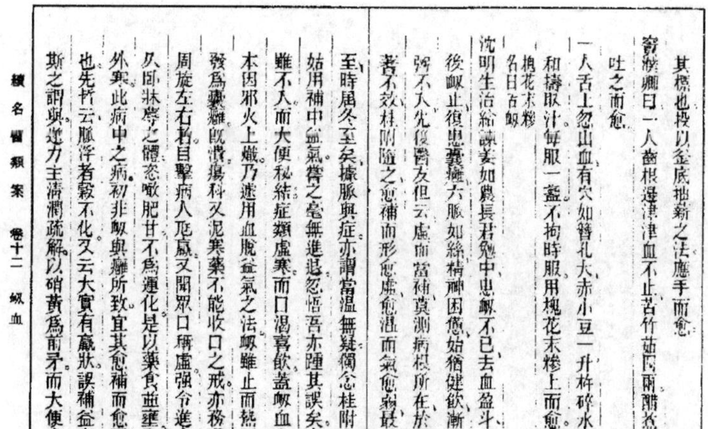

其標也投以釜底抽薪之法應手而愈
齒衄曰一人齒根縫津津血不止苦竹茹四兩醋煮含嗽
吐之而愈
一人舌上忽出血有穴如簪孔大赤小豆一升杵碎水三碗
和擣取汁每服一盞不拘時服用槐花末糝上而愈 良方 但用
槐花末糝 名曰舌衄
沈明生治給諫姜如農長君勉中患衄不已去血盈斗一月
後衄止復患囊癰六脈如絲精神困憊始猶健飲漸至饘
粥不入先後醫友但云虛而當補莫測病根所在於是參
耆不效桂附隨之愈補而形愈虛愈溫而氣愈弱最後沈
至時屆冬至矣據脈與症亦謂當溫無疑獨念桂附太熱
姑用補中益氣嘗之毫無進退忽悟吾亦踵其誤矣夫食
雖不入而大便秘結症類虛寒而口渴喜飲蓋衄血之來
本因邪火上熾乃遽用血脫益氣之法衄雖止而熱不下
發爲囊癰既潰瘍科又泥寒藥不能收口之戒亦務溫補
周旋左右者目擊病人尪羸又聞衆口稱虛强令進食以
久卧牀蓐之體恣啖肥甘不爲運化是以藥食並壅內熱
外寒此病中之病初非衄與癰所致宜其愈補而愈不靈
也先哲云脈浮者穀不化又云大實有羸狀誤補益疾其
斯之謂與遂力主清潤疏解以硝黃爲前矛而大便立通
續名醫類案 卷十二 衄血

圖 2：《續名醫類案》卷十二

上古醫籍涉及很多通假現象，本例的第［五］所解的“徇通侚”即是。王冰注解釋“徇，疾也”，然而“徇”字本身並無此義，郭靄春先生完善了解釋環節，指出通假本字爲“侚”，再從“侚”的字義去解釋就豁然開朗了。

還有並不常見的一種醫籍形式的校讀，如此例敦煌的卷子，敦煌抄本《食療本草》（圖 6），隨文附馬繼興先生的《敦煌古醫籍考釋》（圖 7），所做的考釋（圖 8）中，有校注，還有按語，這也是一種體例。除將原文轉成簡體字之外，還直接校改原文文字。如第三個注：“清：原訛作‘滑’，據《嘉祐本草》改。”可以看出此本改動的地方很多。而其他有的著作則比較尊重於原本，校勘只説别本作什麽，不直接改原文，這都是各自不同的體例。

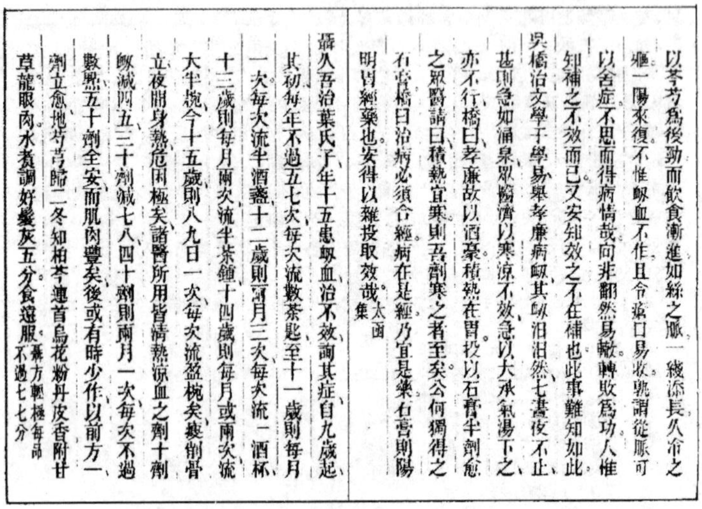
以苓芍爲後勁而飲食漸進如絲之脈一綫添長久而之瘧一陽來復不惟衄血不作且令瘡口易收孰謂從脈可以舍症不思而得病情哉向非翻然易轍轉敗爲功人惟知補之不效而已又安知效之不在補也此事難知如此
吳橋治文學于學易舉孝廉病衄其衄汩汩然七晝夜不止甚則急如涌泉衆醫濟以寒涼不效急以大承氣湯下之亦不行橋曰孝廉故以酒豪積熱在胃投以石膏半劑愈之衆醫請曰積熱宜寒則吾劑寒之者至矣公何獨得之石膏橋曰治病必須合經病在是經乃宜是藥石膏則陽明胃經藥也安得以雜投取效哉太函集
聶久吾治葉氏子年十五患衄血治不效詢其症自九歲起其初每年不過五七次每次流數茶匙至十一歲則每月一次每次流半酒盞十二歲則兩月三次每次流一酒杯十三歲則每月兩次流半茶鍾十四歲則每月或兩次流大半盌今十五歲則八九日一次每次流盈椀矣瘦削骨立夜間身熱危困極矣諸醫所用皆清熱涼血之劑十劑衄減四五三十劑減七八四十劑則兩月一次每次不過數點五十劑全安而肌肉豐矣後或有時少作以前方一劑立愈地芍芎歸二冬知柏芩連首烏花粉丹皮香附甘草龍眼肉水煮調好髮灰五分食遠服蒸方輕極每品不過七七分

圖 3：《續名醫類案》卷十二

度百歲乃去……故能形與神俱而盡終其天年……今時之人不然也……以酒爲漿……以妄爲常……醉以入房……以欲竭其精以耗散其真……不知持滿不時御神……務快其心逆於生樂起居無節故半百而衰也……夫上古聖人之教下也皆謂之虛邪賊風避之有時……恬惔虛无真氣從之精神内守病安從來……是以志閑而少欲心安而不懼形勞而不倦氣從以順各從其欲皆得所願……故美其食任其服樂其俗高下不相慕其民故曰朴

圖 4：《黄帝内經素問》顧從德影宋本書葉

敦煌文獻抄寫時代屬中古，這算是出土文獻中少見的。其實敦煌文獻也涉及不少的俗字、通假字、訛字，其中辨析通假需要用到音韻學知識，但要具體分析。有的通假源於中古的同音訛字，就用“今音學”；有的通假沿襲自上古，就必須用到“古音學”。

更加不常見的一種醫籍校讀，來自出土簡帛，這裏舉馬王堆帛書《足臂十一脈灸經》文段爲例（圖 9），我們用中古的那一套校讀方法一般是無法完成校注工作的。因爲上古文獻，首先需要將文獻中的字認出來，隸定出的字如圖 10，照着我們處理中古以下醫籍的經驗完全不可讀，這其中涉及異體字、古今字、通假字，通假字就是古人寫的同音訛字。所以我們需要運用特别的知識，去把它做成圖 11 的樣子，這裏有一些在括弧裏的字，不完全是通假字，有的就是異體字，有的是後世不用的，但却是那個時候的俗字。

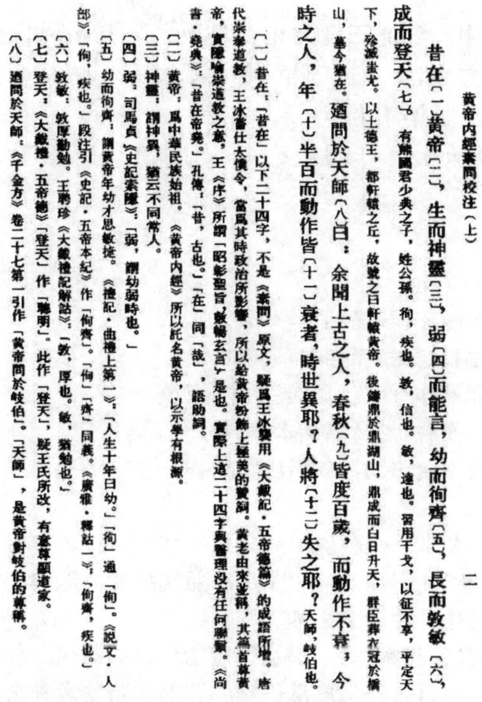
黃帝內經素問校注（上） 二

昔在〔一〕黃帝〔二〕，生而神靈〔三〕，弱〔四〕而能言，幼而徇齊〔五〕，長而敦敏〔六〕，成而登天〔七〕。有熊國君少典之子，姓公孫。徇，疾也。敦，信也。敏，達也。習用干戈，以征不享，平定天下，殄滅蚩尤。以土德王，都軒轅之丘，故號之曰軒轅黃帝。後鑄鼎於鼎湖山，鼎成而白日升天，群臣葬衣冠於橋山，墓今猶在。迺問於天師〔八〕曰：余聞上古之人，春秋〔九〕皆度百歲，而動作不衰；今時之人，年〔十〕半百而動作皆〔十一〕衰者，時世異耶？人將〔十二〕失之耶？天師，岐伯也。

〔一〕昔在：「昔在」以下二十四字，不是《素問》原文，疑爲王冰襲用《大戴記·五帝德篇》的成語所增。唐代崇奉道教，王冰曾任太僕令，當爲其時政治所影響，所以給黃帝粉飾上極美的贊詞。黃老由來並稱，其篇首尊黃帝，實際喻崇道教之意，王《序》所謂「昭彰聖旨，敷暢玄言」是也。實際上這二十四字與醫理没有任何聯繫。《尚書·堯典》：「昔在帝堯。」孔傳：「昔，古也。」「在」同「哉」，語助詞。
〔二〕黃帝：爲中華民族始祖。《黃帝內經》所以託名黃帝，以示學有根源。
〔三〕神靈：謂神異，猶云不同常人。
〔四〕弱：司馬貞《史記索隱》：「弱，謂幼弱時也。」
〔五〕幼而徇齊：謂黃帝年幼才思敏捷。《禮記·曲禮上第一》：「人生十年曰幼。」「徇」通「侚」。《説文·人部》：「侚，疾也。」段注引《史記·五帝本紀》作「侚齊」。「侚」「齊」同義。《廣雅·釋詁一》：「侚齊，疾也。」
〔六〕敦敏：敦厚勤勉。王聘珍《大戴禮記解詁》：「敦，厚也。敏，猶勉也。」
〔七〕登天：《大戴禮·五帝德》「登天」作「聰明」。此作「登天」，疑王氏所改，有意尊顯道家。
〔八〕迺問於天師：《千金方》卷二十七第一引作「黃帝問於岐伯」。「天師」，是黃帝對岐伯的尊稱。

圖 5：《黃帝內經素問校注》頁二

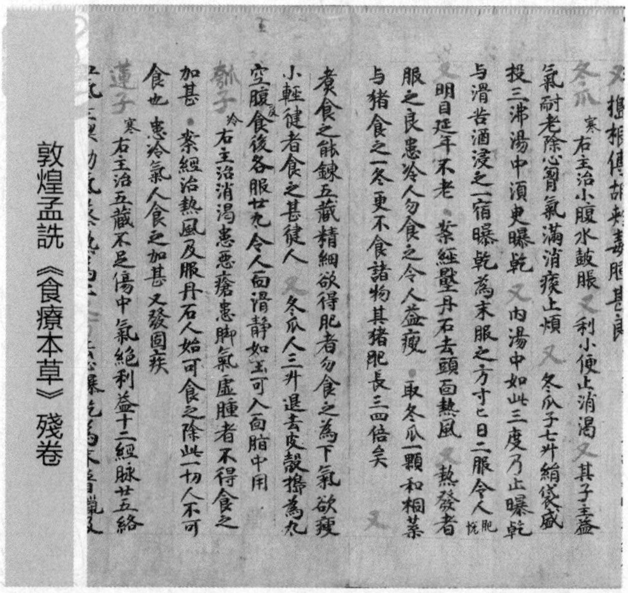

圖 6

【原文】 冬瓜 寒。上主治小腹水鼓胀。

又，利小便，止消渴。

又，其子，主益气耐老，除心胸气满，消痰止烦。

又，冬瓜子七升，绢袋盛之①，投三沸汤中，须臾出②，曝干。

又，内汤中，如此三度乃止。曝干。与清③苦酒浸之一宿，曝干为末，服之方寸匕，日二服，令人肥悦。

又，明目，延年不老。

按经：食之④压丹石，去头面热风。

圖 7

【校注】

①之：原脱，据《嘉祐本草》补。

②出：原脱，据《嘉祐本草》补。

③清：原讹作"滑"，据《嘉祐本草》改。

④食之：原脱，据《嘉祐本草》补。

⑤一冬更不食诸物：《嘉祐本草》作："一冬更不要与诸物食，自然不饥"。

【按语】 冬瓜，《嘉祐本草》分别在"白冬瓜"、"白瓜子"下有引文。《嘉祐本草》注引孟詵："冬瓜，益气耐老，除胸心满，去头面热。热者食之佳。冷者食之瘦人"。

唐慎微引《食疗本草》："益气能老，除心胸满。取瓜子七升，下同白瓜条。压丹石，又取瓜一颗，和桐叶与猪肉食之，一冬更不要与诸物食，自然不饥。长三、四倍矣。又煮食之，练五脏为下气故也。欲得瘦轻健者，则可长食之。若要肥，则勿食。孟詵说：肺热消渴取濮瓜，去皮，每食后嚼吃三二两，五七度良"。

圖 8

足少陽温出於踝前枝於骨閒上
貫厀外兼出於股外兼出脅枝之
肩薄其直者貫腋出於項耳出䐶
出目外漬
其病〓足小指次廢胻外兼痛胻寒
厀外兼痛股外兼痛脾外兼痛脅
痛□痛産馬缺盆痛瘻聾䐶痛耳前
痛目外漬痛脅外穜·諸此物者皆
久少陽温

圖 9

圖 10

足少陽（脈）：出於踝前，枝於骨閒（間），上貫郄（膝）外兼（廉），出於股外兼（廉），出脅；枝之肩溥（薄—髆）；其直者貫腋，出於項、耳，出腪（枕），出目外漬（眥）。其病■■（病：病）足小指次〖指〗廢，胻外兼（廉）痛，胻寒，郄（膝）外兼（廉）痛，股外兼（廉）痛，脾（髀）外兼（廉）痛，脅痛，【□】痛，産馬（瘍），缺盆痛，瘻（瘻），聾，腪（枕）痛，耳前痛，目外漬（眥）痛，脅外穜（腫）。諸〖病〗此物者，皆久（灸）少陽温（脈）。

圖 11

這裏面也含有古今字，古今字可以很容易被識别。如圖 11“出於股外兼（廉）”，“兼”和“廉”這兩個字是古今字的關係。如果古字和今字分别産生了不同的意義，這時候還用古字來表示的話就可以把它看成通假現象，這也是一種常見類型的通假。

本例中的通假字都有哪些呢?“目外漬（眥)”的“漬”通“眥”是一例。“漬”是水漬，但在這裏它用來表達一個人體部位“目外眥”。這就是兩個字本來有完全不同的意義，而古人能够用三點水一個“責”的“漬”，來表示“目外眥”的“眥”，就在於它們聲音相同或相近。當時的記録者可能突然想不起“目外眥”的“眥”怎麽寫了，就使用聲音相同的另一個字來代替，這就是上古通假現象的本質。而解釋它們在上古聲音爲什麽相近，則必須用到古音的知識纔可以解決。

再看“枕”與“䐜”，是否也與前例類似呢？並非如此。“䐜”可能是專門表達枕部部位的一個專字，它與通行字“枕”具有同源關係，也可能視爲“枕”在這個義項上的異體字。雖然不屬嚴格的通假現象，但我們要解釋，爲什麽一個“月”旁加一個“甚”就讀“枕”音？這涉及漢語的形聲造字問題，仍然必須使用古音知識。

在 20 世紀 70 年代馬王堆醫書出土之前，中醫學界對於掌握音韻學的需求並不是很緊迫。我們五六十年代也做了一些古籍整理工作，比如説《黄帝内經》在 50 年代有注解，又有劉衡如《靈樞經校勘》這樣的書，那時對於音韻學，尤其是對上古音分析的需求，確實不是那麽急切。但從 70 年代馬王堆醫書大量出土之後，我們發現現有的校勘知識、文字學知識，和對中古以下文獻處理的那些規矩，就不再適用於這些出土文獻的解釋和整理。此後出土簡帛醫學文獻大量涌現，比較大宗的就有張家山《脈書》《引書》，成都天回鎮老官山漢墓扁鵲醫書，北大秦漢簡醫方，荆州胡家草場醫方等，使得掌握音韻學校讀能力、可以整理簡帛醫籍的人才成爲迫切需求。

二、古今音變舉例

漢語的古今音變現象，至少在明末以前，古人都對此認識不深。今人語音相比於明末，其變化又更爲增大。因爲現場在成都，我們可以舉在四川話裏比較有趣的例子。比如四川人常説的一個動作“gū”，就是“蹲”的意思，“gū 到起”，就是“蹲在那裏”的意思。它本字就是“虎踞龍盤”的“踞 jù”（國際音標爲［tɕy］)，在普通話中其語音變化是這樣的：韻母 ü 是很晚起的音，現在叫撮口呼，它的産生年代不會超過明朝初年，是從中古的“iu”變過來的。“踞”在中古時念作［kiu］，四川話裏將中古主元音保留的同時又把介音省略掉了，就變成了［ku］。

假如我們繼續往上古回溯，“踞”屬於魚部字，韻母在上古時念作［ɑ］，就是烏鴉發出的聲音，烏鴉的“烏”這個字音就是從它的叫聲［ɑ］來的。所以根據同樣的規律推回去，［u］念成［ɑ］，“踞”［kiu］在上古就要念成［kia］。

另外我們看到，四川話的“踞 gū”繼承了上古、中古的聲母［k］，但在普通話裏却變成了“j”（國際音標爲［tɕ］)，這來自一個叫“尖團合流”的北京方言音變現象。簡單而言，尖音是 z、c、s，團音是 g、k、h。北京話大約在清朝的乾隆年間，尖團開始合流，其規律是：凡是“z、c、s”“g、k、h”遇到齊齒呼和撮口呼，即遇到“i”和“ü”這兩個音它都要變成j、q、x。而中古的“踞［kiu］”就恰好在這個規律上面，所以中古的［kiu］就變成了［tɕy］。

上面的例子表示，現在的語音跟中古和上古語音的回溯關聯，從中可以看出來，今音跟中古音在很多地方上已經有比較大的差距了，更不論説與上古音對比。語言學實際上是一門科學，因爲它是要講證據的。這些證據需要經過專業的學習，纔能知道其中的一些演變規律。

三、音韻學簡要基礎知識

漢字有三要素：形、音、義。對應着字形的學問是文字學，對着字音的學問是音韻學，對着字義的是訓詁學。但是它們三個不太能够截然分開，統一叫作“傳統語言文字學”，也叫“文獻語言學”。現在我們國内泰山北斗級的大家學者，主要是北京大學王力先生的門人，如郭錫良、孫玉文，還有北京師範大學陸宗達先生的門人，如王寧，加上一些重量級學者，如魯國堯、華學誠等，共同在創辦一個新的學科，就叫“文獻語言學”。

音韻學往下的分支，第一個是古音學。古音學是研究上古音的，是指先秦兩漢時期的語音，以《詩經》音系爲代表。

第二個是今音學。稱“今音學”容易誤會，以爲是研究現在的語音，但並非如此。“今音”指的是六朝至唐宋時期的語音，我們可以簡單地理解爲中古的語音，以《切韻》音系爲代表，《切韻》音系就是《廣韻》音系。

第三個是近代語音學，以北音學爲主。因爲北京是作爲首都强勢存在很多年，本來它是地方語音，現在已經升級爲通語基礎音，所以很重要，研究北音學目前是主流。但是現在越來越多學者感覺到南方方言語音也非常重要，比如粵語、閩語、吴語之類。大概理解起來就是原來中古所謂的“洛陽音”“中原正音”有一個不斷南遷和異化的過程。之所以“中原正音”衰微，這些跟首都的地點，還有當時統治階層的需要是有關係的。

還有一種等韻學，就是研究韻圖一類。

一般來説，聲韻的學習都必須從中古音開始，因爲上古音離我們實在是太遠了。而且我們現在能够比較確切知道中古語音現象，是因爲有《廣韻》這樣的書流傳下來，就能够以它爲橋梁研究中古，再以它爲跳板研究上古，所以《廣韻》這本書在音韻學中的地位非常重要。

（一）今音學（中古音）

《廣韻》是《切韻》的擴展版。《切韻》是隋朝陸法言整理的。當時有一批很注意語言文字的大學者，八個人在陸法言家裏雅聚，他們認爲國家統一後在語言文字方面就需要去做一個規正。由於經歷了魏晋南北朝長期的戰亂以後，天下“正音”的中心洛陽殘破，很多中原人南遷，以金陵爲中心形成南北朝對峙。因而當時形成了兩個文化中心，當然也是語言中心，一個是金陵，一個是洛陽。

以蕭該和顔之推爲首的這八個人商量以後，認爲可以金陵和洛陽音爲基準，把它們融合起來再加入其他的一些方言，再做一個統一韻書，作爲國家的標準版韻書。陸法言當時在座旁聽，做了詳細記録，後來他又去當了官，所以没有當時整理出來，過了二十年以後纔把它整理出來。

《切韻》成書的年代在601年，現在《切韻》原本已經失傳了。但是《廣韻》就是它的擴展，所以《切韻》是没有完全失傳的。《切韻》因爲它成書於隋朝，在唐朝繼承了隋朝的江山和文化以後，也是比較重視官韻，就在其基礎上不斷地加以增補。因爲科舉自隋朝始，唐朝在開科取士的時候是比較重視寫詩的，而用韻這方面對於寫詩來説就比較重要，所以唐朝熱衷於把韻書不斷地增補，做成“官韻”，就是《唐韻》，它是《切韻》在唐朝的增補版。

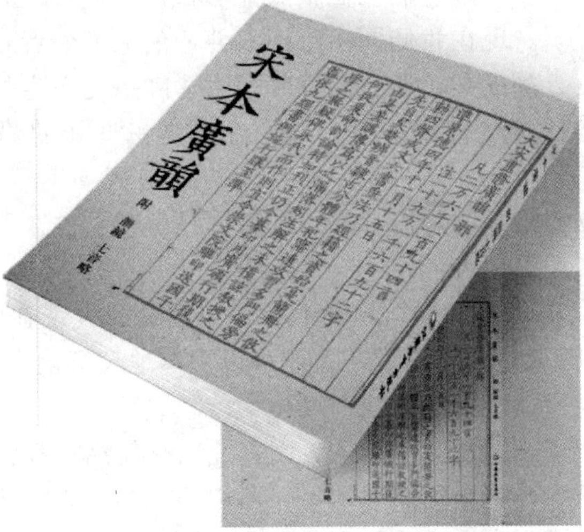

圖 12

現在我們看到的五代時期徐鉉、徐鍇兄弟整理的《説文解字》，用的音切就是《唐韻》。所以我們現在看到的《説文解字》裏面的所有反切不是許慎的，而是五代時期徐鉉他們加進去的《唐韻》音切。

除了閩語存在少量突破《廣韻》音系之外的語音，《廣韻》音系，幾乎就是我們現在所有漢語方言的祖宗。

有一些術語在這裏説明一下。

先以“端”字爲例，它是没有發生語音變化的，中古就是念［tuan］，在《廣韻》中它的音韻地位是：端母，桓韻，平聲，端小韻，多官切，一等，合口。這些術語我們需要將它們跟現代術語對應纔容易理解一些。

現在的語言學把一個漢語音節分爲聲母、韻母和聲調三個部分；韻母又分爲韻頭、韻腹、韻尾。對應到拼音上面，［t］就是聲母，韻頭是［u］，韻腹是［a］，韻尾是［n］，聲調是陰平。我們用現代的術語可以將這個字的讀音分析得比較清楚，但是在古人那個時候是没有這樣的現代術語的，既没有拉丁字母，也没有英語，古人用的某些術語就顯得比較難以理解。這裏“端”字的聲母，它是“端母”，因爲古人就用“端”這個漢字來代表［t］這個聲母，這在中古的時候叫“字母”。

其次“合口一等”，就比較難以理解了。合口還好，合口一般就是［u］，對應普通話的合口呼。而一等、二等、三等、四等就稍微難以理解一點，這個概念到現在也仍然不是特别確切有定論。一般認同一等開口最大，二等稍微小一點，三等細音，四等尤細這樣的一個説法。

中古的《廣韻》有206韻，206韻也是用漢字表示，“端”字屬桓韻。這個桓韻在現在看來對應了［uan］。

“端”字聲調是平。那個時候還没有分陰陽，就只是一個平。

下一個重要術語是“反切”，“端”字是“多官切”。反切是上字取聲母下字取韻母，拼起來就成爲這個字的音，這是我們古人一個非常優秀的發明創造。

剛纔舉的例子是我們從中古到現在語音變化不大的字“端”。接下來需要舉一個在語音上變化非常大的字，“業”字。這是一個入聲字，廣東話現在讀作［jip］。要點是需要讀快一點，就是要把嘴唇緊緊地閉起來，把它的聲音在剛剛出來時就要“掐死”，就是一個短促的［jip］，這個叫入聲。

入聲現在普通話消失了，但是在粵語保存得比較完整。不過粵語裏“業”字的聲母也變了，它的聲母本來是“疑母”，中古的時候念作［ŋ］。後來逐漸演變到現在，到普通話變成了“零聲母”，並且韻尾［p］也去掉了，韻腹也變了，成了［ie］這個音，可以看出“業”這個字在普通話中變化是比較大的。

“業”在粵語的發音也變了，在粵語中是元音直接省成［i］了，聲母也是變成了零聲母，但是將韻尾［p］保留了。“業”字在粵語中的韻尾和聲調都保留得好。

注音方法其實有好幾種，反切法是其中一種，也是最重要的一種。注音方法還包括：譬況法（比如一個文字的注音就只是描寫説明了發音情況的方法，這是比較早的做注音的方法）、讀若法（如某字讀若一個常見的字）、直音法（比如説“瑊音針”“玏音勒”）。以上幾種古代的注音方法都很容易被理解，但其中最重要的反切注音法，我們現在一般認爲是孫炎（孫叔然）在創作《爾雅音義》的時候就創造了反切，但是孫炎這個著作並没有流傳下來。

我們看到刊刻的醫籍，如《黄帝内經》的各種版本，有非常多的釋音都涉及了反切，《内經》中的反切基本上都是中古的。所以説我們掌握中古的這些概念還是非常有必要。不過對於北方人來説不是那麽容易理解這種反切，因爲如果直接用官話往前推，上字取聲，下字取韻和聲調的話，只有小部分的字在中古和現代是一樣的，大部分的都不同。當然“端”字是不難看出的，“duō”“guān”就是“duō”取“d”，“guān”取“uān”就成了“duān”，這個没問題，但這種完全吻合的情况一般是少見的。大多數情况下，比如“業”這個字，它用普通話來運用到反切上，就是不行的，它的情况是很不同的。其實它的反切“魚怯切”指的是中古的時候，上字“魚”是念［nǐo］，取其聲母［ŋ］這個音；下字“怯”，中古是念［kʰǐɐp］，取其韻和調［ǐɐp］，最後把這兩部分加起來就成了［ŋǐɐp］這個音；就是“業”字在中古的注音。如果你按普通話去做反切，魚怯切就變成什麽了，y+ie=ye，好像也對，不過那只是一個巧合，這裏它的聲母和韻母都一起變了，就是跟它這個反切上下字變化規律相同的情况下，正好可以拼出來，這是一個巧合，但是這種巧合是有問題的。

我們再舉兩個有更大問題的字吧，仍然是現在的常見字。“悲”，“府眉切”，要使用普通話拼“府眉”這個音，肯定將其拼成了“肥”，但這怎麽可能念作“肥”呢？這就涉及古音的一個知識點，叫“古無輕唇音”。就是［f］這個音，往上古回溯都是念［p］［pʰ］［b］這樣的音。然後是聲調，平聲是不分陰陽的，我們就直接念成陰平就可以了。所以把“f”變成“b”，把“éi”變成“ēi”，反回去纔能讀成“bēi”。“見，古甸切”。“古甸切”按照普通話切出來的音是“giàn”。這其實是對的，它本來就是念作“giàn”，爲什麽現在普通話念“jiàn”呢？前文舉的例子很多，這就是“尖團合流”了，即團音［k］碰到［i］介音的情况下變成了［tɕ］，所以反切的拼讀需要注意這些“字母”的變化規律。

發音部位			中古三十六字母
古代術語		現代術語	
唇音	重唇	雙唇音	幫[p]　滂[pʻ]　並[b]　明[m]
	輕唇	唇齒音	非[pf]　敷[pfʻ]　奉[bv]　微[ɱ]
舌音	舌頭	舌尖中音	端[t]　透[tʻ]　定[d]　泥[n]
	舌上	舌面前音	知[ȶ]　徹[ȶʻ]　澄[ȡ]　娘[ȵ]
齒音	齒頭	舌尖前音	精[ts]　清[tsʻ]　從[dz]　心[s]　邪[z]
	正齒	舌葉音	照[tʃ]　穿[tʃʻ]　床[dʒ]　審[ʃ]　禪[ʒ]
牙音		舌根音	見[k]　溪[kʻ]　群[g]　疑[ŋ]
喉音		零聲母	影[ʔ]
		半元音	喻[j]
		舌根音	曉[x]　匣[ɣ]
半舌音		舌間中音	來[l]
半齒音		舌間中音	日[nʑ]

图 13：古字母及擬音

中古的聲母唐宋的時候按現在來説有三十六個聲母，叫三十六字母（如圖 13)，有一些跟現代是一樣的，比如説幫［p］、滂［pʰ］、明［m］。並［b］這裏不一樣，“並”是一個全濁音。吴語區的老師們應該是知道的，就是發“並”這樣的全濁音時，伴隨聲帶的顫動比較明顯。重唇音是“幫”“滂”“並”“明”，輕唇音是“非”“敷”“奉”“微”，是上齒咬着下唇，［pf］［pfʰ］［bv］［ɱ］，這幾個音在歷史上可能並没有存在多長時間，後來就差不多大多變成了［f］。舌音首先是舌頭音，端、透、定、泥。“端”是［t］，“透”是［t^h］，這兩個都好理解。“定”，現在的“定”就是清音化了，這是一種濁音清化的現象，它本來是［d］這樣一個音，發起來聲音有點像［l］。“泥”是［n］。“知、徹、澄、娘”是舌上音，現在也没有了，擬音是稍微帶點卷舌的［ȶ］［ȶ^h］［ȡ］［ȵ］。齒頭音就是拼音的 z、c、s，加兩個全濁音，［ts］［ts^h］［dz］［s］［z］。正齒音“照、穿、床、審、禪”，擬作［ʧ］［ʧ^h］［ʤ］［ʃ］［ʒ］。“見、溪、群、疑”，稱爲牙音，擬作［k］［k^h］［g］［ŋ］。［ŋ］這個音普通話裏没有，好多方言裏還有的，如陝西話説“我”。喉音，“影”，是零聲母，完全不發音。“喻”，擬作［j］。“曉”，擬作［x］。“匣”，擬作［ɣ］。半舌音，“來”，就是［l］。半齒音“日”，擬作［nʑ］這樣一個音。

下面説韻母，《廣韻》中收録韻部共計 206 韻，它太複雜了，就不列舉了。大概地説，中古的韻分爲陰聲韻、陽聲韻和入聲韻。陰聲韻是以元音收尾的韻母，如［a］［o］［e］［i］［u］，還有［ai］［ou］等。陽聲韻是以鼻音收尾的韻母，就是以［-n］［-m］［-ŋ］收尾的韻母，與普通話比較一下就知道有一個是普通話没有的，就是［-m］。入聲韻，是以［-p］［-t］［-k］收尾的韻母，普通話是完全没有了，廣東話保存得比較完整。入聲韻尾在念讀的時候是不讀出來的，有的地區全部都簡化爲一個塞音了，就是用喉嚨粗略地塞一下，主要是吴語區，就只有一個塞［-ʔ］，不會分成［-p］［-t］［-k］。

順便要説一下平水韻部的問題。平水韻部是寫詩用的，雖然平水韻部很晚纔總結出來，但是它符合唐朝的寫詩用韻的特點，後來也是唐朝以後寫詩所遵循的，有必要瞭解。雖然我們學習古音要達到的目標是需要去研讀出土的先秦文獻，但是這不代表説中古以下的文獻完全就用不到了，醫籍裏其實也有很多詩詞是合轍押韻的。在校勘的時候，如果懂得平水韻部的話就能够看出一些問題，這就是“今音學”的運用。

如《丹溪心法附餘》有個版本它引用了王維的一首詩：“纔是寢園春薦後，非干御苑烏銜殘。”（圖 14）

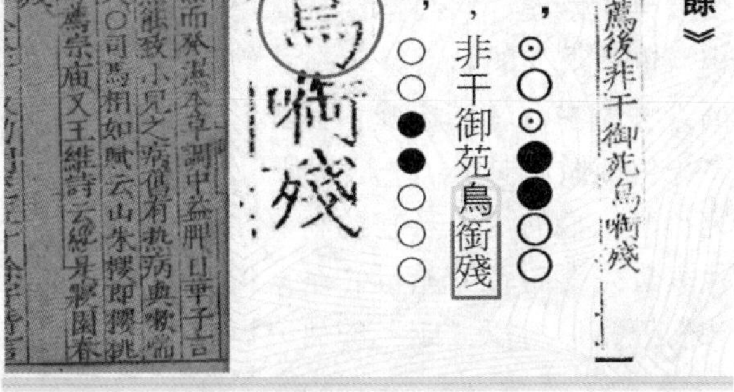

圖 14：以音韻學校勘《丹溪心法附餘》誤字例

一般來説，如果只看文字是看不出來什麽問題的，但用詩的格律來套一下，如果它是律句的話，它應該符合的是“仄仄平平平仄仄，平平仄仄仄平平”這樣一個規律。詩的平仄規定，只有平水韻部裏的平聲字算平聲，上、去、入都是仄聲。所以發現“烏銜殘”，形成了三平尾，在律句裏面是非常忌諱的。平聲“烏”字可能有問題，是不是這個版本少刻了或者少印了一筆，本來應該是仄聲的“鳥”字？帶着疑問去找另外一個版本，發現確實是“鳥銜殘”。

我們用中古音在校讀醫書的時候很少用到，但也不是完全無用。如《新刊醫學集成·遺精九十三》：“一人虛損，小便中常出精血，以四物加山梔、參、术、麥門冬、黄柏、木通、車前子、茯苓、宅舍。”“宅舍”這味藥難以索解，只能通過查詢中古音來解釋。在《集韻》中，“宅”和“澤”，同音［tsak］。“舍”，《五音集韻》音“寫”［se］。這兩個字在今天粵語發音還合得上，就是“澤瀉”。

（二）古音學（上古音）

前面講中古音主要是作爲一個跳板，最終還是要講到上古音。中古音在出土文獻的研究中幾乎是没有用的，反而會造成干擾。如果以中古音爲標準來考慮通假的話，就會出現很多錯誤，主要是“望文生音”，繼而亂講通假。中古的人像朱熹這樣的宋代大學者都已經不知道上古音是什麽樣子的，他在研究《詩經》的時候就亂給它配音，稱爲“叶音”，這種情況在學術上是非常不嚴謹的，造成了很多遺留下來的問題。醫家也是如此，比如滑壽將“督脈”的“督”念成“都”，然後按“都”的意思去解釋督脈的命名、生理功能，就造成很嚴重的繆種流傳。

古音學研究的是上古音，主要是周秦兩漢，在這個區間的字音都是屬於上古音的範疇。作爲科學的古音學的研究只能追溯到明末以顧炎武先生爲基準的起點，此時纔對上古音有了真正科學的回溯，他用的“考古”的方法，就是以文獻材料爲證據。這是指如果文獻上没有這個材料，他就不會做出這樣的結論，他一定是在以多個具體文獻材料爲證據的情況下，纔做出相應結論，這就是音韻學上的“考古派”，這也是章黄學派基本的原則。但是後來者也需要去做“審音”這個工作，因爲語音是有規律性的，隱藏在材料後面，但這個規律不是完全那麽完美的。比如上古陰陽入的配合，不是每個都有陰聲、陽聲、入聲的配合。所以説“審音”是可以用的，但是必須結合“考古”的材料，使用時需要特别地謹慎。基本上“考古”和“審音”這兩種方法就是結合應用，到後面就越來越科學。後來有一個瑞典的學者，叫高本漢，應用西方語音學的知識來分析我們的古音，做出了很大的成績，也有很大的影響，現在我們音韻學界基本上都會用他開創的方法。要怎樣結合現在的方法去學習音韻學呢？首先還是要掌握國際音標，要去擬音。擬音有很多流派，有很多先生都做過擬音，一般我們以王力先生的擬音爲主。

古韻這一塊是研究得最完善的，因爲它的材料多。韻的材料比如《詩經》，《詩經》就是押韻的韻文，它代表着先秦語音的韻母體系。還有就是六書諧聲，就是形聲字的諧聲偏旁材料等，材料相對豐富，所以“韻”的研究歷史就比較清楚，學者們對“韻”的研究也比較成熟。

《詩經》用韻是具有代表性的，因爲漢朝人語音變化不大，所以漢朝人解《詩經》像

《毛詩》之類，很少有學者去注音，去改字。到了中古的時候大家就不太理解了，朱熹就强行用他當時的語音去改讀《詩經》的字，稱“叶音”，他做《集傳》就全面地用“叶音”，甚至改動原字，這實際上是不科學的。到了明朝學者陳第，纔有一些比較正確的認識，說：“時有古今，地有南北，字有更革，音有轉移，亦勢所必至。”但是他還没有完全做出很明顯的成績，算是一個在科學地分析古音道路上比較早的開創者。最早比較科學歸納古韻的就是顧炎武先生，他通過對《詩經》的用韻研究，得出了上古韻十部。這十部就是互相能够押韻的十部，没有把入聲專門分出去。後來他的私淑弟子江永又增加了三部。戴震把入聲分了出去，段玉裁分了十七部，孔廣森是二十一部，江有誥、王念孫他們是二十二部，章太炎先生二十三部，到了黄侃就是二十八部。王力先生又把“微部”從“脂部”分出來，然後又發現了“侵部”還能分出“冬部”，就成了三十部。到了這裏三十部就完整了，基本上没有再分的可能了，這就是現在比較公認的古韻三十部。

<table>
<tr><td>研究者</td><td>著作</td><td>分部</td><td colspan="30">內容</td></tr>
<tr><td>鄭庠</td><td>詩古音辨</td><td>6</td><td colspan="2">(支)</td><td colspan="4">蕭</td><td colspan="4">魚</td><td colspan="7">支</td><td>(魚)</td><td colspan="3">真</td><td colspan="5">東</td><td colspan="4">侵</td></tr>
<tr><td>顧炎武</td><td>古音表</td><td>10</td><td colspan="2">(支)</td><td colspan="4">蕭</td><td colspan="4">魚</td><td colspan="7">支</td><td>歌</td><td colspan="3">真</td><td>陽</td><td>庚</td><td>蒸</td><td colspan="2">東</td><td colspan="4">侵</td></tr>
<tr><td>江永</td><td>古韻標準</td><td>13</td><td>(脂)</td><td>職</td><td>尤</td><td>屋</td><td>蕭</td><td>藥</td><td>(尤)</td><td>屋</td><td>魚</td><td>藥</td><td>(脂)</td><td>麥</td><td colspan="2">脂</td><td>質</td><td>(脂)</td><td>月</td><td>歌</td><td>元</td><td colspan="2">真</td><td>陽</td><td>耕</td><td>蒸</td><td colspan="2">東</td><td>侵</td><td>緝</td><td>覃</td><td>合</td></tr>
<tr><td>段玉裁</td><td>六書音均表</td><td>17</td><td colspan="2">一</td><td colspan="2">三</td><td colspan="2">二</td><td>四</td><td>(三)</td><td colspan="2">五</td><td colspan="2">十六</td><td colspan="3">十五</td><td>(十二)</td><td>(十五)</td><td>十七</td><td>十四</td><td>十二</td><td>十三</td><td>十</td><td>十一</td><td>六</td><td colspan="2">九</td><td colspan="2">七</td><td colspan="2">八</td></tr>
<tr><td>孔廣森</td><td>詩聲類</td><td>18</td><td colspan="2">之</td><td colspan="2">幽</td><td colspan="2">宵</td><td colspan="2">侯</td><td colspan="2">魚</td><td colspan="2">支</td><td colspan="5">脂</td><td>歌</td><td>原</td><td colspan="2">辰</td><td>陽</td><td>丁</td><td>蒸</td><td>東</td><td>冬</td><td>侵</td><td>(合)</td><td>談</td><td>合</td></tr>
<tr><td>江有誥</td><td>古韻二十一部總說</td><td>21</td><td colspan="2">之</td><td colspan="2">幽</td><td colspan="2">宵</td><td colspan="2">侯</td><td colspan="2">魚</td><td colspan="2">支</td><td colspan="4">脂</td><td>祭</td><td>歌</td><td>元</td><td>真</td><td>文</td><td>陽</td><td>耕</td><td>蒸</td><td>東</td><td>冬</td><td>侵</td><td>緝</td><td>談</td><td>盍</td></tr>
<tr><td>王念孫</td><td>古韻譜</td><td>21</td><td colspan="2">之</td><td colspan="2">幽</td><td colspan="2">宵</td><td colspan="2">侯</td><td colspan="2">魚</td><td colspan="2">支</td><td colspan="3">脂</td><td>至</td><td>祭</td><td>歌</td><td>元</td><td>真</td><td>諄</td><td>陽</td><td>耕</td><td>蒸</td><td colspan="2">東</td><td>侵</td><td>緝</td><td>談</td><td>盍</td></tr>
<tr><td>章太炎</td><td>二十三部音準</td><td>23</td><td colspan="2">之</td><td colspan="2">幽</td><td colspan="2">宵</td><td colspan="2">侯</td><td colspan="2">魚</td><td colspan="2">支</td><td>脂</td><td colspan="2">隊</td><td>至</td><td>泰</td><td>歌</td><td>寒</td><td>真</td><td>諄</td><td>陽</td><td>青</td><td>蒸</td><td>東</td><td>冬</td><td>侵</td><td>緝</td><td>談</td><td>盍</td></tr>
<tr><td>黄侃</td><td>音略</td><td>28</td><td>哈</td><td>德</td><td colspan="2">蕭</td><td>豪</td><td>沃</td><td>侯</td><td>屋</td><td>模</td><td>鐸</td><td>齊</td><td>錫</td><td colspan="2">灰</td><td>沒</td><td>屑</td><td>曷末</td><td>歌戈</td><td>寒桓</td><td>先</td><td>痕魂</td><td>唐</td><td>青</td><td>登</td><td>東</td><td>冬</td><td>覃</td><td>合</td><td>添</td><td>貼</td></tr>
<tr><td>王力</td><td>漢語音韻學</td><td>30</td><td>之</td><td>職</td><td>幽</td><td>覺</td><td>宵</td><td>藥</td><td>侯</td><td>屋</td><td>魚</td><td>鐸</td><td>支</td><td>錫</td><td>脂</td><td>微</td><td>物</td><td>質</td><td>月</td><td>歌</td><td>元</td><td>真</td><td>文</td><td>陽</td><td>耕</td><td>蒸</td><td>東</td><td>冬</td><td>侵</td><td>緝</td><td>談</td><td>葉</td></tr>
</table>

圖 15：十一家上古韻分部對照表

圖 15 展示了上古韻如何一步一步地越分越細。基本上音韻學界，尤其是我們傳統語言文字學界，大都以王力先生的三十部爲標準，這很重要。錢超塵先生以前做《黄帝内經》的時候，主要以清儒分部爲標準，但是他也參考現在一些學者的研究，如王力、羅常培、周祖謨的分部。

我們後學者如何去更好地理解上古的韻部，尤其是我們失去了入聲的官話區的人要怎樣纔能够去理解？如陰、陽、入三種韻，爲什麽要這樣分呢？我們現在總結出來三類韻部，將它們排列成圖 16 這樣。我們可以發現上古的一些古音現象，是主元音相同的陰陽入三個部有時可以互通。有的諧聲字，本來是個陰聲的字，可以用入聲字來做它的聲符，反之亦可。還有押韻的時候，陰聲和入聲互相可以押韻，這在我們今天，包括中古的時候都是不可能的。如在寫詩的時候，唐詩的格律詩押韻，都是平聲爲韻尾，它絶對不可以把跟它對轉的入聲雜進去，所以説中古和上古就有這樣大的一個區別。於是在教學中，考慮按照古人"比類取象"思維，有很多擬聲詞肯定發的是它原本的音，古今動物或器物的聲音是不會變的。將這些擬聲詞對應於古韻部，應有助於今人對上古韻部的直觀理解。

古韻三十部		
陰聲	入聲	陽聲
1.之部 ə	10.職部 ək	21.蒸部 əŋ
2.幽部 əu	11.覺部 əuk	22.冬部 əm/uŋ
3.宵部 au	12.藥部 auk	——
4.侯部 o	13.屋部 ok	23.東部 oŋ
5.魚部 ɑ	14.鐸部 ɑk	24.陽部 ɑŋ
6.支部 e	15.錫部 ek	25.耕部 eŋ
7.脂部 ei	16.質部 et	26.真部 en
8.微部 əi	17.物部 ət	27.文部 ən
9.歌部 ai	18.月部 at	28.元部 an
——	19.緝部 əp	29.侵部 əm
——	20.葉部 ap	30.談部 am

圖 16

古韻特徵一：對轉

對轉，主元音相同，韻尾發音部位也相同。

一、對轉

主元音相同，韻尾發音部位也相同。

➢ 1、陰入對轉

《詩經·周南·關雎》：芼（宵au）-樂（藥auk）

《詩經·鄭風·遵大路》：袪、故（魚ɑ）-路、惡（鐸ɑk）

若秦拔鄢陵，必不能棓（背）粱（梁）、黄、濟陽陰。（馬王堆《戰國縱橫家書》294）

棓（之ə）-背（職ək）

➢ 2、陰陽對轉

《詩經·大雅·瞻卬》：後（侯o）-鞏（東oŋ）

上禮為之而莫之應也，則攘臂而乃（扔）之。（馬王堆《老子甲本·德篇》）

乃（之ə）-扔（蒸əŋ）

➢ 3、陽入對轉

《詩經·大雅·召旻》：引（真en）-替（質et）

胃（謂）天毋（無）巳（已）清將恐連（裂）。（馬王堆《老子甲本·德篇》）

"烈山氏"作"連山氏"。（會典:212）

連（元an）-烈、裂（月at）

➢ 陰陽入對轉

寺（之ə）-特（職ək）-等（蒸əŋ）

圖 17：對轉

《關雎》中的詩句“左右芼之”“鐘鼓樂之”爲什麼押韻呢？用王力先生的擬音，“左右［mau］之”，“鐘鼓［ŋeauk］之”，主元音相同，陰入對轉，所以它能押韻。《詩經·鄭風·遵大路》的“袪”是［kʰiɑ］，“故”是［kɑ］，“路”是［lɑ］，“惡”是［ɑk］，也存在一個陰聲韻跟入聲韻之間的押韻。爲什麼［ɑ］和［ɑk］押韻，因爲主元音相同而一個長一個短，音感很近。下面是馬王堆的一個“掊”字，“掊”字是一個“之部”字，它的主元音是［ə］，它應該是念［bə］這樣一個音。它跟“背”這一個“職部”字的音，發生了“之”“職”對轉，這是陰聲和入聲的一個對轉關係。“背”就是念作［bək］，“背”和“掊”陰入對轉疊韻，要互相通假，還需要它們的聲母相同或相近，而“背”和“掊”的聲母是相同的。下面看陰陽對轉情況，如《詩經·大雅·瞻卬》這個“後”［o］跟“鞏”［oŋ］，因涉及聲母不同，它們不是通假，只是押韻。馬王堆《老子甲本·德篇》中：“上禮爲之而莫之應也，則攘臂而乃（扔）之。”“乃”和“扔”，好像現在還有一些方言中讀音相同。“乃”的讀音擬作［nə］，“扔”擬作［nʑiˇəŋ］，現在有的方言也説［nəŋ］，因爲它們的主元音都是［ə］，所以它們可以相通。陽聲和入聲也是可以對轉，只是罕見。“詩經”裏有一個“引”和“替”，這是“真部”和“質部”的關係，它們一個是入聲［et］，一個是它的陽聲［en］，可以在某些情况下押韻。還有馬王堆《老子甲本·德篇》中記載的“胃（謂）天毋（無）巳（已）清將恐連（裂）”的“連”讀爲“裂”，這是通假。爲什麼“連”可以讀爲“裂”呢？因爲“裂”［lǐat］是“月部”，而“連”［lǐan］是元部。［lǐan］［lǐat］如果仔細讀一讀的話還是覺得音感很近。

陰陽入對轉也有一個例子是和諧聲字相關的，這是造字的相關問題。如寺廟的“寺”［zǐə］是一個去聲“之部”字，它的主元音是［ə］。“特”［dək］是四歲的小牛，是入聲，用陰聲字“寺”作它的聲符。此外“寺”還能造出一個陽聲“蒸部”字“等”［təŋ］。這就是這一橫排的陰陽入三個聲音，只要它的主元音相同，古人在某些時候可以語音互通，這是古音的特徵第一個“對轉”。

古韻特徵二：旁轉

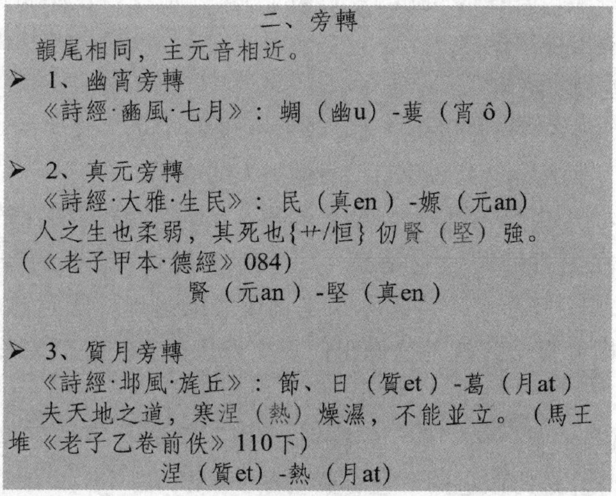

圖18：旁轉

再説旁轉。對轉我們可以理解就是主元音相同，它們是圖 16 中一横直排的音之間的關係。旁轉是主元音不同的情况下，是相鄰的兩排，如“幽”［əu］和“宵”［au］之間的押韻或通假關係。《詩經·豳風·七月》裏“蜩”和“萋”就可以押韻。再比如“真”［en］、“元”［an］旁轉，例如賢［ɣian］與堅［kien］的通假。再比如“質”［et］、“月”［at］旁轉，在出土文獻裏面數量比較多。馬王堆《老子乙卷前佚》中“夫天地之道，寒涅（熱）燥濕，不能並立。”寒熱的“熱”［nʑĭat］和這個“涅”［niet］，即質月旁轉。

古韻特徵三：通轉

三、通轉

主元音相同，韻尾發音部位不同。

➢ 1、陽元通轉

《詩經 · 大雅 · 抑》：行（陽ɑŋ）-言（元an）

➢ 2、職緝通轉

《詩經 · 小雅 · 六月》：飭、服、國（職ək）-急（月əp）

圖 19：通轉

通轉，是主元音相同但是韻尾發音部位不同，比較罕見，如［ɑŋ］和［an］的押韻。但在現在的方言中，比如湖南某些地方的發音就有［ɑŋ］和［an］分不清楚的特徵。“職”［ək］、“緝”［əp］通轉，“職”“緝”是舌根塞音和嘴唇的閉口塞音之間的一個關聯，《詩經·小雅·六月》裏押韻的飭、服、國都是“職部”，“急”［kĭəp］是“緝部”。從旁轉到通轉，通轉比旁轉的幾率更小。

以上説的是上古韻的一些特徵。

再説上古聲母。現在有一些比較能够論定的論點。

第一個就是“古無輕唇音”，這是錢大昕的發現，他説“古讀負如背［buɒi］”，依據錢大昕語意，這裏標出後字的中古音，“古讀附如部［bu］”，“古讀佛如弼［bĭĕt］”，“伏羲”變成了“包［pau］犧”。

再如《靈樞·海論》：“則常想其身大，怫然不知其所病。”這裏的“怫然”不讀“［fu］然”，該讀“勃然”。“勃然”就是想象自己身體變大的樣子。

“古無舌上音”，比如“古音陟［ȶĭək］如得［tək］”。我們現在的舌上音一般都變成 zh、ch、sh 了，那在上古的時候它是讀［t］［tʰ］［d］這樣的音的。“古音直如特［dək］”，“古音陳如田［dien］”。齊國本來是姜太公的封地，國君該姓“姜”，但是後來“田”氏代起，“田横五百士”就是這個田氏，史書裏面又把他們寫作“陳”氏，“田完”又寫作“陳完”。“田”“陳”上古音相同，但是現在變了。

“娘日歸泥”就是“娘”和“日”的區别，“娘”［ȵ］必須搭配着“齊齒呼”，聲音是比較輕的。“日”［nʑ］是比較重的，它有個塞擦。“泥”是［n］。娘母、日母在上古都是歸［n］的。

> **1、古無輕唇音（錢大昕）**
> 古讀負(bĭəu)如背(buɒi)，古讀附(bĭu)如部(bu)，古讀佛(bĭuət)如弼(bĭět)；伏(bĭuk)羲-包(pau)犧
> **2、古無舌上音（錢大昕）**
> 古音陟(ȶĭək)如得(tək)，古音直(ȡĭək)如特(dək)，古音陳(ȡĭěn)如田(dien)。
> **3、娘日歸泥（章太炎）**
> 涅(niet)衵(nĭět)皆從日聲；《白虎通》和《釋名》："男，任也。"男(nɒm)屬泥母，任(ȵĭěm)在日母。
> **4、照二歸精（黃侃）**
> 從諧聲偏旁看，宗(tsuoŋ)聲有崇(dʒĭuŋ)，衰(ʃwi)聲有簑(sua)，芻(tʃ^{h}ĭu)聲有趨(ts^{h}ĭu)；從一字兩讀看，參字既讀倉含切(ts^{h}ɒm)，又讀所今切(ʃĭěm)。
> **5、喻三歸匣（曾運乾）**
> 古讀營(ĵĭwɛŋ)如環(ɣuan)，古讀援(ĵĭwɐn)如換(ɣuan)，古讀羽(ĵĭu)如扈(ɣu)。
> **6、喻四歸定（曾運乾）**
> 古讀夷(ĵi)如弟(diei)，古讀易(ĵĭe)如狄(diek)，古讀逸(ĵĭět)如迭(diet)。

圖 20：上古聲母的一些定論

"照二歸精"，"照二"就是現在拼音的 zh、ch、sh。"照"這一組的二等字叫照二。"宗［tsuoŋ］聲有崇［dʒi˘uŋ］"，"宗"的聲母是［ts］，那是"精母"，而"崇"［dʒi˘uŋ］的聲母就是"崇母"。我們看它們的聲符是一樣的，所以用"宗"造出來的聲符字"崇"，"精母"變成了"照二"。"衰［ʃwi］聲有簑［sua］，芻［tʃ^{h}i˘u］聲有趨［ts^{h}i˘u］"。"照二歸精"的例子就是以上這些字。

"喻三歸匣"就是"零聲母"喻母字的三等字。"營"［jĭwɛŋ］讀如"環"［ɤuan］，"匣母"就是一個喉音［ɤ］。"古讀援［ji wɐn］如換［ɤuan］，古讀羽［jɪ˘u］如扈［ɤu］"。依據錢大昕語意，這裏標的是中古音，所以這裏"羽"是［jĭu］，"扈"是［ɤu］。

"喻四歸定"。喻四也是喻母，中古的"喻母"被分成兩塊，一個喻三一個喻四。上古讀［ɤ］的是一部分這是喻三。喻四中古讀"夷"如"弟"，喻四讀［t］的濁音［d］。另外鋼鐵的"鐵"有個異體字"銕"，就是金字旁加這個夷，所以以"夷"爲聲符的字又能讀［t^{h}］，這也是一個證據。"古讀易［ji˘e］如狄［diek］"，"古讀逸［jĭět］如迭［diet］"，都是"喻四歸定"的例子。

圖 21 是王力先生的上古三十二個聲母，與中古聲母有一部分是一樣的，有一部分是不一樣的。中古的"照組"在上古源自獨立的"章組""莊組"，另一個來源"知組"（知、徹、澄、娘）在上古全部併入在"端組"（端、透、定、泥）裏面。

古聲調特徵

來到聲調的討論。宋朝以前，平聲不分陰陽，聲調只有平、上、去、入。那麼再往上呢，這四聲能不能套在《詩經》那個年代漢語的發音上？這個争論很大。有的人説只有兩個聲，有的人説四聲，有的没有去聲，有的人説没有入聲，現在北京大學還是以王

力先生的說法爲主，兩聲四調，舒聲、促聲，舒聲又分平聲、上聲，促聲中又分長入、短入，這裹没說到去聲，實際上有去聲，是五個音。平、上、去、長入、短入，然後長入慢慢變成了去聲，就不再是入聲，短入就一直還是入聲，就傳到中古去了。現在廣東話也有長入短入，像一二三四五六七八，這個“八”[pat] 它就是比較長的一個入聲，“六”[lok] 就是一個短入。只能說現在廣東話還保留得有“長入”這個現象，但是這個發音現象不一定是上古直接傳下來的。

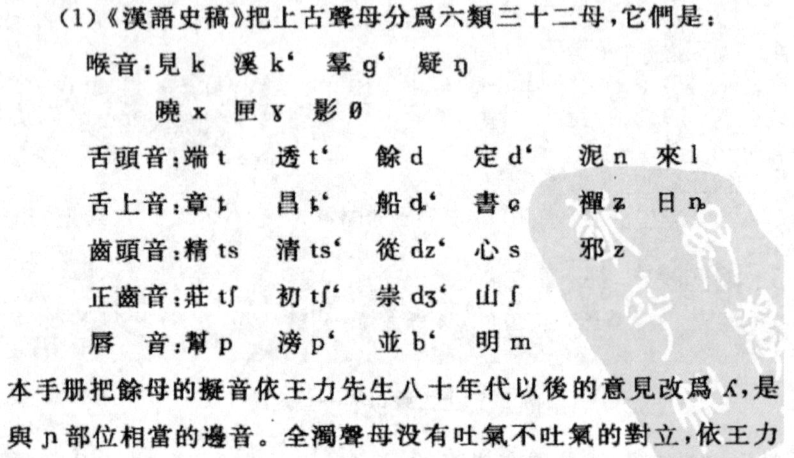
(1)《漢語史稿》把上古聲母分爲六類三十二母，它們是：

喉音：見 k　溪 k‘　羣 g‘　疑 ŋ
　曉 x　匣 ɣ　影 ∅

舌頭音：端 t　透 t‘　餘 d　定 d‘　泥 n　來 l

舌上音：章 ȶ　昌 ȶ‘　船 ȡ‘　書 ɕ　禪 ʑ　日 ȵ

齒頭音：精 ts　清 ts‘　從 dz‘　心 s　邪 z

正齒音：莊 tʃ　初 tʃ‘　崇 dʒ‘　山 ʃ

唇　音：幫 p　滂 p‘　並 b‘　明 m

本手册把餘母的擬音依王力先生八十年代以後的意見改爲 ʎ，是與 ɲ 部位相當的邊音。全濁聲母没有吐氣不吐氣的對立，依王力

圖 21：王力上古三十二聲母

- 1、顧炎武認為古人“四聲一貫”。
- 2、段玉裁“古無去聲說”。
- 3、孔廣森提出古無入聲。
- 4、江有誥認為古有四聲，但古四聲與後代不同。
- 5、黃侃提出上古衹有平、入二聲。
- 6、王力兩聲四調說。兩聲是指：舒聲、促聲；四調是指舒聲又分平聲、上聲，促聲中又分長入、短入四調。

圖 22：對上古聲調的認識

現在發現上古同聲調相押還是主流。有學者統計出《詩經》總押韻段 76%都是同聲調相押的，他所謂的同聲調是拿中古的平、上、去、入這個四聲，去套上古音，就看看是不是同聲調相押，這樣統計出來有 76%的可以同聲調相押。也有其他學者的一些統計，都是在 60%以上，這就說明可能中古的四聲在上古也是有的。所以在一個大略的情况下，我們以“同調相押”這個標準去認識上古的韻文是没有問題的，但是比中古的標準要放寬一些。

四、古音校讀原則與方法

音韻學中講到“古音”，都是指上古音。前文已經涉及一些音韻校讀的例子，但都是中古音。一例是名稱很怪的中藥，叫“宅舍”，實際是“澤瀉”；另一例是用詩詞格律去

校對一處引文，這些是處於中古音層次的校讀。我們必須要認識到，學習古音歸根結底一定要學到上古音，不然就没有辦法處理先秦兩漢的大量文獻，包括現在出土的文獻和傳世的上古文獻。

學習上古音，清儒的建設肯定是最基礎的一個階段，而且清儒在古音學的這個方面也做出了傑出的成績，同時也在古醫學，在校堪古醫籍方面也做出了非常大的成績。

清儒的一些名言至今尚有指導性。段玉裁説："小學有形、有音、有義，三者互相求，舉一可得其二；有古形、有今形，有古音、有今音，有古義、有今義，六者互相求，舉一可得其五。"段玉裁寫了一本很偉大的書，叫《説文解字注》，除解字之外，他把古音分爲十七部，形、音、義互相求，取得了巨大的成功。他的古音十七部分類到現在仍然可以使用。還有一位學者王念孫，他的《廣雅疏證》是典型的用古音去求古義的一本巨著。他的一句名言也是我們音韻學界引用最多的："就古音以求古義，引申觸類，不限形體。"這個最關鍵的一點就是"不限形體"。以前我們不懂古音的時候就是按照字形去望文生義，不能破通假。而現在清儒破解了這個迷局，開始用"不限形體"的方法去求本字，這樣就打開了一扇大門。王引之認爲："訓詁之指，存乎聲音，字之聲同聲近者，經傳往往假借，學者以聲求義，破其假借之字，而讀以本字，則涣然冰釋。"這就是古音訓詁的原則方法。郝懿行也説："凡聲同、聲近、聲轉之字，其義多存乎聲。"這就是説不能用形體去看一個字是什麽意思，要通過聲音去找到它的本字。邵晋涵認爲："聲音遞轉，文字日孳，聲近之字，義存乎聲。"基本上都是同樣的意思。現在我們所瞭解的清儒，就是這些乾嘉樸學的大家，差不多都有涉及醫籍訓詁。錢超塵先生 2016 年出版的《清儒黄帝内經小學研究叢書》，基本上把這些都包括進去了。但是，清儒畢竟做的是奠基的工作，後來因爲清儒往往有一些如"一聲之轉"這樣的術語，容易引起大家的誤解。王力先生對此有一段論述："古音通假的性質，朱駿聲説，'假借濫於秦火，傳寫雜而失真'。所謂假借或古音通假，本質上就是古人寫别字，别字有形近而誤的，有聲近而誤的，而且形近而誤的少，音近而誤的多，别字現象不可能大量存在，聲近而誤多是同音字，至少是讀音十分近似。如果僅僅是迭韻，而聲母相差較遠，或者僅僅是雙聲，而韻母相差較遠，就不可能産生别字。"這個都是基本的原則。"例如北京人把'驅使'寫成'趨使'，'絶對'寫成'决對'，上海人和廣東人就不會寫這一類的别字，因爲他們在上海話和廣東話裏僅僅是迭韻，而聲母相差很遠。"補充一個例子，比如説"久經考驗"這個詞，我們有時候用"酒精考驗"這個諧音梗，只有北方纔能成立，如果用廣東話，則根本不能成立。"久經"，廣東話讀音是［kəu］［kiŋ］，"酒精"的讀音是［tsəu］［tsiŋ］，聲母完全不同。所以，"不少古音通假的學者往往喜歡將之擴大到一切雙聲迭韻，使得穿鑿的餘地無限廣闊，乃至左右逢源，隨心所欲，這樣濫用古音通假，不難把雞説成狗，因爲'雞''狗'雙聲。"但這個北方人也不好理解，爲什麽"雞""狗"又雙聲了，這就是尖團音的問題，"雞"廣東話是［kai］，"狗"就是［kəu］狗了，都是［k］。"又不能把旦説成晚，因爲'旦'和'晚'是迭韻的"，就是早和晚都可以通假了，當然不可能。"所以單憑雙聲迭韻，並不能在訓詁學上説明什麽問題。"所以説清人講的"一聲之轉"，就不能孤立地看，因爲往往説"一聲之轉"以後，會有幾十個例子來説明它這個"一聲之轉"是如何轉，有哪些例子可以轉，纔可以叫它"一聲之轉"。清儒所説的"一聲之轉”，往往是聲母和韻母都在轉。所以説如果學習不能深入，不能領會“一聲之轉”背後的一個深層次意思的話，就往往就落於胡亂轉音這個田地了，最後就“無所不轉”。所以王力先生説，兩個字完全同音或者聲音十分相近，古音通假的可能性雖然很大，但是仍舊不可以濫用，需要有充足的例證以避免穿鑿附會。所以我們現在做出土文獻的話，在音理上面能够解釋的一些例子，是不够的，一定要拿出文獻證據，證據越多越能做成鐵證。拿不出，那麼就只是你的猜測。猜測當然也是可以的，因爲如果實在是一個新的文獻，我們找不到以前有相關的文例，當然可以拿出自己的意見放在上面給大家來討論，這時候就要寫清楚，我們就説以某字疑讀爲某字，原因是什麼，聲韻上、音理上怎樣推過去。

還要再引一位大家裘錫圭先生的説法，他也專門説了這個亂講通假的問題，説“清儒講通假本來是一件好事，可是風氣一開，跟着就出現了流弊。有些人既不充分注意古書使用通假字的實際情况，也不用心研究古書内容，以輕率的態度大講通假，他們往往把古書裏本來不是通借字的字説成是通借字”。裘先生把通假字叫作通借字。“就是碰到真正的通假字，他們找出來的本字也幾乎總是錯的。由於漢字裏音近的字太多了，以及其他一些原因，爲通假字找本字有時候的確很難。即使是態度比較認真，學識比較淵博的學者，也往往免不了犯錯誤。”“一般地説，只有讀音跟某個字相同或很相近的字，纔有可能用作這個字的通假字，但是很多人及大家所謂的‘雙聲通假’‘迭韻通假’，認爲兩個字只要它們的聲母和韻母這兩種語音成分裏的一種相同或相近，就可以相通假，另一種語音成分即使很不一樣也没有關係。這樣，有可能相通假字的範圍就變得漫無邊際了。”跟王力先生講的都是一個意思，由於裘先生是在出土文獻研究領域裏卓有成就的大家學者，所以把他們兩個人的話互相參看一下還是很有必要的。

圖 23 是郭錫良先生的一個統計資料。

之職	283：17	占 6.1% 弱
幽覺	157：5	占 3.2% 弱
宵藥	77：7	占 9.1% 弱
侯屋	61：3	占 4.9% 弱
魚鐸	212：16	占 7.6% 弱
支錫	25：1	占 4%

圖 23

我們在前文中也大略提到，按照一些説法，古音三十部陰、陽、入三聲似乎是可以亂通的感覺，這讓人容易産生古人的聲音特别不規範的概念，但其實並非如此。如圖23郭先生這個統計表，把《詩經韻讀》裏的韻做了一個完全的統計，從中去觀察陰陽入通押的情况。最後得出結論："總之，從陰、陽、入三分觀點來看，詩韻陰入通押的比例最大也不會達到十分之一，諧聲也是如此。"通押裏面，陰入對轉情况是最多的，然後陰陽對轉次之，陽入對轉再次之。所以我們在對待音近通押或通假的情况時，一定要謹慎。一般押韻就押同韻，通假裏同聲同韻，這種情况仍然是最多的，超過80%。

舉一例講通假不甚嚴謹的例子。《素問·生氣通天論》："陽氣者，大怒則形氣絶，而血菀於上，使人薄厥。"一個"菀"字，一個"薄"字，這兩個字就必須要解决。若直接按它的字面意思，是解釋不通的，所以一定有通假問題在裏面。有一些古人做過注解，張志聰説"菀"音"鬱"，並提供證據説《詩·小弁》有"菀者柳"，亦注爲"鬱"。但當代人進行注解，並没有按照張志聰的這個注，而説這裏的"菀"通"蘊"。蘊積、鬱結，意思都是一樣的，但是這個"蘊"是否正確？爲什麽要跟張志聰注解的不一樣呢？既然意思都是鬱，爲什麽不直接通"鬱"呢？還有一處"薄厥"的問題，説"薄"通"暴"。這兩個通假有没有什麽道理，我們來分析。先説這個錯的比較明顯的，就是"薄"通"暴"，完全錯誤，從音理上和從文獻上都是不通的。爲什麽呢？因爲"薄"是並母鐸部，"暴"是並母藥部，雖然聲母是相同的，但是韻部是相差比較遠的，所以這犯了剛纔所講的"無所不轉"的錯誤。就是説只有聲母相同，韻母相差較遠的情况下，我們講它是通假，就一定要謹慎。這種情况下，如果有以前文獻的證據，想要講通假的話，是可以的。但是我們從近來出土的文獻和原來傳世的文獻去找都是找不到的，那麽這個通假就是亂講的。這個"薄"字真正的是與"迫"字相通的，逼迫的"迫"，解釋成"急"的意思。文獻中這個"薄"有與"近"義的"迫"相通假的例子：《周易·説卦傳》"雷風相薄（迫）"，代表雷的卦是震卦，代表風的卦是巽卦，它們的位置一個是東一個是東南，就迫近，緊挨着的。此處雖然不是"急"的意思，但這個例子在於説明它們語音可以相通。另外還有《左傳·文公十二年》"薄諸河，必敗之"，《説苑·至公》引文"薄"作"迫"，就是把他逼迫到河邊就可以打敗他。還有一些文獻證據，也都能説明"薄"可以通"迫"，不一一列舉。所以此處的"使人薄（迫）厥"，雖然意思確實跟"暴厥"一樣，就是很緊急、很突然的厥，但却不能以"薄"直接通"暴"來解釋它，這是錯誤比較明顯的音訓誤用例。第二個例子，"菀"和"蘊"，是可以通的，通過音理或是文獻都是可以證實的，但問題是本段補注中就已經有了通"鬱"了，有什麽必要去改一下呢？這是没有必要的改訓。

這一段裏面出現了當代的兩個破讀通假出現的問題，看出我們需要把通假的問題嚴密化、科學化。在遇到此類應該用古音去解釋的文本時，首先要考慮到這種通假的條件（圖24）。

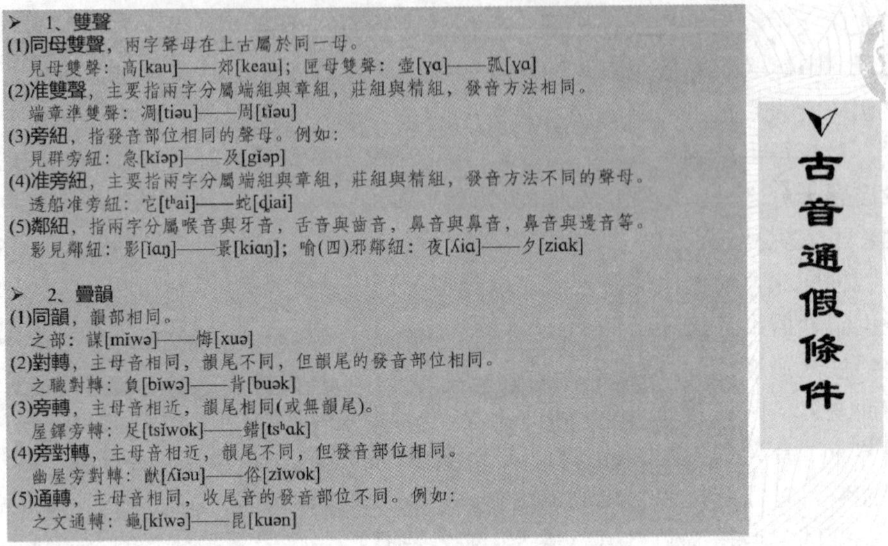

圖 24：古音通假條件

古音通假，必須聲和韻都要相同或接近，即既雙聲又疊韻。分開來説，各自都有五種情況可以納入，其概率是遞減的。

（一）雙聲

1．醫籍同母通假例

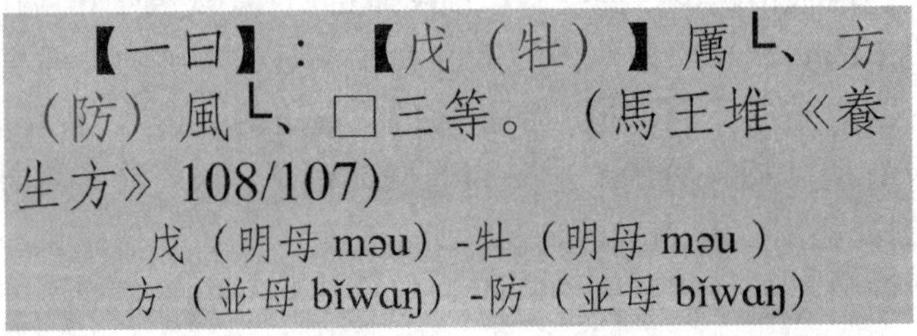

圖 25：馬王堆《養生方》同聲母通假例

馬王堆《養生方》“戊蠣方風”，這個“戊”其實是“明母”［m—］，廣東話現在還是念［məu］，這個“牡”也是“明母”，“戊”和“牡”是同母，韻部也都是一樣的“幽部”。“方”和“防”通假比較容易理解，因爲是同樣的聲符，或者這可以歸爲古今字，這樣的情況是最容易看出來的，所以它們同母也是不意外了，都是“並母”［b—］。

2．醫籍視同同母通假例

第一種情況，“古無輕唇音”，就是一般我們現在讀成［f］的，在上古其實讀［p］［pʰ］［b］。如蝙蝠的“蝠”與車輻的“輻”的通假。這個車輻的“輻”，中古是“非母”［pf］，發［pfĭuk］這樣一個音。蝙蝠的蝠，中古前期則仍然沿襲上古的幫母［p-］。兩個字聲母後來都變成了［f］。［f］和中古的非母都叫輕唇音，［p］［pʰ］［b］［m］叫重唇音。碰到這種情況視同同聲母。

第二種是“古無舌上音”。舌上音是知［ȶ］、徹［ȶʰ］、澄［ȡ］，就等同於端、透、定，馬王堆的《養生方》裏有一個例子：“去羸，以其汁漬□肉，動者若犬脯。”這個

“動”是通“撞”的，“動”是中古的“定母”［d-］，念［dɔŋ］上聲，“撞”是“澄母”，“澄母”可以擬成稍微捲舌一點的就是［ȡ-］，今天普通話的捲舌音 zh、ch、sh，部分來源就是中古的“知、徹、澄”。

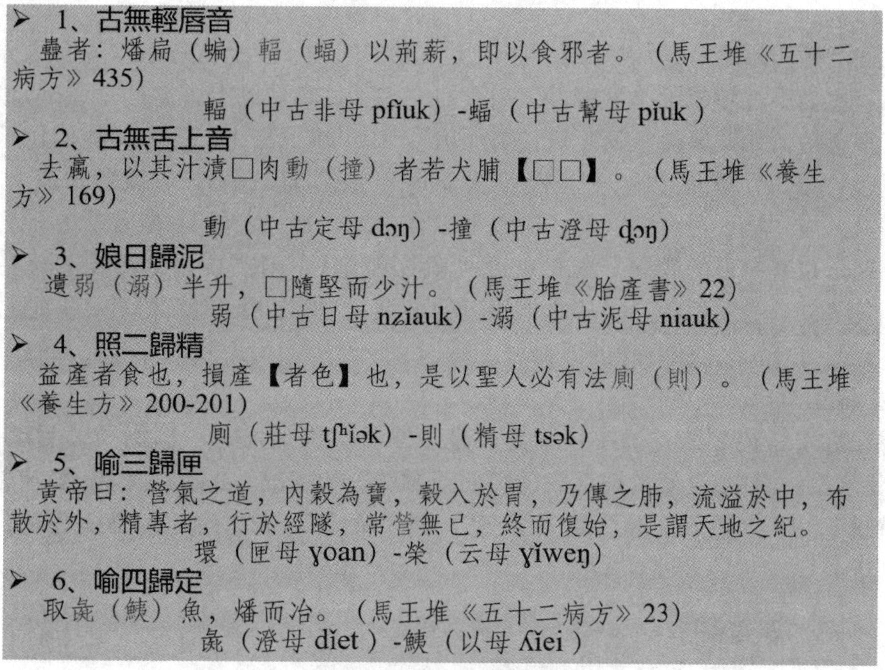

圖 26：醫籍視同同母通假例

第三個是“娘日歸泥”。如馬王堆《胎產書》裏的“遺弱（溺）半升”，“弱”和“溺”，這是古今字類型的通假情況，現在我們都把它算作通假來看，因爲它們已經形成了兩個不同意義的字了。“弱”是中古“日母”［nʑĭauk］，“溺”是中古“泥母”［nıauk］。“日母”［nʑ-］和“娘母”［ȵ-］在上古都歸泥母［n-］。

第四個是“照二歸精”，“照”組有兩個“等”，一個是照組二等的叫“照二”，“莊、初、崇、生”那一組。還有一組叫“照三”，“照三”是“章、昌、船、書、禪”那一組。“照二歸精”是得到了大家普遍的認同，是認爲沒有問題的。黄侃先生説了“照三歸端”，但是“照三歸端”還有一些例外，還沒有完全得到認同，所以在這裏也不列。《養生方》中有一個例子，就是“廁所”的“廁”［tʃʰĭək］，讀成“法則”的“則”［tsək］，這也有古今的問題，涉及語音的變化問題。

第五個“喻三歸匣”，在傳世文獻中有一個例子，在《靈樞·營氣》篇，“常營無已”，這個“營”怎麽解釋呢？“營”經常寫成“榮”，它是“云母”字，即中古的“喻三”，後來就讀成“零聲母”。“古讀營如環”，曾運乾先生講“喻三歸匣”的時候，説古讀“營”如“環”，他説的是“營”，但“營”嚴格來説還不是“云母”，既然與“榮”相通，那麽我們可以説“讀榮如環”。就此我們可以從新的角度理解一下“營氣”的“營”的意思。《靈樞·營氣篇》的第一句：“營氣之道，內穀爲寶，穀入於胃，乃傳之肺，流溢於中，布散於外，精專者，行於經隧，常營無已，終而復始，是謂天地之紀。”現在基本上把“常營無已”的“營”理解成“營養”的意思，但是仔細體會文義，此句却應該是“常環無已”的意思，對應營氣的生理特點“環周不休”。故本例“榮［ɣǐweŋ］（營）讀如環［ɣoan］”，可以看作“喻三歸匣”的例子，同時有助於我們理解“營氣”命名的本義。

第六個“喻四歸定”，可以找到一些出土文獻中的例子。上古音有很多令大家比較意外的東西，比如中古讀成了“零聲母”［j］的一些字，爲什麼上古念的是［d］這樣的音呢？確實很奇特。如“取毚（鮧）魚，燔而冶”，馬王堆《五十二病方》這個例子，“鮧”是“以母”，“以母”就是“喻四”，擬音［ʎǐei］。“毚”是“澄母”，我們知道上古“知、徹、澄”是讀成“端、透、定”的，所以可以直接説它是“定母”，擬音［dǐet］。此處有聲母的問題，也有韻母的問題。聲母就是“喻四歸定”，兩字視爲同母。韻母一個是脂部，一個是質部，脂質對轉，屬於非常相近的疊韻。“鮧”屬“喻四”［ʎ-］通“毚”屬“澄母”［ȡ-］，這就是比較特殊的同聲母。

3. 醫籍異聲母通假例

同聲母肯定是最多的，概率往下走，是準雙聲。馬王堆有一個例子《胎産書》24：“冶之，殳（投）酒中。”屬於前面説的“照三歸端”的情況。“殳”［ʑǐu］屬禪母，與屬定母的“投”［dəu］通假。禪母屬“照三”，即“章組”，和“端組”是準雙聲，離同母雙聲特别近。

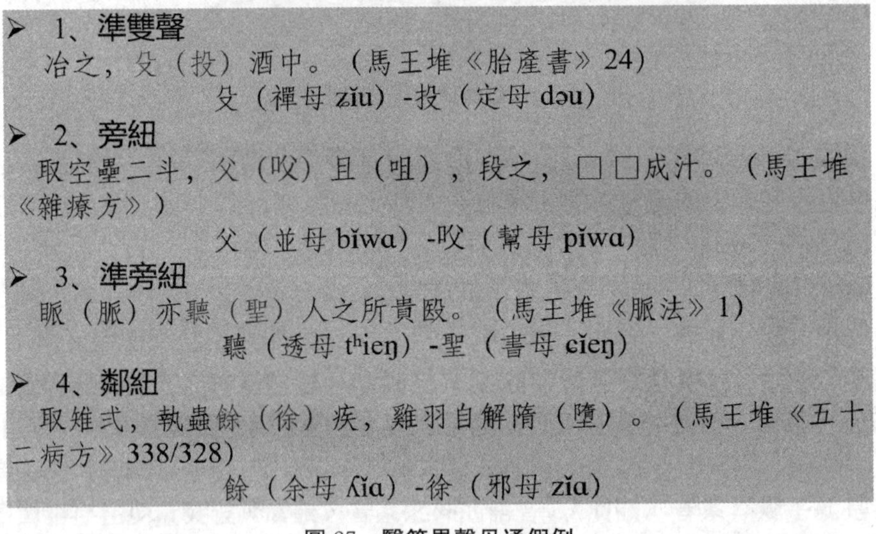

圖 27：**醫籍異聲母通假例**

再其次，比準雙聲還要再遠一點，旁紐雙聲的情況。就是同一發音部位，用不同的發音方法，比如送氣和不送氣，或濁音和清音，就像是“端組”［t］［t^h］［d］，“幫組”［p］［p^h］［b］，組内互相的通假屬於旁紐雙聲。馬王堆《雜療方》的例子，“㕮”［pǐwɑ］是“幫母”，它的古字“父”是並母［bǐwɑ］。。

比旁紐雙聲再遠一點，它的概率更小一些，就是準旁紐雙聲。準雙聲情況下再疊加旁紐雙聲，叫準旁紐雙聲。這裏有一個例子是馬王堆《脈法》的，“脈亦聽（聖）人所貴殹”，這裏的“聽”［t^hieŋ］就讀成“聖”［ɕieŋ］，一個是“透母”［t^h-］，一個是“書母”

[ɕ-]，這是準旁紐雙聲，聽感上越來越遠。

再下一個是鄰紐雙聲，如《五十二病方》的此例，“餘”通“徐”，“餘”[ʎĭɑ] 屬“餘母”[ʎ-]，“徐”[zĭɑ] 屬“邪母”[z-]。邪母屬精組“精清從心邪”，就是 [ts] [ts^h] [dz] [s] [z]。“餘母”是歸“定母”的，“喻四歸定”，前面已說過。兩個字有相同的聲符“餘”，説明它們在分化之後伴隨着語音的變化，一個到精組邪母，一個到了喻四餘母。鄰紐雙聲還包括一些其他情況，比如鼻音 [n] 跟邊音 [l]，這個和現在四川人分不清 [n] 和 [l] 情況類似。這種通假也屬於鄰紐雙聲，這種情況是更少的。

以上這幾種情況都可以看成它們是“音近”的，但是概率有所不同。同母最多，準雙聲次之較多，旁紐再次之稍多，準旁紐再次之很少，鄰紐更加次之極少。除此之外的情況基本上就不要講它是“音近”。

（二）疊韻

1. 同韻通假例

接着看看韻的情況。疊韻情況最常見的當然是“同韻”，但是同韻也也有兩種情況：一種是同聲符，如古今字的這種情況我們就可以肯定它是迭韻，就像馬王堆《胎產書》裏面這一句話“是胃（謂）變奏（腠）○筋，○○○○”，“謂説”之“謂”用的是古字，“腠理”的“腠”也用的是古字，没有加形符去區别。古字今字歸部都是一樣的，一個是微部，“胃”“謂”聲韻皆同，念 [ɣĭwəi]。“腠理”的“腠”是把發音方式稍微改變了一下，變成了送氣 [ts^ho]，但是它與古字“奏”[tso] 的韻部都是“侯部”。這種同聲符的疊韻情況好判斷，但是不同聲符疊韻的情況就不好判斷了。比如説要去判斷這樣的字，“服（茯）零（苓）”，雖然我們現在讀好像也是同音，但這是偶然的。我們要看它古音相不相同，恰好它們的古音是相同的。但是它們使用了不同的聲符，就是完全不同的兩個字。所以“服”跟“茯”都是一個短的 [bĭwək]，讀作 [bĭwək] [licŋ]，今人可能要讀多了纔能讀順。

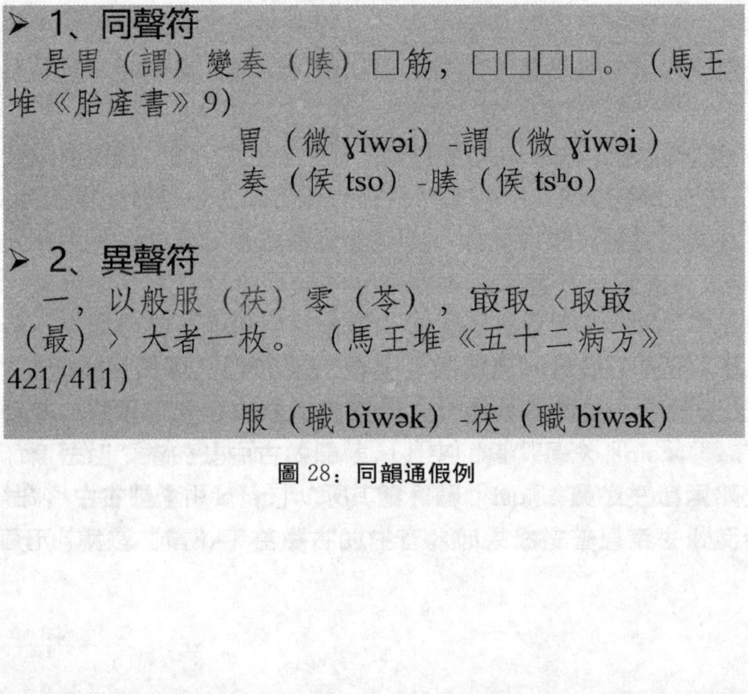

圖 28：同韻通假例

同韻的情况肯定是最多的。剛纔我們舉了郭錫良先生的統計表，説對轉的情况最多不超過十分之一。對轉屬於"音近"，對轉往下都叫音近，越往下音越遠。

2. 對轉疊韻通假例

首先是陰入對轉，即陰聲韻部和入聲韻部構成疊韻關係。馬王堆《十問》"吾欲練色鮮白，則察觀尺汙（蠖）"。這個"汙"通成了"蠖"，本句語意是去觀察尺蠖的運動。"汙"字音［ɑ］，這是一個"魚部"字，是陰聲韻。但尺蠖的"蠖"念［uɑk］，屬"鐸部"，是入聲，它與陰聲韻的"汙"通假就是陰入對轉的疊韻。再舉一個例子，前文講聲母時説過的"毚"和"鮧"，聲母視爲同母，它們的韻母恰好又是一個陰入對轉，質［et］脂［ei］對轉疊韻。

➢ 1、陰入對轉

①吾欲練色鮮白，則察觀尺汙（蠖）。（馬王堆《十問》009）

汙（魚 ɑ）-蠖（鐸 uɑk）

②取毚（鮧）魚，燔而冶。（馬王堆《五十二病方》23）

毚（質 dĭet）-鮧（脂 ʎĭei）

➢ 2、陰陽對轉

①毄（繫）於足大指蕞（叢）毛之上。（馬王堆《陰陽十一脈灸經》甲58）

蕞（侯 dzo）-叢（東 dzoŋ）

②陰氣不用，淉（灌）泣流出。（馬王堆《天下至道談》26）

淉（歌 kuai）-灌（元 kuan）

➢ 3、陽入對轉

①諸病此物者，灸帣（厥）陰脈。（馬王堆《足臂十一脈灸經》020）

帣（元 kĭwan）-厥（月 kĭwat）

②舌掐（陷）卵卷，則筋先死。（馬王堆《陰陽脈死候》087）

掐（葉 ɣeap）-陷（談 ɣeam）

③敝（扁）昔（鵲）曰：所胃（謂）五色者。（天回醫簡）

敝（月 bĭat）-扁（元 bĭan）

圖 29：**對轉疊韻通假例**

第二個是陰陽對轉，即陰聲韻部和陽聲韻部構成疊韻關係。在對轉的情况中，"陰入對轉"是最多的、最常見的，"陰陽對轉"是比較少見的，"陽入對轉"是更加少見的。"毄（繫）足大指蕞（叢）毛之上"，出自馬王堆《陰陽十一脈灸經》。"叢"［dzoŋ］字由"蕞"［dzo］代替，這個字是從母侯部，就是［dzo］可以讀成［dzoŋ］。"陰氣不用淉（灌）氣流出"，"淉"是歌部的字，它可以讀成元部，就是［ai］可以讀成［an］，［kuai］讀成［kuan］。

第三種是更罕見的陽入對轉，但在醫籍裏有一個相對常見的例子，如馬王堆《足臂十一脈灸經》中的這句"諸病此物者，灸帣（厥）陰脈"，厥陰脈的"厥"在《足臂》是寫成這個"帣"字的。而"帣陰脈"爲什麽變成了厥陰脈呢？我們都説是陰氣最少都快没了所以叫"厥"陰，但從音訓來看似乎不是這樣，而跟它本字"帣"有關係。"帣"是一種囊，指代陰囊，由於厥陰脈循行過陰囊，所以它直接用了"帣"字命名。這個"帣"就是就讀"卷"［kĭwan］音，屬"元部"，"厥"擬音［kĭwat］，兩字元月對轉疊韻。第二個例子是馬王堆《陰陽脈死候》中的“舌掐（陷）卵捲，則筋先死”，“掐”和“陷”通假，我們看它們的聲符雖然是一樣的，但是“掐”是入聲“葉部”的，“陷”是閉口音“談部”的，“掐”是［ɣeap］，“陷”是［ɣwam］去聲。

3. *旁轉疊韻通假例*

旁轉，就是韻表中同一豎列中相鄰橫行交叉疊韻。舉幾個例子，馬王堆《脈法》77中的“傷良肉毆（也）”，《脈法》裹面都用“毆”字來表示這個“也”，是脂部字“毆”［iei］跟歌部字“也”［ʎĭai］的通假，就是［ei］和［ai］的相互轉換，這就是相鄰韻部的旁轉。旁轉比較多的還有“幽宵”，幽宵在歷代，包括現在都是發［əu］和［au］的音，這兩者不是很容易分清楚。在馬王堆《五十二病方》275中有一個例子：“睢（疽），以白蔹……蜀焦（椒）、樹（茱）臾（萸）四物而當一物。”“蜀焦”的“焦”發音［tsĭau］和“椒”［tsĭəu］，就是宵部［au］和幽部［əu］的分別，這是幽宵旁轉。真、文、元三部，元部［an］、真部是［en］、文部是［ən］，是經常在一起互相轉的，馬王堆《脈法》82裹是一個真元的旁轉，“脤（脈）之縣（玄），書而孰（熟）學之”，一個是讀［ɣiwan］（縣），一個是［ɣiwen］（玄），這是真元旁轉。

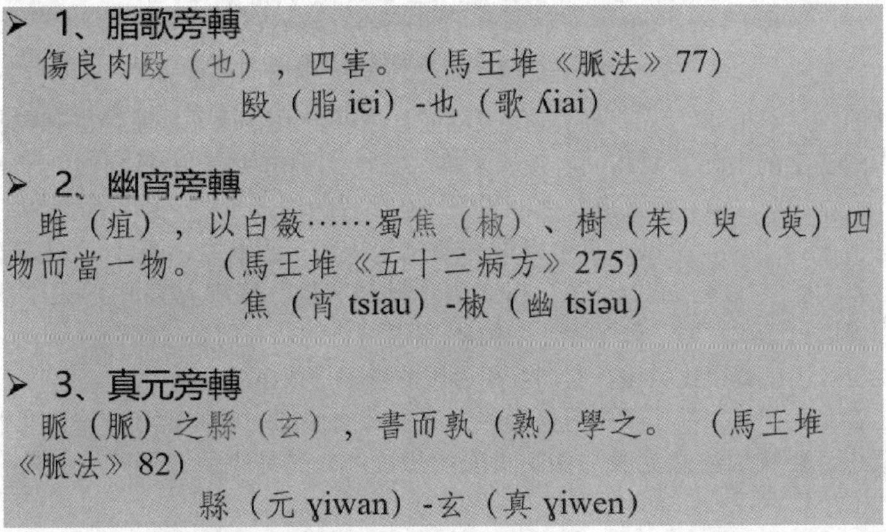

圖 30：旁轉疊韻通假例

4. *旁對轉、通轉疊韻通假例*

那旁對轉是怎樣一個問題呢？還得對照之前的韻母表纔能講明白，剛纔説的旁轉是它實際上是同一豎行的相鄰的兩個那叫旁轉，不同豎行但是相鄰的橫行那叫旁對轉，就是需要又旁轉又對轉。旁對轉的例子，有一個是《養生方》75：“漬以水，令毚（纔）閹（掩），□而泚取之。”這裹對“泚”的注釋有幾種方案，最早馬老的原著是把“泚”［pĭei］讀成“排”［beəi］，就是“脂部”讀成了“微部”，這是旁轉。但是現在一般認同魏啓鵬、胡翔驊的意見，讀爲“滗”［pĭət］，這個“滗”字恰好在四川話中還有遺留，是擠出汁液，把汁液排乾的意思。恰好是一個“脂部”和一個“物部”，它們既是韻表中相鄰的兩橫行也是相鄰的兩豎列。

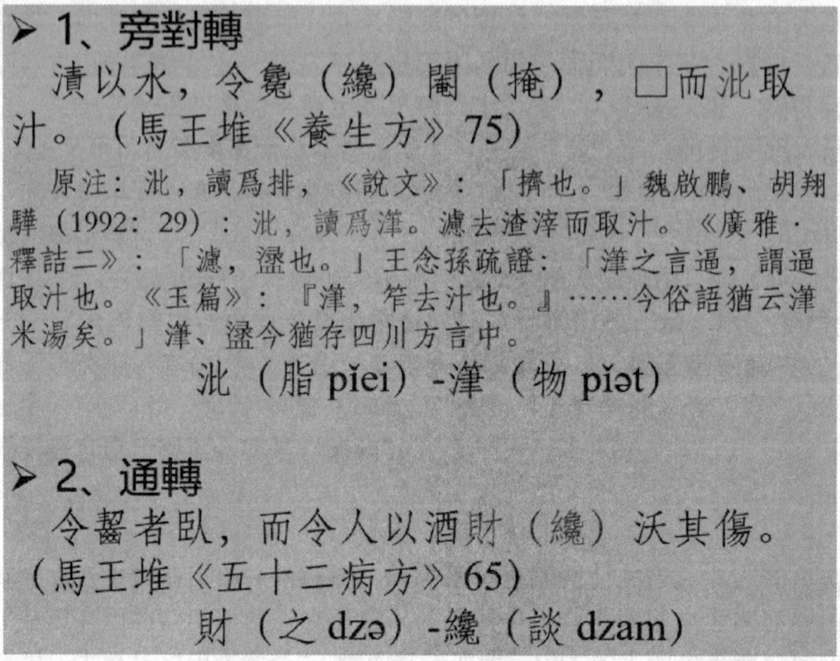

圖 31：旁對轉、通轉疊韻通假例

通轉的就是不相鄰，既在横行隔得很遠並且在豎行也隔遠了。通轉也有限制，一般來説要求兩個字的主元音要相同。在馬王堆《五十二病方》65 中提到的例子“令齧者臥，而令人以酒財（纔）沃其傷”中，“財”與“纔”的主元音是不同的，它比主元音相同的通轉情况還要遠，所以説也可以做一個例子來説。因爲在《五十二病方》經常有“財”表示“纔”，這兩個“cai”互相通假，但是“纔”字聲符是用的是“談部”的“毚”，它怎麼就讀成“財”音了呢？一個是“財”[dzə]，一個是“纔”[dzam]，這聽起來確實從聲音上就覺得比較遠，它們互相通假的幾率是很小的。

以上就是我們在文獻校讀中需要用的判斷古音通假的一些原則和方法，我們需要有這樣的概念，要特别注意克服那些不科學的想法，尤其是克服濫用“一聲之轉”這個想法。

五、醫籍古音校讀實例

第一個校讀的案例，舉孫詒讓的《札迻·素問王冰注·痹論篇第四十三》，他通過用古音學的方法校了《素問·痹論》，“逢寒則蟲，逢熱則縱”。這個“蟲”字以前大家就按王冰注“蟲謂皮中如蟲行”，就是以前我們不知道古音的時候，望文生義。新校正有一個説法是“按《甲乙經》‘蟲’作‘急’”，這個不太像是在説王冰所説的“皮中如蟲行”的意思。那麼《甲乙經》爲什麼會作“急”呢？兩字也不是通假，因爲“蟲”和“急”的古音差的太遠了。孫詒讓做了很精彩的考證，按：“‘蟲’，爲‘痋’的借字。《説文·疒部》云：‘痋，動病也，从疒，蟲省聲。’故古書的‘痋’或作‘蟲’。”因爲《説文》説了，他這個“痋”字是“蟲”的省聲，“蟲”是三個“虫”（huǐ），他省去了兩個“虫”，保留了一個“虫”在裏面，但是他的聲音是“蟲”的聲音。我們看這個聲音擬音都知道，就是蟲聲，蟲是什麽聲音呢？是［ȡǐuŋ］。痋是什麽聲音呢？是［ȡuŋ］，就是少了個介音而已，這在古人是經常有的事。所以説它就是“蟲省聲”，兩個字是同音字。“疒”裏面一個“虫”，這是“痋”字。“段玉裁《説文注》謂‘痋’即‘疼’字。《釋名》云：‘疼，旱氣疼疼然煩也。’疼疼，即《詩·雲漢》之‘蟲蟲’是也。”這就是清儒的治學方法，樸學的方法，要把這些例子儘量找全。他找到一個“蟲蟲”即“疼疼”的例子，又找了間接的例子，“蓋痹逢寒，則急切而疼疼然不安，則謂之痋”。他還找到了一個旁證，《巢氏諸病源候論》云：“凡痹之類，逢熱則癢，逢寒則痛。”這裏痛就是疼。這是一個痛與痋意義相近的旁證，“王注訓爲‘蟲行’，皇甫謐作‘急’。顧校從之，並非也”。説他們倆都是錯的，應該不是説皇甫謐作“急”是錯的，應該説的是王注是錯的，顧校從之也是錯的。皇甫謐作“急”是同義詞，不是通假字，因爲“疼”就很急，很緊急，所以《甲乙經》使用了一個意思相同的症狀的字，這裏不是通假。

從這個例子我們看出來清人，就是乾嘉的那些學者用古音學的方法做了很完整的考據，他們的一個特點就是一定要找到文獻的證據，越全越好，不論是找直接的還是找間接的，一定要把這個事情説透。一般找的例子非常多，有很多他們做的考證是長篇大論的，這裏舉的例子是一個比較精簡的，但是小而全，後學也可以從中看到他們的學術作風。

下面這一段“醫古文”也有清儒校讀的一個例子，既校正了句讀，也校正了誤字。“疾不可爲也，是謂近女室，疾如蠱，非鬼非食，惑以喪志。良臣將死，天命不佑。”我們仔細來看這一段話其實是一段韻文，食、志、佑，押的是之職部，食是［ȡiˇək］，志是［ȶiˇə］，佑是［ɣǐwə］。如果把“女室”的“室”字這樣讀斷的話，是没有韻的。當然没有韻也可以，但也許並不是這個文本原來的樣子。王念孫就認爲這個“室”爲“生”的錯誤，因爲字形相近寫錯了，應該是“是謂近女，生疾如蠱”，“女”和“蠱”可以押韻。當然王念孫應該是找了很多其他的證據，不具引。這樣一對比，就可以看出它們爲什麽不押韻和爲什麽押韻，以及比起之前的斷句有什麽更合理的地方。

清儒往下一直可以算到章太炎，也可以算到黄侃，但是在醫書裏面做出成績的話，基本就到章太炎先生爲止了。然後章黄學派就繼承了乾嘉的學風，有這麽一脈學問傳下來，章太炎、黄侃、陸宗達，然後北京師範大學王寧先生、錢超塵先生這一代。錢老從20世纪70年代就被分配到北京中醫藥大學，從此紮根於醫界，把章黄陸的學術帶了進來。

我們知道錢老做出了多大的成就，這裏也要舉一些他校讀的例子。比如《疏五過論》“視深淵尚可測，迎浮雲莫知其際”，句後緊接“聖人之術，爲萬民式，論裁志意，必有法則，循經守數，按循醫事，爲萬民副，故事有五過四德，汝知之乎”。這句話中，從第一個“測”開始到最後一個“之”，如果不算“之”那就算到最後一個“德”，押的都是以“職部”韻爲主，雜有幾個對轉的陰聲“之部”韻。其中出現了一個問題，即第二句“迎浮雲莫知其際”，在《素問·六微旨大論》裏有它的另外一個引文，“際”字寫作了“極”字。這兩個字的上古音是不一樣的。錢老就用上古音判斷在這一大段裏，測、式、意、則、事、副、德、之等字屬於古韻“之部”和之部的入聲“職部”字。看它們的擬音就知道，測是［tʃʰĭək］，式是［ɕĭək］，意是［ĭək］，則是［tsək］，事是［dʒĭə］，副是［pʰĭwə］，當然副也可以作爲職部字在後面加個［k］，德是［tək］，之是［ȶĭə］，這樣就很清楚了，這一串押的全部是之、職部，到底“迎浮雲莫知其際”還是“莫知其極”呢？一看韻就很清楚了，“際”是月部的念［tsĭat］，“極”是職部的念［gĭək］，顯然“極”是押得很穩的，所以《六微旨大論》是對的，在《疏五過論》則把它改成了“際”。錢老説的是：“因而我們完全可以肯定這個‘際’字是抄寫過程中出現的訛字。依照《六微旨大論》改爲‘極’就對了。”我們可以猜測有可能是王冰改的，因爲在中古的時候這些韻脚字都不一定那麼押韻，所以王冰可能隨意改了一些字。

還有一個比較有代表性的例子，錢老指出“抵當湯”的“抵當”是什麼意思，這絶對是首開宏論，爲我們把這個千古疑難問題給解决了。“抵當湯”的“抵當”是什麼意思呢？《傷寒論·辨太陽病脈證並治中第六》第124、125條爲抵當湯方，宋本第124條：“太陽病，六七日表證仍在，脈微而沉，反不結胸；其人發狂者，以熱在下焦，少腹當鞕滿，小便自利者，下血乃愈。所以然者，以太陽隨經，瘀熱在裏故也。抵當湯主之，水蛭熬，虻蟲去翅足，熬，各三十個，桃仁去皮尖，二十個，大黄酒洗，三兩。”這就是抵當湯，是水蛭、虻蟲、桃仁、大黄相配而成的猛藥。該方以水蛭爲主藥，爲何方名爲“抵當”呢？歷來注家解釋紛紜，成無已就認爲“抵當”之意，與“抵擋”是相同的。“血蓄於下，非大毒駃劑，則不能抵當，故治蓄血曰抵當湯”，那這個跟前面説的王冰注解“逢寒則蟲”是一樣的，就是拿字面的意思來解釋。成無已是金代的人，他的解釋是比較早期的，後來到了清代張志聰有不同的認識，他認爲“抵”的意思是“隨”，“抵當者，抵當隨經之熱，而使之下瀉也”。《醫宗金鑒》説：“非抵當，不足以逐血下瘀，乃至當不易之法。”認爲是“最恰當”的意思。也有的注家説，這“抵”字讀音爲“至”，“當”義爲“底”，其劑至底而逐瘀血。錢老在此就舉了好多之前學者的認識，再呈現出他自己的考證：“抵當湯裏有‘水蛭’這味主藥，‘水蛭’也叫作‘至掌’，段玉裁《説文解字注》蟲部，‘蝚，至蝚，至掌也。’下説：‘《爾雅·釋蟲》文，郭注：未詳。《本草經》：水蛭，味鹹，一名至掌。是《名醫别録》謂即水蛭也。’‘至掌’用中文拼音來寫就是 zhi zhang，古音没有 zhi 音而讀作 d。”這個就是古無舌上音。“‘至掌’在張仲景時代，讀作‘抵當’，没有後賢諸家紛紛解釋之意。”所以這就是一個完全用古音來解釋，回到它的本義，再找到本字的一個解釋。我們看下面列出這些字的擬音就知道，抵是［tiei］，至是［ȶĭei］。水蛭的“蛭”［ȶiet］是入聲，韻部是脂部的入聲質部，它需讀得緊一些。“當”和“掌”聲符都是尚，前者讀作［taŋ］，後者讀［ȶĭaŋ］，它們都是可以通假的。這裏多處都是舌上音的問題，古無舌上音，所以説“抵”和“至”其實它的聲母是一樣的，它的韻母也是一樣的。“當”和“掌”也是同樣的問題，所以它們古音是相同的。這就完美地解决了一個千年聚訟的問題，這個問題不用古音是不可能解决的。

錢老還運用古音做了很多的事情，比如説用《太素》校堪王冰本的《素問》的訛字，校出了很多。這裏舉兩個以《太素》校堪王冰本《素問》訛字的例子。第一個是《太素·順養》篇：“唯聖人順治，故身無奇疾（質），萬物不失（質），生氣不竭（月）。”這是一個質月合韻，質部和月部在合韻裏算是比較多的，不止是醫書，所以這裏説它合韻是没問題的。所以《四氣調神大論》中“故身無奇疾”的“疾”作“病”，這個文本可能是不對的，《太素》是對的，因爲它的合韻是押韻的。錢老説：“‘疾’‘失’在古韻質韻，‘竭’在月韻，爲質月合韻相押，若作‘病’，則失韻矣。”我們看它們的讀音，疾是［dzĭet］、病是［biaŋ］、失是［ɕĭet］、竭是［gĭat］，［et］和［at］是鄰韻，鄰韻是可以合韻的。所以很明確這個文本應該是《太素》比較好一些，雖然説作“病”從文意上來説也没有問題。

第二個例子是《太素·卷二·壽限》中的一句：“薄脈少血（質），其肉不實（質）。”《靈樞·天年》裏這個“其肉不實”的“實”就訛成石頭的“石”了，“石”在古韻鐸部，與“血”不能相押，當作實際的“實”，跟“血”都在質部。看這個擬音就知道，血是［xiwet］、石是［ʑiɑk］，它們倆就差得很遠了，不論是聲母韻母都差得很遠。現實的“實”是［ɖĭet］，這個跟“血”是同一個韻。

順便提一下如果大家想在古音上有所發展的話，最好先學國際音標，因爲若不拿國際音標標注，只用傳統的方法以“質部”“月部”這樣來表達的話，必然是不容易理解的，有了國際音標纔更加直觀一些，理解起來就要容易很多，這個開創者是瑞典的高本漢。

古音校讀我們還有一個比較關鍵的應用，秦漢人寫東西就特别容易寫韻文。如出土文獻裏這兩個祝由方，但凡是祝由方基本上都是韻文。古人要用有韻之文去溝通神靈，似乎有韻之文有一些神奇的力量一樣，古人可能真的就是這樣認爲的。所以，如果我們不用古音知識去判斷它的韻部的話，有可能就很難斷句，也斷不好句。比如説第一句是取自《五十二病方》84/84，這裏爲什麽八個字斷成三、五，而不是四、四，一般人會很容易斷成四、四，“父居蜀母，爲鳳鳥蓐”，好像聽起來我們用普通話還挺押韻的，還很規整，自我感覺斷句是對的。然而用古音一看的話就不一樣了：父［bĭwɑ］、居［kĭɑ］、蜀［ʑĭwok］、母［mə］、爲［ɣiwai］、鳳［bĭwəm］、鳥［tiəu］、蓐［nʑĭwok］。“母”［mə］和“蓐”［nʑĭwok］在聲音上是很遠的，反而“蜀”［ʑĭwok］字在韻上是“屋部”，與“蓐”相同。“勿敢上下尋，鳳鳥貫而心”這個問題不大，“尋”和“心”都是閉口音的“侵部”。下一個祝由方取自《天回醫簡·治六十病和齊湯法》，這句長的就更難斷一些，因爲越長的句子，斷句的隨意性就越大。裏面如果有韻的話，對照韻脚的綫索去判斷就好得多。這句是“雨從西北方來，歙乎亓（其）音［ĭəm］”，這裏是一個侵部韻，“兔與蝦蟆，食月之心［sĭəm］，吾非誒，毋（母—拇）手也，印鈞鈞不周［ȶĭəu］，印水水不流［lĭəu］，印心痛，心痛怀休［xĭəu］。”有轉韻，按韻脚讀很通順，也很有韻味。可能當時祝由的人也是要用這個韻律，就好像它有一種神奇的力量一樣。

在古音校讀過程中，我們可以再對照其他的文獻，尤其可以發現一些傳世文獻的問題，可以校出來，讀正確。例如我們在研究中發現《天回醫簡·治六十病和齊湯法》中提到“校〈枝〉草，戴糂”，我們後來之所以確定“校草”是“枝草”的訛字，是因爲這裏的校草、戴糂都是黄芪的異名。《本經》中記載的黄芪異名戴糝，“糝”是“糂”的異體字。《名醫别録》裏黄芪還有一個異名，叫芰草，這是一個草字頭，下面一個支的字。原來我們都直接把它寫成這樣子，就認爲是它正確的名稱，但是現在發現，這個字是不成字的，實際上是刻工刻錯，或者是印刷的時候出問題，把支字的横畫左半抹掉後就弄成了一個不存在的字，實際上應該是“芰”字。因爲古人那個時候寫草字頭和木字旁的字是相通的，不太分别，所以《别録》的“芰草”，其實就是木字旁這個“枝草”，再看這個“校”字是一個錯字，我們把它定成“枝草”。“‘芰’當作‘芰’，同‘枝’。”而將這幾個字的音做一個比較，一個是枝［ȶiˇe］，一個是芰［giˇe］，這個木字旁的“枝”爲什麼念［ȶiˇe］呢？聲母有點不諧，這個變化可能是一個偶然的過程。它們的聲符都是“支”，所以它們本來應該是趨向於同音而接近［giˇe］的。然後再看這個耆字［giˇei］，它跟“芰”的韻部本來是不一樣的，一個是支部［e］，一個是脂部［ei］，但是這裏涉及一個齊語現象，齊語裏面這兩部是同音的。在《釋名》裏面記載有一個證據，《釋名·釋飲食》：“豉，嗜也。五味調和須之而成，乃可甘嗜也。故齊人謂豉聲如嗜也。”《釋名》的一個特點是在訓解詞的時候用的是音訓，都是“某，某也”這樣一個體例，這個某和某就是同音的，這是《釋名》訓釋的一個典型特點。所以説“豉，嗜也”，認爲就是同音或者近音。豉［ʑĭe］和嗜［ʑĭei］，它的韻部變化規律跟上面的芰［giˇe］和耆［giˇei］是一模一樣的。用現在我們這個擬音來説就是主元音［e］和［ei］的區别，但是在齊語裏面它們是同音的，聲韻皆同，所以可以通假。順便就把傳世文獻《名醫别録》裏面的這個錯字“芰”確定了，它肯定是一個錯字。

古音學結合出土文獻的研究，大概從20世紀70年代發現馬王堆簡帛開始加速發展，以後這麽多年不斷有推進。這裏舉一個綜合校讀的例子。我們知道70年代開始馬老作爲第一撥馬王堆醫書的研究者，解讀過馬王堆醫書。到了2008年左右，有一個新的契機，就是小曾户洋先生在研究馬王堆帛書的堆疊次序的問題上有新了的發現，而且他做得很精確，基本上是對的，跟以前那個提取順序不一樣。根據這個契機，復旦大學成立了以裘錫圭先生爲組長的一個課題組，把馬王堆的書全部重新做了一遍，其中也包括醫書。有很多比以前推進的地方，此處引馬繼興先生《馬王堆古醫書考釋》頁311的這樣一個考釋：“舌陷，卵捲，則筋先死。”

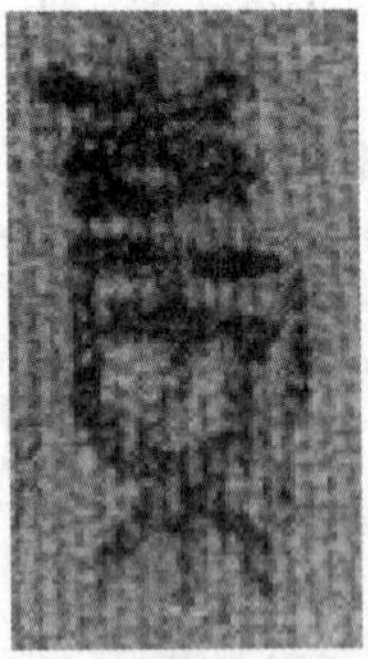

圖32

圖33

圖34

這個“卵捲”的“卵”，帛書上形狀是如圖32這樣的，這個字的釋文關鍵就在字的中部，這個局部如何隸定。現在有紅外這些技術，當時没有這麽好的技術，就只能靠眼睛把這個中間定成了如圖33的這個字，就是把中間定成了“卵”，然後就認爲它就是“卵”字。舊注：“《甲本》作‘櫜’，《乙本》作‘橐’，櫜字從卵，從橐，當爲古之合文。”“《廣雅·釋器》：‘橐，囊也。’在古醫籍中二字均指男子陰囊（睾丸）而言。”

舌捆（卷）櫜(橐-睾）卷（拳）。（《陰陽脈死候》3/86）

注：「舌捆（卷）櫜（橐-睾）卷（拳）」，原釋文作「舌掐（陷）[illegible]（卵）卷」。原注：「《靈樞·經脈》舌卷卵縮，與此相似。[illegible]，从卵从橐省，應爲人體之卵的專字。」赤崛昭、山田慶兒（1985:221）引作「舌掐橐卷」，謂「橐」當讀爲「睾」。今按：張家山簡本《脈書》簡52作「舌捆橐拳」。原釋文作「掐」，乃「捆」字之誤釋，讀爲「陷」，亦無據。「捆」當讀爲「卷」，《左傳》昭公元年《經》「楚子麇卒」，《公羊傳》、《穀梁傳》「麇」作「卷」；又文公十一年《經》「楚子伐麇」，《公羊傳》「麇」作「圈」；《說文》鹿部：「麇，麞也。从鹿、囷省聲。麕，籀文不省。」《漢書·地理志》涼州安定郡屬縣「眴卷」，顏師古注引應劭曰：「卷音箘簬之箘。」《集韻》準韻：「菌，艸名。或作菌。」「舌捆」即《靈樞·經脈》的「舌卷」。「櫜」字，原作[illegible]形，从橐省从九聲，乃「橐」之異構。赤崛昭、山田慶兒（1985:221）引此作「橐」，是。戰國楚系文字中「橐韔」之「橐」或作「[illegible]」、「[illegible]」、「[illegible]」等形，以「咎」或「[illegible]」爲聲符，與以「九」爲聲符同。其中作「[illegible]」者，實際上也是「从橐省」，與「櫜」亦同，參看施謝捷《楚簡文字中的「橐」字》（《語文研究》二〇〇二年第四期）。原釋文「[illegible]」乃「橐」字誤釋。《說文》橐部，「橐」、「櫜」均从橐省，與「囊」義近，裘錫圭（1992:536）指出，「橐」，應爲睾丸之「睾」的本字，指陰囊而言。「睾丸」的意思本應是陰囊中之丸。「橐」後世或寫作「睾」，乃「睪」之分別字（參看裘錫圭《談談地下材料在先秦秦漢古籍整理工作中的作用》，《古代文史研究新探》，江蘇古籍出版社，一九九二年，五四-五六頁），醫籍中往往指男子陰囊或睾丸而言，也稱作「囊」或「卵」。「卷（拳）」爲「卷縮」、「拳縮」之意，「橐卷」、「橐拳」即《靈樞·經脈》的「卵縮」、《普濟方》卷三五八驗五臟氣絶證之肝絶的「囊卷縮」。

（《長沙馬王堆漢墓簡帛集成（五）》頁210-211）

圖 35：出土文獻形訓音訓綜合校讀例

復旦課題組重新做了釋文與考證，見圖 35，釋文作“舌捆（卷）櫜（橐－睾）卷（拳）”。新釋文最關鍵的一點就是原“[illegible]”字字形的問題，如圖 34，没把中部定成“卵”，而認爲是一個“九”，九的古音是［kiˇəu］。這個字原作“[illegible]”形，隸定爲“櫜”，從“橐”省，從“九”聲，乃“橐”之異體。“橐”字中部作聲符那個字就是《周易》裏面的“厲無咎”的“咎”［giˇəu］字，音與“九”通。“橐”字，後來就是睾丸的“睾”，這個字在天回醫簡裏出現多次，都是指的陰囊，不是指睾丸，它的本義也是弓箭的箭囊，所以陰囊的這個“橐”字的來源也很有意思。復旦課題組從文獻裏面找到各種各樣的證據，有直接的證據，有旁系的證據，還有其他學者的研究成果都做了比較。裘錫圭先生指出：“這個橐，應爲睾丸之睾的本字，指陰囊而言。”“‘睾丸’的意思本應是陰囊中之丸，‘橐’後世或寫作‘睾’，乃‘睪’之分别字。”醫籍中往往指男子陰囊或睾丸而言，也稱作“囊”或“卵”。又，“卷（拳）”爲“捲縮”“拳縮”之意，“橐卷”即《靈樞·經脈》的“卵縮”、《普濟方》卷三五八“驗五臟氣絶證”之肝絶的“囊捲縮”。新注中對“捆”通“卷”也作了詳盡考證，認爲“舌捆”即《靈樞·經脈》的“舌卷”。這樣把文字、音韻結合起來的一個考證過程是我們現在需要學習的一個高標準的注釋。使用古音學在釋讀出土文獻的過程中是可以幫助文字學認字的，如碰到本例疑難字“[illegible]”字這種情况的時候，結合古音學對聲符的分析和對本字的考證就可以把這個字認準確。

釋讀出土文獻，完全只用文字學的話，在某些地方還是有局限的。這裏舉一個校讀馬王堆《五十二病方》的例子。舊釋有一個“白處方”。新版的《長沙馬王堆漢墓簡帛集成五》已經梳理改過了這個釋文：“【虒（㾷）】，原釋文作‘處’。原注：白處，應爲有皮膚色素消失症狀的皮膚病，如白癜風之類。今按：所謂‘處’字大部分殘缺，帛片嚴重變形，無法辨認。本方下有三個病方，所見病名是‘施’‘白㾷’‘虒’，所謂‘白處’，指的當是這些病。根據殘筆和文義，此字很有可能是‘虒’，參看廣瀨熏雄（2012：71－72）。”天回醫簡課題組在注釋天回醫簡的時候正好有另一個證據證明此字確定是“㾷”，即“治白徙”條。這個“白徙”一開始也不太清楚它是什麽，查到《釋名·釋疾病》裏有解釋：“癬，徙也，浸淫移徙處日廣也，故青徐謂癬爲徙也。”故“白徙”就是“白癬”，即類似於白癜風的疾病，是很清楚的。那爲什麽可以證明它定成“白㾷”或者定成“虒”是可以没問題的？因爲“徙”和“㾷”就是同音的。“癬”“徙”同音是特殊的語言現象，也是齊語現象，即元部讀若支部，“徙”擬音［sǐe］，“㾷”字也是［sǐe］，而原釋文的“處”則不太一樣，是［ȶʰǐa］，比較前兩個字擬音就離得很遠了，所以可以肯定不應該是“處”，而應該是這個“㾷”［sǐe］，證明他們的這個改釋是對的。另外這個“施”字同樣是音近通假字，變化複雜一些，它是歌部字，一方面可以跟元部對轉，與“癬”音近；另一方面它本身跟支部音近，後來自己音轉入了支部，就直接與“徙”“㾷”音近。

古音校讀，我們除了應用到出土文獻裏面，還有一個很重要的應用就是要重審傳世文獻。下面舉的這個例子本身没有什麽校勘學上的錯誤，但是通過古音的重讀可以讓我們更好地理解《黄帝内經》寫作的文學色彩。“今夫五藏之有疾（質）也；譬猶刺也，猶汙也；猶結（質）也，猶閉（質）也；刺雖久，猶可拔（月）也；汙雖久，猶可雪（月）也；結雖久，猶可解（錫）也；閉雖久，猶可决（月）也。或言久疾之不可取者，非其説（月）也；夫善用針者，取其疾（質）也；猶拔刺也，猶雪汙也；猶解結（質）也，猶决閉（質）也；疾雖久，猶可畢（質）也；言不可治者，未得其術（物）也。夫善用針者，取其疾（質）也；猶拔刺也，猶雪汙也；猶解結（質）也，猶决閉（質）也；疾雖久，猶可畢（質）也；言不可治者，未得其術（物）也。”雖然説我們用今音也讀得很有節奏感，但若不懂古音的話，會失去很多韻味。本段是典型的分三個韻段的韻文，非常有節律。“今夫五藏之有疾也”開頭的第一段，押的是質部韻。“刺雖久，猶可拔也”開頭的韻段押的是月部韻。第二句的“刺”字不屬質部韻，它是錫部字，但是它的主元音也是［e］，如果要想把它强行拉進來硬押也未必不可以。“猶汙也，猶結［kiet］也，猶閉［piet］也。刺雖久，猶可拔［buat］也，汙雖久，猶可雪［sǐwat］也，結雖久，猶可解［kek］也，閉雖久，猶可决［kiwat］也，或言久疾之不可取者，非其説［ɕǐwat］也。”用上古音讀下來有韻會覺得更有意思。“夫善用針者”開頭的最後一段又多了兩個入韻字，一個是“畢”，質部韻，一個是“術”，物部韻，質物很近，經常合韻，到了漢代質物甚至有合爲一部的趨勢，所以它們是押韻的。三個韻段裏唯有一個問題，我們看很整齊的中間押月部韻這一韻段，第三句“結雖久，猶可解也”這個“解”［kek］不是月部字，我們要不要把它個拉進來押韻呢？應該拉進來，因爲行文實在是太規整了。一般來説“解”字屬錫部與月部不相近，是不能押韻的，但是我們還是可以解决這個問題，因爲確實有兩部通假的情况出現，在出土醫書的《養生方》裏和非醫書裏都可以找到例子。上博簡《成王既邦》：“此六者皆逆，民皆又（有）夬（解）鹿〈麗（離）〉之心……”“夬”和“解”通假，“夬”［koat］是月部字。馬王堆《養生方》中的例子：“取牛肉薄劙之，即取萆荚（薢）寸者……”草字頭的“荚”［kiwat］和草字頭的“薢”［kek］通假。所以有這些證據的話我們就可以把“解”字拉進來入韻，如果没有證據的話就需要忍痛把它去掉。

最後舉一個以“二重證據法”校勘傳世文獻的例子。

如圖 36，我們看醫籍中所有關於足太陽經病位在“頭”的病候，發現基本上都是

“衝頭”或“頭痛”，唯有《素問·厥論》比較特殊是“腫首”，醫理上會不會有些問題？此條下王冰有注說：“腫或作踵，非。”如果是作“踵首”，就跟《天回醫簡·脈書下經》是一樣的。從古音音理上來説，“衝/衝”“潼”“踵/蹱”“腫”的聲符都可追溯到“重”，互相通假是没問題的，但問題在於“腫首”和“踵首”在語義上是有重大差别的，到底誰是正確的呢？這一點關係到臨床常見的“足太陽經”疾病及其治療，不可小視。

典籍足太陽經“頭”病位相關病候比較表

序號	典籍篇目	是動病	所生病
1	張家山《脈書》	衝頭，目以脫，項以伐	頭痛，耳聾，項痛，灊強
2	馬王堆《陰陽甲》	【衝頭，目以脫，項以伐】	【頭痛，耳聾，項痛，耳】強
3	馬王堆《陰陽乙》	潼頭，【目以脫，項以伐】	頭痛，耳聾，項痛，耳彊
4	馬王堆《足臂》	顏寒，產聾，目痛	【頭】痛，項痛
5	天回《脈書下經》	回目，目莫如毋見，滅目，目瞀，蹱頭	眴亂，顏痛，鼽衄，頭痛
6	《靈樞·經脈》	衝頭痛，目似脫，項似拔	頭囟項痛，目黃淚出，鼽衄
7	《素問·熱病》	傷寒一日，巨陽受之，故頭項痛，腰脊強。	
8	《靈樞·厥病》	厥頭痛，項先痛，腰脊為應，先取天柱，後取足太陽。	
9	《素問·厥論》	巨陽之厥，則腫首頭重，足不能行，發為眴仆。(王冰注：“‘腫’或作‘踵’，非。”)	

注：馬王堆《足臂》與《天回醫簡·脈書下經》未分是動、所生病，但明顯見有兩套病候序列連綴在一起，本表暫按“是動”、“所生”類分以資比對。

圖 36：典籍足太陽經“頭”病位相關病候比較表

出土文獻“衝”“腫”兩系用字的對立情況

序號	典籍篇目	“衝”義用字	“腫”義用字
1	張家山《脈書》	衝	穜
2	馬王堆《陰陽甲》	\	穜
3	馬王堆《陰陽乙》	潼	膧
4	馬王堆《足臂》	\	穜
5	天回《脈書下經》	蹱	穜/瘇
6	天回《經脈殘簡》	\	穜
7	馬王堆《五十二病方》	衝	穜
8	清華簡肆《筮法》53	\	瘇
9	睡虎地《日書乙》	衝	\
10	包山楚簡249	\	瘇
11	雲夢龍崗秦簡46	衝	\

圖 37：出土文獻“衝”“腫”兩系用字的對立情況

到底“腫首”正確還是“踵首”正確呢？我們窮舉出土文獻中“衝”“腫”兩系用字的對立情況（如圖 37），發現出土文獻中“衝”“腫”兩系列字在形符使用方面有明確對立，絶不相混。“衝”系列字所用形符有“行”“氵”（應是“彳”之形誤）“足”，均與“行走”有關。“腫”系列字所用形符有“禾”“月（肉）”“疒”，均與人體有關。故從出土文獻觀察，足太陽經病只有“衝頭痛”（頭内撞痛），《素問·厥論》“腫首”實爲傳抄訛誤。王冰注内指出了底本原作“踵”（同《天回醫簡·脈書下經》“蹱”），他認爲“踵”誤“腫”正，事實恰恰相反。

這個例子説明，在醫籍校讀的過程中，儘管我們做到了嚴格遵循古音學方法，慎講音理的前提，仍然不可倉促定論，還要儘量找到文獻證據，並結合古文字學、訓詁學，用“二重證據法”綜合考證、歸納、推繹，纔能得出嚴謹正確的結論。

關於《靈樞》一處文字的校讀

李家浩

(安徽大學漢字發展與應用研究中心，安徽 合肥 100091)

提 要：《靈樞》卷五第二十四篇《厥論》，有一段講腸道寄生蟲病及其針刺治療的文字，提到寄生蟲“蛟蛕”。“蛟蛕”或作“蛕蛟”。長期以來，人們對“蛟蛕”或“蛕蛟”之“蛟”的真正含義不甚清楚，有許多人甚至把“蛟”妄改作“咬”。本文根據四川成都天回鎮老官山漢墓醫簡《六十病方》第四十二病方方題，把“蛟蛕”之“蛟”讀爲“蟯”。“蛟（蟯）蛕（蛔）”或“蛕（蛔）蛟（蟯）”，即古醫書所説“三蟲”“九蟲”中的蟯蟲、蛔蟲。

關鍵詞：蛟蛕；校讀；妄改；醫簡

《靈樞》和《素問》是《黄帝内經》組成的兩個部分。衆所周知，《黄帝内經》是中國傳世最早的醫學經典，奠定了中國醫學的理論基礎，直到今天，仍然被奉爲中國醫學的圭臬。但是，《靈樞》流傳至今已兩千多年，由於文義深奥，晦澀難懂，再加上文字假借、訛誤等因素，雖然有學者對它進行過整理，但是仍然存在許多問題，需要我們作進一步研究。我擬在這裏就《靈樞》一處文字的校讀談一點意見，供中醫學界人士參考。

《靈樞》卷五第二十四篇《厥論》，有一段談腸道寄生蟲病及其針刺治療的文字，我把有關文字抄寫於下：

心痛不可刺者，中有盛聚，不可取於腧。腸中有蟲瘕及蛟蛕，皆不可取以小鍼。心腸痛，憹作痛腫聚，往來上下行，痛有休止，腹熱喜渴涎出者，是蛟蛕也，以手聚按而堅持之，無令得移，以大針刺之，久持之，蟲不動，乃出針也。恙腹憹痛，形中上者。①

我要談的只是這段文字中的“腸中有蟲瘕及蛟蛕”和“是蛟蛕也”的“蛟蛕”。《靈樞經校釋》曾對“腸中有蟲瘕及蛟蛕”句的文字和文義作過校勘和注釋。先讓我們看看該書對這句是怎樣校釋的：

① 《靈樞經》，北京：人民衛生出版社，1979 年，第 62 頁。

［校勘］①“蟲瘕及蛟蛕”：《千金》卷十三第六“蟲”下無“瘕及”二字，“蛟蛕”作“蛕咬”。

［注釋］［1］“蟲瘕及蛟蛕”：蟲瘕，因寄生蟲結聚而形成的腹内能移動的腫物。蛟蛕，泛指體内寄生蟲。蛕，同蛔。①

校釋有點問題。第一，在校勘方面，漏引《針灸甲乙經》卷九第二篇《寒氣客於五臟六腑發卒心痛胸痹心疝三蟲》“及”作“有”，“蛟蛕”作“蛕蛟”。第二，在注釋方面，只對“蛟蛕”之“蛕”作了交代，對“蛟”却避而不談。前一個問題大概是因疏忽造成的，後一個問題推測注釋者對“蛟”在這裏是什麽意思不甚清楚，故在解釋“蛟蛕”詞語義時只好含糊其詞地説“泛指體内寄生蟲”，在解釋“蛟蛕”字義時只好避而不談。第一個問題所引《針灸甲乙經》異文，説明《靈樞》在流傳過程中至少有兩個系統的本子，一個作“蛟蛕”，一個作“蛕蛟”。爲了敘説方便，下面除個别地方作“蛕蛟”外，一般作“蛟蛕”。

“蛟蛕”二字從表面上看很簡單，實際上很不好懂。“蛟蛕”在這裏是一物呢還是二物？是具體所指呢還是泛指？不要説現代人對“蛟蛕”不懂，就是古人也不甚清楚。清人張志聰《黄帝内經靈樞集注》是一部注釋《靈樞》的權威著作，他的注釋就有問題：

此言蟲瘕蛟蛕，而亦能爲心痛也。蟲瘕者，癥瘕而成形也。蛟蛕者，蚘蟲也。蛟蛕生於腸胃之中，蛟蛕而爲心痛者，六腑之氣亦上通於心也，蟲瘕積於腸胃之外。②

日本人丹波元簡對張志聰注提出了批評，他説：

簡案：蛕，蚘、蛔同，音回，《説文》：“腹中長蟲也。”……蛟，張注未見所據，當是“蛟”誤。《説文》：“蛟，龍之屬也。”則非蛕屬。③

丹波氏的批評很有道理，不過他認爲“蛟”是一個誤字，同樣也無根據。

其實，張志聰的説法是有根據的，具體根據雖然不詳，但是這種説法可以追溯到唐初的楊上善。楊上善所著的《黄帝内經太素》，大概到南宋以後就亡佚了，我們現在看到的本子，是根據清朝末年楊守敬在日本發現的舊抄本整理的。張志聰生活在清朝初期，他在注釋《靈樞》的時候，當然不會看到《太素》。

① 河北醫學院：《靈樞經校釋》上册，北京：人民衛生出版社，1984年，第440、441頁。

② 張志聰：《黄帝内經靈樞集注》，上海：上海科學技術出版社，1990年，《中國醫學大成》第二册，第68頁。

③ 丹波元簡：《靈樞識》，上海：上海科學技術出版社，1990年，《中國醫學大成》第三册，卷四，第6頁。

楊上善關於“蛟蛕”的解釋，見於《黄帝内經太素》卷二十六《厥心痛》對上録《靈樞》文字的注。爲了便於大家瞭解，我把注文全部抄寫於下：

心痛甚取輸無益者，乃是腸中有蟲瘕蛂〈蛟〉蛕。[蛂〈蛟〉]，腸中長蟲也，音犮〈交〉。可以手按，用大針刺之，不可用小針。

憹，聚結也，奴通反。謂心腹之内，蟲聚而痛憹，懊憹然也。蟲食而聚，猶若腫聚也。食已而散，故休止也。又聚擾於胃，故熱渴涎出也。若蛂〈蛟〉相犮〈交〉，所以蛕稱蛂〈蛟〉也。苝，亦怦，普耕反，滿也。謂蟲聚心腹滿，如腫聚高起，故曰形中上者也。①

引文是根據蕭延平本和蕭氏系統本。尖括弧（〈 〉）内的字，表示校正的字；方括號（[ ]）内的字，表示校補的字。手寫俗書“交”與“犮”形近②。注文“蛂”“犮”當是“蛟”“交”的訛誤或誤識；正文二“蛂”字亦應當是“蛟”的訛誤或誤識。

從楊上善注看，他認爲“蛟蛕”是同義複詞，“蛟”是“蛕”的别名，得名於蛕蟲相交。楊氏對“蛟蛕”之“蛟”的解釋，顯然不足爲信。

總之，不論是《靈樞經校釋》的説法也好，還是張志聰和楊上善的説法也好，都是有問題的。道理很簡單，因爲他們的説法無法回答這樣兩個問題：爲什麽在古文獻中不見蛕蛟的别名的記載？爲什麽在古文獻中不見把蛕蟲病説成蛟蟲病的説法？

上録《靈樞經校釋》[校勘] 所引《千金》，是孫思邈《備急千金要方》的簡稱。衆所周知，孫思邈是唐初傑出的醫學家，他曾治愈唐太宗李世民母后的病而被賜號“藥王”。跟另一位著名醫學家王燾相比，孫氏把上句“蛕蛟”改作“蛕咬”不足爲奇，王燾在他所著的《外臺秘要》卷七把下句“蛕蛟”改作“蚘蟲咬”③。

看來，隋唐時期的人已經不知道“蛟蛕”或“蛕蛟”之“蛟”的真實含義了，所以把“蛕蛟”妄改作“蛕咬”或“蚘（蛕）蟲咬”。這種妄改，如果再向前追溯，似乎可以追溯到西晋王叔和《脈經》。《脈經》卷六第三篇《心手少陰經病證》已把“蛕蛟”改作“蚘咬”④。

據《説文》所説，“蛟”的本義是“龍之屬也”。用作寄生蟲的“蛟”，顯然是個假借字。是什麽字的假借呢？老官山漢墓出土醫簡爲我們回答這個問題提供了幫助。

2012 年 7 月至 2013 年 8 月，考古工作者在四川省成都市天回鎮老官山發掘西漢時期墓葬四座，其中 M3 出土一批竹簡，經初步整理，屬於醫學文獻的有八種。定名爲《六十病方》的第卌二病方方題説：

① 楊上善：《黄帝内經太素》，《中國醫學大成續集》第二册，上海：上海科學技術出版社，2000 年，第 691 頁；王洪圖、李雲增補點校本，北京：科學技術文獻出版社，2000 年，第 803 頁。

② 黄征：《敦煌俗字典》，上海：上海教育出版社，2005 年，第 191 頁“交”字條、192 頁“皎”字條。

③ 王燾：《外臺秘要》，北京：人民衛生出版社，影印本，1955 年，第 198 頁。

④ 福州市人民醫院：《脈經校釋》，北京：人民衛生出版社，2011 年，第 222 頁。

治大伏、蠟、敫、蛕。①

無獨有偶，在我們整理北京大學藏漢代醫簡的過程中，也發現了這樣的醫方，文字略有出入。北大醫簡是這樣説的：

病大伏、蠟、畸、螫之動如蚖蝪〈蜴〉者。

北大醫簡“大伏蠟畸螫”即老官山醫簡“大伏蠟敫蛕”，唯最後二字的次序、寫法有所不同而已。病方講的是腸道寄生蟲病。《諸病源候論》卷十八《九蟲病諸候》説腸道寄生蟲病有所謂的九蟲：伏蟲、蛔蟲、白蟲、肉蟲、肺蟲、胃蟲、弱蟲、赤蟲、蟯蟲。病方的“伏”指伏蟲，“蠟”指赤蟲，“畸”和“蛕”指蛔蟲，“螫”和“敫”指蟯蟲。關於“蠟”與“赤”、“畸”與“蛕”、“螫（敫）”與“蟯”的字音關係，説明於下②：

“蠟”從“昔”聲。上古音“昔”屬心母鐸部，“赤”屬昌母鐸部，二字韻部相同，聲母偶爾發生關係。就拿跟“赤”同音的“斥”“㡿”二字來説，以它們得聲的“訴”“𣳚”等字即屬心母。所以，古籍中有“昔”與“赤”間接通用的例子。例如：“昔”與“夜”通，而“夜”與“赦”、“液”與“郝”通③；“措”與“擇”、“惜”與“懌”通，而“釋”與“赦”、“澤”與“郝”通④。於此可見，“蠟”“赤”二字也應該可以通用。“螫”從“敫”聲。因簡文“敫”是蟲名，故北大醫簡從“蟲”作“螫”。“蟯”從“堯”聲。“敫”有古弔切、以灼切兩讀，前一讀音的上古音屬見母藥部，“堯”屬疑母宵部，二字聲母都是喉音，韻部陰入對轉。“螫（敫）”與“蟯”當可通用。《古字通假會典》所收從“敫”聲之字與從“堯”聲之字相通有“儌與僥”“激與磽”“墽與磽”三例⑤，可以參看。説不定北大醫簡的“螫”，就是“蟯”的異體。“蛕”屬匣母職部，“畸”屬見母歌部，二字聲母都是喉音，但是韻部相隔較遠。不過作爲腸道寄生蟲用的“蛕”音户恢切，與“回”同音，所以後世把“蛕”寫作從“回”聲的“蛔”。上古音“回”屬微部。北大漢簡的年代大概在漢武帝時期⑥。頗疑這個時期的“蛕”字已轉到微部。古代微、歌二部關係密切，有合韻、通假的例子。據此，北大醫簡“畸”當從老官山醫簡讀爲“蛕”。

《諸病源候論·九蟲候》説：“九蟲者，一曰伏蟲，長四分；二曰蛔蟲，長一尺；……

① 成都文物考古研究所、荆州文物保護中心：《成都市天回鎮老官山漢墓》，《考古》2014年第7期，第64頁。

② 本文所説諸字上古音，是根據郭錫良先生《漢字古音手册（增訂本）》，北京：商務印書館，2010年。

③ 高亨：《古字通假會典》（董治安整理），濟南：齊魯書社，1989年，第861、862頁。白於藍：《簡帛古書通假字大系》，福州：福建人民出版社，2017年，第691頁。

④ 高亨：《古字通假會典》（董治安整理），第892、893、894頁。白於藍：《簡帛古書通假字大系》，第706頁。

⑤ 高亨：《古字通假會典》（董治安整理），第795—796頁。

⑥ 北京大學出土文獻研究所：《北京大學藏西漢竹簡概説》，《文物》2011年第6期，第53頁。

八曰赤蟲，狀如生肉；九曰蟯蟲，至細微，形如菜蟲。伏蟲，群蟲之主也。蛔蟲貫心則殺人。……赤蟲令人腸鳴。蟯蟲居胴腸，多則爲痔，極則爲癩，因人瘡處以生諸癰疽、癬、瘺、瘑、疥、齲蟲，無所不爲。"① 在九蟲中，以蛔蟲最長，所以蛔蟲又被稱爲長蟲。

值得注意的是，上古音"蛟"屬見母宵部，聲母與"敫"相同，韻部與"堯"相同，所以"交"與"敫""堯"也分別可以通用。"交"字或從"交"聲之字與從"敫"聲之字相通，《古字通假會典》收有"交與儌""交與邀""絞與徼""皎與皦""皎與噭""茭與激"六例②；《簡帛古書通假字大系》收有"交與邀""皎與皦""窔與竅""穾與竅""迒與邀"六例③；銀雀山漢簡"絞張"之"絞"作"繳"一例④。此外，《簡帛古書通假字大系》還收有"校與撓"通用一例⑤。玄應《一切經音義》卷十九"齩齒"注："齩，《説文》作'齾'，同。五狡反。齾，齧也。"慧琳《一切經音義》卷十三"或齩"注："[齩]，五狡反，《説文》：'齧也。'或作'齾'，亦通。或作'咬'，俗字也。齩、齾並形聲字也。"上引《靈樞》"蛟蛕"或"蛕蛟"與醫簡"敫蛕"或"鮪鳘"字序相同，"蛟"當從老官山醫簡"敫"和北大醫簡"齩"讀爲"蟯"。《説文》蟲部所收之字，以"蛕""蟯"爲序："蛕，腹中長蟲也。从蟲，有聲。蟯，腹中短蟲也。从蟲，堯聲。"亦可以參考。

《諸病源候論》卷十八所説九蟲中，以赤蟲、蛔蟲、蟯蟲三種寄生蟲感染發病的較多，所以《諸病源候論》在《九蟲病諸候》之後另立《三蟲候》《蛔蟲候》《蟯蟲候》，詳加闡述。"三蟲"之稱，見於《神農本草經》諸多藥物的記述之中，如天門冬、薏苡仁、蘪蕪、白青等。可見古人很早就注意寄生蟲對人的危害和寄生蟲病的治療，這是難能可貴的。

根據以上意見，《靈樞》"蟲瘕及蛟（蟯）蛕"當是泛指寄生蟲瘕病和寄生蟲疾病。《史記·倉公傳》："蟯瘕爲病，腹大，上膚黄麤，循之戚戚然……病蟯得之於寒濕，寒濕氣宛，篤不發，化爲蟲。"此處所説"蟯瘕"，當是"蟲瘕"之一。"蛕蟯"是兩種長短不同的寄生蟲，所以《靈樞》以"蛕蟯"泛指寄生蟲。

最後，順便説明一下"蟯蛕（蛔）"詞語用例的時代。《漢語大詞典》"蟯蛔"詞語所收用例是《關尹子·六七》："我之一身，内變蟯蛔，外蒸蝨蚤。"⑥ 按：《關尹子》是一部僞書，僞作年代大概在唐五代之際⑦。現在，我們把老官山醫簡"敫蛕"和《靈樞》"蛟蛕"讀爲"蟯蛕（蛔）"，可以把"蟯蛔"詞語用例的時代大大提前。

① 南京中醫學院：《諸病源候論校釋》，北京：人民衛生出版社，2011 年，上册，第 426 頁。

② 高亨：《古字通假會典》（董治安整理），第 793—795 頁。

③ 白於藍：《簡帛古書通假字大系》，第 208—209 頁。

④ 馮勝君、張海波：《銀雀山漢簡"繳張"新解》，載《簡帛》第十輯，上海：上海古籍出版社，2015 年，第 243—245 頁。

⑤ 白於藍：《簡帛古書通假字大系》，第 209 頁。

⑥ 漢語大詞典編輯委員會、漢語大詞典編纂處：《漢語大詞典》（縮印本），上海：漢語大詞典出版社，1997 年，中卷，第 5132 頁左欄。

⑦ 參看張心澂《僞書通考》，上海書店出版社，1998 年，第 690—694 頁。

關於《靈樞》"蛟蛕"的校讀就談到這裏。最後還需要强調一下，我對中醫學是個門外漢，以上所説，一定有不少外行話，敬請方家指教。

補記：

2022年9月12日，劉洪濤先生給我發來微信，告知錢超塵文章所引老官山漢墓醫簡《治六十病和齊湯法》183條資料中有"蛟蛕"。原簡文説："治心腹爲病也，如大伏、蛟、蛕，如蚖、蜥蜴者，此皆在腸中……槫（摶）動勤，能息，按之避手。"① 此條簡文很重要，有兩點情况需要説明如下：

第一，小文所引老官山醫簡《六十病方》的第卌二病方方題"治大伏蠟敫蛕"之"大伏……敫蛕"，顯然是此簡文的"大伏蛟蛕"，可見《靈樞》"蛟蛕"之"蛟"，確實是老官山醫簡"敫蛕"之"敫"、北大醫簡"畸蝥"之"蝥"。

第二，小文所引北大醫簡"如蚖蜴〈蜴〉者"，顯然是此簡文的"如蚖蜥蜴者"，"蚖蜴"當指"蠑蚖（螈）"和"蜥蜴"。

特補記於此，並謝謝劉洪濤先生。

① 錢超塵：《〈成都天回漢墓竹簡〉可正〈内經〉〈傷寒〉文字之失》，《中醫文獻雜志》2020年第1期，第1頁。

《五十二病方》治癩方瓠壺考*

張 雷

(安徽中醫藥大學針灸推拿學院，安徽 合肥 230000)

提 要：《五十二病方》治㿗方提到用“瓠壺”即葫蘆來治療㿗疝，根據葫蘆的形製和使用過程，認爲該器和農業生産中的竅瓠相當，恰當理解帛書所載器型，對於理解帛書文義具有重要意義。再根據竅瓠的使用過程，認爲帛書中“煩”當如學界解釋的“用兩手反復搓磨”，而不是捲、握；“夸”不當解爲“瓠”，而是指胯部；“竂”當如整理小組讀爲“剟”，義爲刺，而不是敲擊。並將竅瓠和出土的銀絲罩疝氣托進行了對比，認爲二者都是古代醫療史中的重要醫療器具。

關鍵詞：葫蘆；竅瓠；煩；疝氣托

馬王堆漢墓帛書《五十二病方》記載了不少醫療器具，這些器具對於治療疾病具有重要作用，前賢時哲都進行了深入研究，産生了不少成果，但還有不少值得深入挖掘的地方，今舉一例補充説明，請方家指教。

《五十二病方》行230—233：“一，穿小瓠壺，令其空（孔）盡容積（㿗）者腎與䨻（朘），即令積（㿗）者煩夸（瓠），東鄉（嚮）坐於東陳垣下，即内（納）腎、䨻（朘）於壺空（孔）中，而以采爲四寸杙二七，即以采木椎竂（剟）之。一□【□】，再竂（剟）之。巳（已）竂（剟），輒椄杙垣下，以盡二七杙而巳（已）。爲之恒以入月旬六日□【□】盡，日一爲，□再爲＝之＝（爲之，爲之）恒以星出時爲之，須積（㿗）巳（已）而止。”[②] 其中“瓠壺”一詞，整理小組認爲：“即壺盧。古代瓠、壺通稱，詳見《本草綱目》卷二十八。”[③] 其他學者都讚同這個説法，各種解釋無出其右，周一謀、蕭

* 本文爲國家社會科學基金重大專案“出土先秦兩漢醫藥文獻文物綜合研究”（19ZDA195）、中國中醫科學院科技創新工程重大攻關專案“出土簡帛醫學文獻的集結與重釋”（C12021A00411）、安徽省哲學社會科學規劃專案一般專案“出土簡帛醫經類文獻整理與研究”（AHSKF2021D32）階段性成果。

② 湖南省博物館、復旦大學出土文獻與古文字研究中心編纂，裘錫圭主編：《長沙馬王堆漢墓簡帛集成（伍）》，北京：中華書局，2014年，第256頁。

③ 馬王堆漢墓帛書整理小組：《馬王堆漢墓帛書［肆］》，北京：文物出版社，1985年，第51頁。

佐桃認爲："即壺瓜，也叫壺盧瓜。"① 馬繼興認爲："瓠壺即壺，古又稱爲壺、瓢或匏，今則通稱葫蘆或瓠瓜。"② 嚴建民認爲："此處指適當大小的壺盧。"③ 楊金山、李經緯也認爲："瓠壺即葫蘆。"④ 周祖亮、方懿林也指出："小瓠壺即小葫蘆。"⑤ 我們也同意上述説法，但認爲還有進一步研究的空間，我們認爲這是農業器具在醫學上的靈活運用，這種運用在其他出土醫學簡牘材料裏也存在，如《治六十病和齊湯法》就用"鐵鑿"加工藥物⑥。鑿，臿端的金屬刃口。《説文·金部》："鑿，河内謂臿頭金也。從金敝聲。"⑦ "鐵鑿"就是鐵質的臿端刃口。

從文中瓠壺材質和形製來看，我們認爲帛書中的葫蘆和農業文獻中記載的"竅瓠"非常相似。"竅瓠"在傳世文獻中首見於《齊民要術》卷三《種葱》，其曰："兩耬重構，竅瓠下之，以批契繼腰曳之。"繆啓愉校釋："竅瓠：將乾葫蘆穿孔作成的下種器。播種時用小杖輕叩其下種管震落種子，便於掌握稀密，後面拖着'批契'覆土。王禎《農書·圖譜二》叫'瓠種'，説'燕趙及遼以東多用之'。北方通稱'點葫蘆'，直到解放前夕，東北、冀北、内蒙古東部等地區仍在沿用。1976 年河北灤平在金代遺址中出土了瓠種一種，形製和王禎的圖基本相同（《農業考古》1983 年第 2 期 198 頁）。"並配圖，見下圖 1⑧。《齊民要術》的成書時代北魏離漢代不遠，其記載的農業成就當然也包括了漢代成就，該書没有配圖，竅瓠一圖見於元代王禎《農書·農器圖譜二》，其圖和上注釋所引圖一致⑨。

繆先生《齊民要術》的注釋解釋了竅瓠的材質、使用和出土相關文物，注釋中提到的這種竅瓠於 1976 年冬出土於河北省灤平縣岑溝金代農家遺址的窖藏，在窖藏的一件高 68 厘米的大腹青釉缸中出土了包括這件竅瓠的 17 件生産生活用具和貨幣。該竅瓠具體形製如下：體長圓，周長 5 厘米、直徑 16 厘米、高 19 厘米，是用家植葫蘆製成。考古工作者同時還原了其製作和使用過程："在葫蘆首尾（柄）兩部取直，各開一直徑約 3 厘米的圓孔，中間裝一根長 47 厘米的木質下瀉種子的播引槽，名之爲'簞'，簞是由一根圓木雕成，上部是圓形握柄，長 13 厘米，木棍中間即伸入葫蘆内部的這一部分爲透雕成的兩個並列的空心梁，長 19 厘米，這個空心梁直貫葫蘆的中心，所謂簞是表示穀種可以

① 周一謀、蕭佐桃：《馬王堆醫書考注》，天津：天津科學技術出版社，1988 年，第 146 頁。

② 馬繼興：《馬王堆古醫書考釋》，長沙：湖南科學技術出版社，1992 年，第 489 頁。

③ 嚴健民：《〈五十二病方〉注補譯》，北京：中醫古籍出版社，2005 年，第 113－114 頁。

④ 楊金生、李經緯：《〈五十二病方〉醫療器物與技術之研究》，《中華醫史雜志》2005 年第 1 期，第 45－56 頁。

⑤ 周祖亮、方懿林：《簡帛醫藥文獻校釋》，北京：學苑出版社，2014 年，第 121 頁。

⑥ 和中浚、李繼明、趙懷舟等：《老官山漢墓〈六十病方〉與馬王堆〈五十二病方〉比較研究》，《中醫藥文化》2015 年第 4 期，第 22－34 頁。

⑦ 許慎：《説文解字》，影印本，北京：中華書局，1963 年，第 296 頁。

⑧ 賈思勰著，繆啓愉校釋：《齊民要术校釋》（第二版），北京：中國農業出版社，1988 年，第 201 頁。

⑨ 王禎撰：《東魯王氏農書譯注》，繆啓愉、繆桂龍譯注，上海：上海古籍出版社，2008 年，第 397 頁。

從上通過箄而進入引槽以播出，引槽是箄的下部，長 15 厘米，是在木棍雕出的一個凹槽，穀種可以順葉槽源源下瀉。在葫蘆的上部近中央部位開一直徑 2.5 厘米的圓形投穀孔。使用時將穀種從圜孔中投入穀種即可通過箄進入引槽，然後右手持柄，使葫蘆傾斜，上下摇擺葫蘆，穀種即可從引槽瀉下。爲使穀種播散均匀和箄不至於脱出，在露於葫蘆外部的引槽基部以繩捆縛一些草筵之類，穀種從引槽出來後，即通過草筵，均匀布於壟畔。"① 河北灤平岑溝出土金代窽瓠如圖 2：

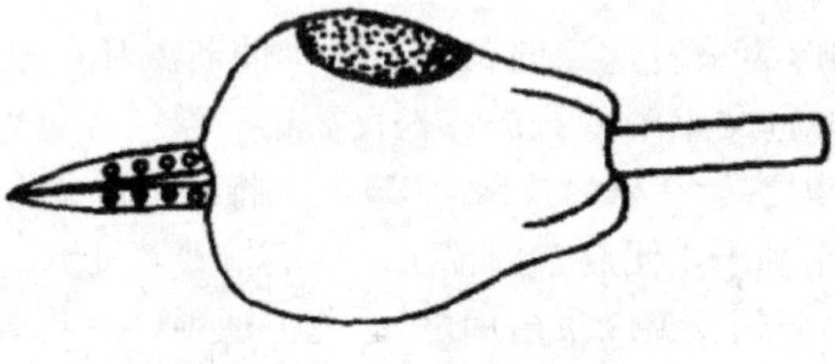

圖 1：引自《齊民要术校釋》

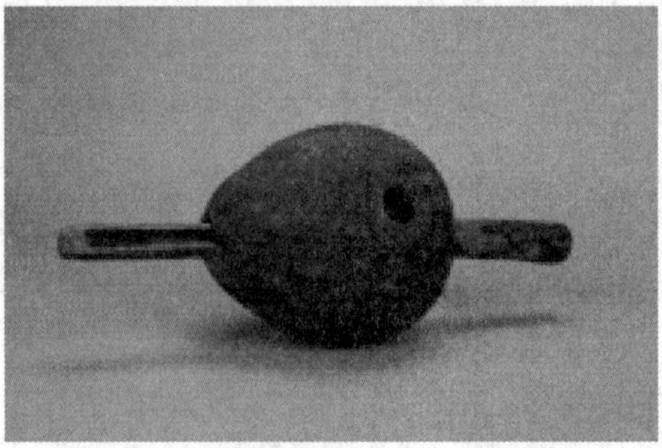

圖 2

理解了窽瓠的使用程式，那麽帛書文中的一些詞語也好解釋了。從帛書原文看，取一個小葫蘆，要先開一個空洞，就是"投穀孔"，能够容納生殖器和睾丸。帛書中的"煩"，帛書整理小組疑假爲捲、握②，此説無據，只是一種猜測，胡娟根據傳世文獻中關於"煩"的解釋，認爲當釋爲"頻繁攪動或用兩手反復搓磨"，此説可從，但又認爲"令積（癩）者煩夸（瓠）"是"意爲：叫癩疝病人用兩手反復搓摩陰囊和陰莖，令其發熱"③，可商。"夸"字，整理小組、馬繼興、周一謀等均讀爲"瓠"，可商，當從嚴建民讀爲"跨（胯）"④，即反復搓摩大腿根部，來疏通調理肝經。足厥陰肝經是十二經脈中唯一經過大腿内側且是動病和所生病都有癩疝的經脈，《靈樞·經脈》："肝足厥陰之脈，起於大趾叢毛之際……循股陰入毛中，過陰器，抵小腹，挾胃屬肝絡膽，上貫膈，布脅肋，循喉嚨之後，上入頏顙，連目係，上出額，與督脈會於巔；其支者，從目係下頰裏，

① 鄭紹宗：《金代的瓠種》，《農業考古》1983 年第 2 期，第 196—198 頁。

② 馬王堆漢墓帛書整理小組：《馬王堆漢墓帛書［肆］》，1985 年，第 51 頁。

③ 胡娟：《漢簡帛醫書五種字詞集釋》，2016 年西南大學博士學位論文，第 105—106 頁。

④ 張雷：《馬王堆漢墓帛書五十二病方集注》，北京：中醫古籍出版社，2017 年，第 284 頁。

環唇内；其支者，復從肝，别貫膈，上注肺。是動則病腰痛不可以俛仰，丈夫㿉疝，婦人少腹腫，甚則嗌乾，面塵，脱色。是主肝所生病者，胸滿，嘔逆，飧泄，狐疝，遺溺，閉癃。"① 馬王堆帛書《足臂十一脈灸經》也説該經脈經過大腿内側："足帣（厥）陰溫（脈）：循大指閒（間），以上出胻内兼（廉），上八寸，交泰（太）陰溫（脈），【循】股内，上入脞閒。"② 還有《陰陽十一脈灸經（甲本）》："麐（蹷－厥）陰脈（脈）：毄（繫）於足大指菆（叢）毛之上，乘足跗【上廉】，去内腂（踝）一寸，上腂（踝）五寸而【出大（太）陰之後】，上出魚股内廉，觸少腹，夾湏（眥）旁。是勭（動）則【病：丈】夫㿗山（疝），婦【人則少腹穜（腫），要（腰）痛】不可以印〈卬－仰〉，甚則嗌乾，面疵，是麐（蹷－厥）陰脈（脈）主治。"③ 顯然"煩夸"不是"反復搓摩陰囊和陰莖，令其發熱"，而是"反復搓摩胯部"從而達到治療㿗疝的目的。文中的"竂"字，整理小組讀爲"剟"，指出其原義爲刺、削，此處當爲叩擊之義。我們以前也認爲該字有敲擊之義，但這是没有進一步思考的結果。從竂瓠的形製看，此處當用"剟"的表"刺"義，應從馬繼興先生所引例證，《史記·張耳陳餘列傳》："吏治榜笞數千刺剟。"《索隱》："剟亦刺也。"按照帛書文義，將睾丸和生殖器放入竂瓠旁開的孔内，而竂瓠用於播種的中空木棍"箽"相當於采木杙，祝由時來回刺入木棍，然後將木棍插入牆下，此乃祝由術，當無實際治療作用。下文則交代了這種祝由術舉行的特殊時間要求。

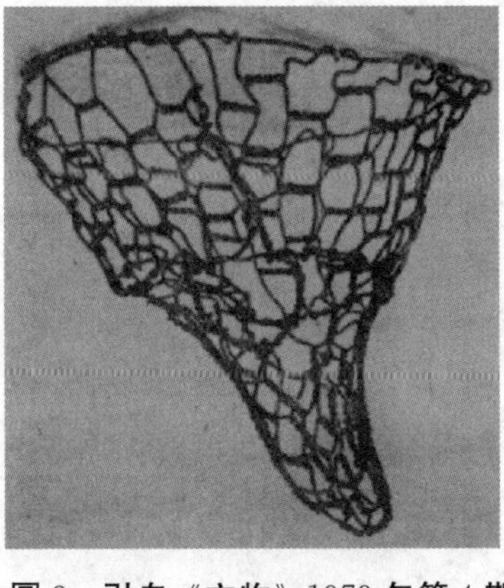

圖 3：引自《文物》1979 年第 4 期

從治療的角度看，這種竂瓠的作用其實也是一種疝氣托，20 世紀 70 年代也出土過其他材質的疝氣托，1974 年 4 月江蘇省江陰縣華士公社一座明代墓葬中出土了一件"圓錐形銀絲罩"（如圖 3），引人注意的是該物放於墓主人大腿骨與骨盆間，該物高 11.5 厘米，罩口直徑 11.5 厘米，重 51.4 克。考古人員根據其擺放位置，推測墓主人生前患有小腸疝氣，該物起到治療的輔助作用，該物可稱爲"疝氣托"。其使用時在腰間繫一根帶

① 《靈樞經》，北京：人民衛生出版社，1979 年，第 62 頁。

② 馬王堆漢墓帛書整理小組：《馬王堆漢墓帛書〔肆〕》，第 5 頁。

③ 同上，第 11 頁。

子，再用兩條帶子分别將罩口連接在腰上的帶子來托住睾丸①。

這種疝氣托在傳世文獻中稱爲“鉤鈴”，張從正《儒門事親》卷二記載：“狐疝，其狀如瓦，卧則入小腹，行立則出小腹入囊中。狐晝則出穴而溺，夜則入穴而不溺，此疝出入上下往來，正與狐相類也。亦與氣疝大同小異，今人帶鉤鈴是也。”② 竅瓠和銀絲罩都是醫療史上的重要發現，但竅瓠没有這種銀絲罩疝氣托輕巧，也没有繫在腰間，只是“東鄉（嚮）坐於東陳垣下”，可見只是祝由時纔使用，並不是時常帶着。另外我們注意到帛書對竅瓠的形製是有要求的，就是“瓠壺”前面的修飾語“小”字，這其實是對祝由施術時便於操作提出的要求。

綜上，本文認爲認真研究《五十二病方》中的醫療器具，不僅對於理解文中詞語具有重要作用，對於補充和重建古代醫療史都具有重要作用。

① 江陰縣文化館：《江蘇省江陰縣出土一件醫療器具“疝气托”》，《文物》1979 年第 4 期，第 94 頁。

② 張子和，鄧鐵濤、賴疇整理：《儒門事親》，北京：人民衛生出版社，2005 年，第 76 頁。

醫學歷史研究

三世醫學新論

柳長華

（成都中醫藥大學中國出土醫學文獻與文物研究院，四川 成都 610075）

提　要：中醫學的傳承有賴於醫書流布和師徒口傳授受。現存中醫學的書籍始自漢代，自李柱國校醫書而有醫經。成都天回醫簡的出土豐富了傳世醫經資料的内容，爲中醫學研究提供了重要的新材料。基於史載中醫學呈現的地域性文化特征，在三世醫學的問題上，天回醫簡也可爲我們提供新的認識角度，可將今日中醫學總結爲經脈醫學、湯液醫學、導引醫學三種，這也與《漢書・藝文志・方技略》所言醫經、經方、神仙、房中相契合。其中又以醫經爲核心，以天人合一的思想作爲其理論基礎。

關鍵詞：三世醫學；天回醫簡；中醫學

一、引言

三世醫學是一個古老的話題，也是一個新的話題，今謹作扼要介紹，爲讀古人的書提供一些思路。首先，我們來看漢代的醫學。秦之前的醫學，到了兩漢始爲之結集。西漢中期，國家安定富裕，於是開始發展文化。從漢武帝開始，下詔廣收天下散佚之篇籍，數年之間，書積如山。漢成帝時，詔命劉向領銜來整理這些古籍。整理完了以後，將中國的學問分了六個大類：六藝、諸子、詩賦、兵書、數術、方技。方技，就是醫學，中國學問的六分之一。

醫學的書爲什麽叫方技，劉向他們没有講。劉向等整理過的書，有一個書目提要，稱《别録》和《七略》，被班固收録在《漢書・藝文志》裏。通過《漢書・藝文志》，就可知道當時劉向他們整理的六大類都是哪些書。但是，看了這些書目，我們嚇了一跳，其亡佚者多矣。既然大多都没了，就不能以今天存世的書來下結論。

最近這些年，大家關注於考古發現的新資料，但考古發現是可遇而不可求的事，像天回醫簡這樣的發現，可追溯到扁鵲和倉公所傳之書，是整個一個醫學體系，而且第一次發現醫經，將來大概不會再有這樣的機遇了。魏晋以後注醫經的皇甫謐、楊上善、王冰等，均無緣得見，我們見到了。當下大家關注於這些出土的醫簡，爲什麽呢？乍一看，這些書後來都不傳了，難道就此斷了嗎？不是，不是那樣。這很有趣，看似是没了，只是後來變化了，變成什麽了，我嘗試講一下。

二、李柱國校醫書而有醫經

就漢代醫書而論，方技一類，醫經有七家，經方十一家，房中八家，神仙十家，竟有三十六家。這大概就是司馬遷説的“究天人之際，通古今之變，成一家之言”的書。做學問要想成一家之言可不容易，歷史上能够成一家之言者，身後大多有一個好老師，要不然怎麽能叫“家”呢？師徒授受，代代傳承，後人著録下來，稱之爲家。究天人之際，是天地人的學問；通古今之變，是歷史與當下的學問，融通於一身，可成一家之言。所以，中國人的學問，十分重視師承授受。没有書，靠口耳相傳，有了書，仍然需要老師講，老師講太重要了。

中國的醫學源遠流長，然而，觀今世之文獻，包括出土文獻，自漢代纔大顯於世，那之前没有嗎？在哪裏呀？我們看出土的醫學文獻，有《上經》《下經》中的色脈診、守數辨證、針灸砭石、組方用藥、導引養生等，已然是成熟的醫學。漢人的學問，承前啓後，積累了千百年而至於此，到了漢代，已然是洋洋大觀。怎麽看待漢代的醫學呢？大概有五個方面的特點。

第一，漢代以經書立學官。西漢時期，五經立學官，以後壁中書出，古文學立學官。其時有馬融、鄭玄、許慎這些大師。醫學也有“經”，但没立學官，皇帝是不是有點偏心眼。爲什麽要立學官？立學官身份就顯赫，所以都願意列在學官。五經立學官，每經也是就立三家，爲什麽不立四家？恐怕立多了拿不出那麽多錢來。醫經雖有七家，黄帝内外、扁鵲内外、白氏内外旁篇，凑巧也是三家，爲什麽不立學官呢？不管怎麽説，西漢醫學有“經”了，切莫小看這事。

第二，漢人講學，必有師從，醫學爲官守，尤其甚者。國家管理醫學，自古以來就這樣，然必有師從。觀《史記·扁鵲倉公列傳》，扁鵲跟他的老師長桑君學習，倉公跟他的老師公乘陽慶學習，跟倉公學習的學生就更多了，然大都是上級官員派出的大大小小的官。既然是官守，就不是隨便什麽人能够學習的。官守了，代代相傳，往往就成了一家之言，傳下來的，往往都是官守的。醫學也是這樣，醫經有七家，有黄帝内外經、扁鵲内外經，還有白氏内外經旁篇，都是官守的。然而，能傳下來的是誰？當漢人把黄帝推上了神壇，傳下來的自然多是黄帝的書。有没有丢好東西呢？肯定是有的，看出土的醫學文獻就可以知道。

第三，漢代的書籍，傳寫不易，必有專門之師授以章句。研究天回醫簡，知道漢人傳寫不易，皇家的書，往往要寫到帛上面，漢代的時候，絲織品是貴重的，可見書籍多麽重要。考古專家從被評爲“2013 年度全國十八考古新發現”的老官山漢墓中發現醫簡，在四川考古發現醫學的簡書對醫學歷史研究影響會越來越大，因爲在此之前，都没有發現醫經。

第四，漢人授學不易。漢人常説的“非其人勿教，非其人勿授”，其中有官守的意思，也有因人施教的意思。《黄帝内經》中多處講到這句話，並且還要虔誠地齋戒沐浴三日。授學也往往因材施教，倉公教學生就是這樣。跟他學的那些人，教給唐安的書最多，不光教他《脈書》，還教給他《和齊湯法》。今《黄帝内經》有《素問》九卷、《針經》九卷，各八十一篇，竟不知出自多少老師。

第五，漢人幽默，不可盡信其説。扁鵲與長桑君相識，出入十年後，長桑君説他有祖傳的“禁方書”，可以教給扁鵲，還要求扁鵲必須飲“上池之水”，喝過30天以後，就能“視垣一方人”。隔着墻看人，誰會相信呢？讀此篇不免令人生出中醫講迷信的想法。其實，隔墻看人是説了一個道理，通過望色診脈，就能知道在内的五臟六腑哪兒生病了，好比隔着墻看人。天回漢墓發現的經脈人，身體表面鑿有一百多個點，漢人稱爲“氣口”，即臟腑在這兒開了一個口，既可以診病，也是治病的地方。

三、區域文化與三世醫學

通常説的三世醫學和地域性的文化有關係，中國地域遼闊，民族衆多，歷史悠久，這是中華文化的三大特征。《禮記·曲禮》中有“醫不三世，不服其藥”的記載，孔穎達的解釋是《黄帝針灸》《神農本草》和《素女脈訣》。後世引申爲若没有祖孫三代行醫的歷史，就不要找他看病。

《素問·異法方宜論》記載有“砭石從東方來”“毒藥從西方來”“灸焫從北方來”“九針從南方來”“導引按蹻從中央出”，説中國有五個地域性的醫學。這種地域性的醫學，不知在其發源地保持了多久。那麽，今日之醫學從何而來？根據傳世的文獻與出土資料，我總結爲三種醫學：東方黄河中下游，以伏羲、扁鵲爲代表的經脈醫學；西方黄河中上游，以神農、伊尹爲代表的湯液醫學；中央黄河、長江中游，以黄帝、彭祖爲代表的導引醫學。

（一）經脈醫學

《漢書·藝文志·方技略》中的醫學，醫經有七家，房中有八家，經方有十一家，神仙有十家，共四大類。房中、神仙實爲一類，都是導引行氣、强健體魄、祛病延年的學問。觀張家山《引書》、海昏侯墓《七損八益》等可知。醫經即經脈醫學，經方是湯液醫學，房中、神仙是導引醫學，實即三世醫學。

經學有漢學、宋學之分；中醫有經學，也有漢學、有宋學之分。中醫的經學，西漢劉向等校書稱爲“醫經”。劉向等校書前有《脈書》上、下。《上經》主要是講經脈、臟腑的理論，《下經》主要講疾病的病因、病機和診療方法。劉向等校書重新編定爲《黄帝内經》和《外經》《扁鵲内經》和《外經》《白氏内經》和《外經》《旁篇》。這些構成了漢代的醫經之學。原來我認爲外經主要是講腧穴主治的，後來研究天回醫簡，發現不對了，腧穴主治的盛行是東漢以後的事了。

經方十一家中，只有一家是“以人類”的，即《神農黄帝食禁》，神農和黄帝並列，這很少見，神農排在黄帝前面。食禁一類後世有傳，如《金匱》《千金》等。

房中類後世罕有傳者，從出土的文獻看，這類書多發現於王侯之家。中華民族的生命觀是形神合一的，房中乃性情之極，所以，小序稱房中乃“先王之所樂，所以節百事也”，“聖王制外樂以禁内情，而爲之節文”，還是講養生袪疾。神仙家是“保性命之真”、延年益壽的一門學問，今天來説就是養生的學問。房中與神仙之學，最難施行，很快就消亡了。神仙家在道門中有所傳承，房中則發現於王侯將相的墓裏面了。

劉向領銜校書，負責整理醫書的人叫李柱國，他是漢成帝時的侍醫。他在《方技略》的小序中説：“漢興有倉公（倉公生於秦始皇三十二年），然其術晻昧，故論其書，以序方技爲四種。”也就是説，李柱國整理的基本是倉公所傳之書。然而，李柱國校醫書並没有采用司馬遷《扁鵲倉公列傳》裏記録的書名，是變化了呢？還是没有看到？根據劉向等“以人類書”的校書體例，其書名往往都是新定。

成都天回漢墓醫簡，經整理得八種醫書，對比《扁鵲倉公列傳》，最主要的都發掘出來了。其中最重要的莫過於《脈書·上經》和《脈書·下經》，這是兩部至高的醫學經典。張家山也發現了《脈書》，但是没有《上經》，可見《上經》之不易傳。《脈書·上經》的傳承靠了經師的説解，學者們傳訓詁，代代相傳，纔有了後來的《黄帝内經》，此即鄭樵所説“書雖亡而實未亡”之例。

《黄帝内經》也是三世醫學融合的産物。《異法方宜論》所説的東南西北中五種醫學，最後總結爲“聖人雜合以治，各得其所宜”，這已經是漢代的事了。“聖人雜合以治”，就是診治疾病需要針灸就針灸，需要吃藥就吃藥，需要導引就導引。遺憾的是，東漢以後，有病吃藥成爲主流，針灸開始没落，導引也開始没落。我上大學的時候，中醫院校是没有針灸專業的，中醫醫院也没有針灸科。

今天講的核心問題是構成三世醫學的核心理論與實踐體系。看宋以前的史志書目，醫方、本草類的書最多，宋以後臨證類的書多起來了，這與《傷寒論》大顯於世有關，曹禾在他的《醫學讀書序》中講得最清楚。

經脈醫學是以扁鵲、倉公爲代表人物，以《脈書·上經》中的起首語“夫五藏、九竅、十二節，皆朝於氣”爲核心理論。這種通天的思想，被後來的經師們説解爲一篇，見《素問·生氣通天論》。這是中華民族“天人合一”信仰在醫學中的具體體現，説明了針灸爲什麼能治病的道理和它的文化根脈。天回漢墓發現的經脈髹漆人，具體體現和解釋了這種通天思想。《黄帝内經》有關針灸取穴内容，大多是圍繞着這句話和經脈人來闡述針灸的原理和臨床的應用。這種通天思想以臟腑、經脈、氣血、氣口等爲理論基礎，現在的中醫基礎理論裏的藏象、經脈、氣血、津液原本是經脈醫學的理論。

除了這種醫學的理論，經脈醫學是以經脈對疾病進行分類的，以色脈爲診法，以針灸爲主要治法。根據出土的醫學文獻，馬王堆有三種經脈，張家山有一種，老官山有兩種，加以傳世的《靈樞·經脈篇》一種，共七種經脈。按照現代人的觀念，後出是完善的，後出可以取代前出。若丟開這種觀念，看一下這七種經脈系統，它們是有區别的，特别是治法上的區别，或許由不同的經師所傳，所以都留下來了。到了《靈樞·經脈篇》變成了“陰陽相貫，如環無端”，並被載入典册，歸爲一統了。

這個問題很有趣，其他的六種經脈系統都是獨立循行的。連起來了，“十二經診法”

就没有了；連起來了，就可以“獨取寸口”了；連起來了，診脈便進入了湯液醫學。

其實，我想到的是另外一個問題，即中華文化的問題。我們看一下五經，看一下醫經，不是虚幻的學問，有人説經脈是通過返觀内照發現的，若照這些説法，一開始的十一經脈怎麼會“反觀”錯了呢？生命認知之初，最容易得到的是“形”，而對於形的認識，則是法天地自然之象得來的，即由形而入理、由形而入道的學問。如《素問・陰陽應象大論》説五臟就是從天地自然説起，“東方生風，風生木，木生酸，酸生肝，肝生筋……”。《素問・著至教論》稱這種醫學爲“醫道”，醫道要“上知天文，下知地理，中知人事”，可見中醫是“究天人之際”的學問。

（二）湯液醫學

湯液醫學是以伊尹爲代表的，皇甫謐説“伊尹以亞聖之才，撰用神農本草，以爲湯液”，伊尹繼承的是神農本草的學問，創造了湯液，我稱之爲湯液醫學。這種醫學的核心理論即《脈書・下經》中説的“病久則變化，變則同，同則難辨也”。這種醫學，以識證爲要務，醫方多爲“成方”，所以稱爲經方。司馬遷説“扁鵲言醫，爲方者宗，守數精明，後世循序，弗能易也”。方者，指醫方家；守數，即“有數者異之，無數者同之”之意，就是今天説的“辨證施治”。湯液醫學以皮毛、肌膚、筋脈、六府、五藏作爲理論基礎。東漢張仲景將經方與醫經中的三陰三陽理論相結合，後世稱爲“六經”，其實六經與經脈没有關係，是因氣之多少，而分爲三陰三陽。今《黄帝内經》中的《熱論》《評熱病論》《根結篇》《皮部論》《陰陽類論》等篇章中的三陰三陽均與經脈無關，三陰三陽的實質是對疾病進行分類，在《黄帝内經》中還有很多對疾病的分類方法，爲什麼會這樣？因爲今《黄帝内經》乃傳訓詁之作，解經的人不知有多少呢。

用好經方，重在識證。從出土的醫簡看，西漢時的湯液醫學，對證的認識和記録是有規律的。從風開始，久風產痹，然後是厥、痿等，這個順序不能顛倒了。如果從漢到清選四百種醫方和臨證類古籍，把目録拉出來看一下，這個順序改變了。《素問》中説：“邪風之至，疾如風雨，故善治者治皮毛，其次治肌膚，其次治筋脈，其次治六府，其次治五藏。治五藏者，半死半生也。”不僅是有病早治，其深層的道理是講疾病變化。經脈醫學的疾病多見於《靈樞》，湯液疾病多見於《素問》。皇甫謐説“《素問》論病精微，《九卷》原本經脈”，一點都没有錯，《素問》是講疾病變化的，《靈樞經》是講經脈的。

（三）導引醫學

“導引醫學”是以彭祖爲代表人物，以張家山《引書》“春生、夏長、秋收、冬藏”爲核心理論。天出其精，地出其形，形神合一，乃成爲人。

人以天地之氣生，四時之法成，其養成則在於人。形神合一是生命的至高境界，如何做到形神合一，就需要導引。以“導氣令和、引體令柔、内觀内求、自診自療”，達到祛老全形的目的。

導引醫學的疾病系統是什麼？《黄帝内經》中關於四時疾病的論述比比皆是，是導引醫學的疾病系統。

《素問・上古天真論》説：“女子七歲，腎氣盛，齒更髮長；二七而天癸至，任脈通，太沖脈盛，月事以時下，故有子；三七，腎氣平均，故真牙生而長極；四七，筋骨堅，髮長極，身體盛壯；五七，陽明脈衰，面始焦，髮始墮；六七，三陽脈衰於上，面皆焦，髮始白；七七，任脈虚，太沖脈衰少，天癸竭，地道不通，故形壞而無子也。丈夫八歲，腎氣實，髮長齒更；二八，腎氣盛，天癸至，精氣溢瀉，陰陽和，故能有子；三八，腎氣平均，筋骨勁强，故真牙生而長極；四八，筋骨隆盛，肌肉滿壯；五八，腎氣衰，髮墮齒槁；六八，陽氣衰竭於上，面焦，髮鬢頒白；七八，肝氣衰，筋不能動，天癸竭，精少，腎藏衰，形體皆極；八八，則齒髮去，腎者主水，受五藏六府之精而藏之，故五藏盛，乃能瀉。……夫道者，能却老而全形，身年雖壽，能生子也。”道者，即善導引者。女子七七、男子八八的生命過程，並没有從臟腑、經脈、氣血的理論講，是導引的理論基礎。

（四）三世醫學的理論基礎

經脈醫學有經脈疾病系統，湯液醫學有湯液疾病系統，導引有四時疾病系統。《脈書·上經》中的“五藏、九竅、十二節，皆朝於氣”，這個氣指的是天氣、自然之氣，生命和自然之氣息息相關，是色脈診、針灸砭石的理論基礎。

《脈書·下經》中的“病久則變化，變則同，同則難辨也”，是關於疾病變化的規律，掌握規律須守數精明，善於識證，善於用方，是湯液醫學的理論基礎。

《引書》中的“春生、夏長、秋收、冬藏”，是關於人以天地之氣生，四時之法成，臟腑、經脈、氣血生命活動皆法於四時，是導引醫學的理論基礎。

看得出來，三世醫學的核心理論是文化問題，天人合一思想在三世醫學中體現得淋漓盡致，這是中醫學的文化根脈。這樣的文化根脈是精彩的，是成熟的，是博大精深的，中醫學也是博大精深，歷久彌新的。

中華傳統文化的特徵是後出不取代前出、歷久彌新、萬變不離其宗的文化。天人合一的思想造成了究天人之際的學問，中醫學也是如此。例如，經脈從獨立循行到“陰陽相貫，如環無端”，它的疾病分類的本質被掩蓋了。從十二經診法一變成爲獨取寸口，以至於《靈樞·經脈篇》中的“是動病”“所生病”“盛則瀉之，虚則補之，不盛不虚，以經取之，陷下則灸之”就基本看不懂了。還有腧穴，天回醫簡中稱“氣口”或“脈口”，共一百零六個，東漢以後變成了三百六十五個，以應周天三百六十五天，整整齊齊。再有中藥，從西漢時的一百多種，到《神農本草經》成了三百六十五種，也是爲了應周天三百六十五。真的就是這樣嗎？這實際上是一個歷史文化問題。

四、以醫經爲核心的三世醫學

記録三世醫學理論體系的是“醫經”。從出土的醫學文獻來看，大多没有題名，也没有直接稱“經”的。《扁鵲倉公列傳》稱倉公從公乘陽慶那裏“受其脈書上下經”，《素問·病能論》引古書有《上經》《下經》，李柱國校醫書定著有《黄帝内經》《黄帝外經》等，到了西晋王叔和，直接把《脈書》稱爲《脈經》了。醫經就是醫學理論，早在兩千多年以前中醫學就有了系統理論，是很了不起的。換個角度説，中醫學早在漢代就是通過系統學習就能够掌握一門學問，這與《易》《詩》《書》《禮》《春秋》五經一樣，除了没有立學官，其作爲經的本質是一樣的。章學誠説《方技略》中的内、外諸經，是諸子略中一家之言，是形而上之道。

因爲要教授學生，五經各立學官三家，凑巧的是，醫經也有黄帝、扁鵲、白氏三家。經師們講五經，傳到後世，皆經、傳分明，相比於五經，醫經則是經、傳不分了。觀倉公學醫以及後來教授學生，最重要的是《脈書》。除此之外，還有《五診》《經脈高下》《奇絡結》《論俞所居》等十幾種，這些書，恐已是解經之作了，“授之以章句”，這是醫經傳承最重要的方法。

李柱國編定《黄帝内經》爲十八卷，參照出土的天回醫簡，十八卷就是十八種書，就是十八篇，想必也多爲傳訓詁之作了，已經比出土的天回醫簡多出來很多了。

《黄帝内經》十八卷，其中多爲傳訓詁之作，這個問題很重要。劉向等校書之後，這種解經的方式從未中斷，迨至東漢時期，不知何人將這些解經之作匯爲一編，稱爲《素問》和《針經》，到了皇甫謐，提出這兩部書即《黄帝内經》。然而，看一下《針灸甲乙經》的内容，與《素問》《靈樞》相差無幾，可見皇甫謐所説“今有《素問》九卷、《針經》九卷，二九十八卷，即《内經》也”。這是皇甫謐的推測，不知此十八卷不能等同於彼十八卷。知道這些變化，對於我們讀古人的書有很大的幫助。

醫經的傳承以説解爲主綫，然後匯爲一編，此即皇甫謐所説“觀其所聚，而天地之情事見矣。況物理乎？事類相從，聚之義也”。存世的醫經，大致不出此理。然“集成”之意，不僅在於此。《異法方宜論》説：“故聖人雜合以治，各得其所宜，故治所以異而病皆愈者，得病之情，知治之大體也。”這個“得病之情，知治之大體”，即權衡病之變化，得其善者而治之，這是三世醫學的融合之理，而《黄帝内經》則成爲三世醫學的融合之作。

中國的學問圍繞五經而傳承，中醫圍繞醫經而傳承，從小學、校讎到古籍整理、文獻學，都是學問傳承的方法，中醫百部經典整理是爲了培養這方面人才。傳承就要守“家法”，要守着經與傳訓詁、再傳訓詁之作。有了三世醫學的思路，傳承就清晰了。各位如果有興趣，一邊實踐，一邊學習，堅持幾年，一定可以入得門來。

巴蜀醫籍綜論

舒大剛

(四川大學古籍整理研究所，四川 成都 610065)

提 要：巴蜀地區以其天然的土壤優勢以及潮濕溫潤的氣候，成爲中醫藥物的最佳産地之一，7200多種中草藥生長在巴蜀，占全國85%以上，是神農嘗百草、辨藥性的好地方，故文天祥贊曰“炎皇覽衆草，異種多西川”；巴蜀是人類發祥地之一，人類文明和中醫藥學在這裏萌芽，歷史上有名可考的醫家不下千人。《山海經》記載的諸多植物、動物、礦物的藥效和養生作用，可視爲早期經方和本草。出土文獻中發現舊石器時代的骨針，漢代的木人針灸、經絡偶像，是最早的經脉圖案和針灸腧穴。巴蜀人還發明了全國甚至全世界最早的婦産科、兒科、食療、人工種牛痘等技術。唐氏蜀醫昝殷撰《經效産寶》，是人類歷史上第一部婦産學專著；嚴龜著《食法》、昝殷著《食醫心鑒》，是最早的食醫著作；梅彪著《石藥爾雅》，仿《爾雅》解釋中藥性味；祖籍波斯、定居蜀中的李珣，撰《海藥本草》，成爲第一部海外藥物學專著；孟蜀韓保昇撰《蜀本草》，首創給藥物配圖的方法；唐慎微《證類本草》爲本草藥物附配方，都成爲後世本草著作的典範。巴蜀人還編出集大成的醫方（《廣正集靈寶方》一百卷），爲宋代舉全國之力編輯大型方劑著作奠定了基礎。特别是唐慎微《證類本草》從内容到體例，都爲李時珍撰修《本草綱目》打下了基礎。巴蜀還是醫學文獻收藏和傳播的重要區域，巴蜀人的著作也多集成性質，因此一些重要醫學典籍，多借巴蜀人著作得以傳承，文天祥贊蜀醫“向來秦越人，朝洛夕邯鄲；子持《鵲經》來，自西亦徂南”，蓋有所指。巴蜀醫藥學既有創新，也有傳承，既有集成，也有彙編，是中華醫學寶庫中最具創造性和傳播性的重要部分。

關鍵詞：巴蜀地區；中醫藥；文獻研究

一、巴蜀醫史

産生於巴蜀大地的《山海經》，記載了大量巴蜀植物、動物、礦物的保健和醫用價值。《山海經》裏面還記載了十幾位元巫醫，郭璞注就説“皆神醫也”，説他們都是技術高超的神醫。

《山海經》裏介紹："鵲山有草焉，其狀如韭，而青華，其名祝餘（或作桂荼），食之不饑。""有獸焉，其狀如禺而白耳，伏行人走，其名狌狌，食之善走。"又柢山"有魚焉，其狀如牛，陵居，蛇尾有翼，其羽在魼下，其音如留牛，其名曰鯥，冬死而夏生，食之無腫疾"；又基山"有鳥焉，其狀如雞，而三首、六目、六足、三翼，其名曰鵸鵌，食之無卧"；青丘之山"即翼之澤，其中多赤鱬，其狀如魚而人面，其音如鴛鴦，食之不疥"；小華之山"其草有萆荔，壯如烏韭，而生於石上，亦緣木而生，食之已心痛"，等等。

那時還没有醫藥專書，中國早期的醫藥知識，就是靠《山海經》這樣的記載得以傳承。今天流傳下來的《神農本草經》，雖然傳説是從神農時代逐漸積累傳下來的，但其真正成書却較晚，《漢書・藝文志》没有記載，到了《隋書・經籍志》纔有著録。這個書後來又失傳了，還是靠蜀人在他的書裏面把它完整地保存下來，就是唐慎微《證類本草》。再到後來，人們纔通過輯佚把它恢復過來。早先没有專書的情况下，這些本草知識主要通過《山海經》這樣的文獻零零星星地傳播下來。

巴蜀人善於修身，最早就是彭祖，他活了八百歲，《莊子注》裏講他"餌雲母，禦女，凡數十娶"。堯舜部落裏出現了"彭籛"這個名字，在殷末時又出現，他已經七百六七十歲了，人還不衰。是後巴蜀常有不老、不死、長生還有得仙的傳説。

吴福連《擬四川藝文志》根據《漢書・藝文志》所載《容成陰道》二十六卷，確定這就是蜀中最早的醫學專書，本書就是講房中術、講修煉的。

另外西晋譙秀的《蜀記》，也記載了"蜀中八仙"①。蜀中早在晋代就形成了八仙，"八仙，容成實居其首"，容成氏是當時的仙人，善於房中術。從那以後，巴蜀的醫人、醫書就不絶於耳了。

一直到民國年間，各種文獻記載的四川醫家有名可考的就有一千多人，各種醫學著作有七百多種。《後漢書》有《郭玉傳》載："初有老父，不知何出，長漁釣於涪水，因號涪翁。乞食人間，時下針石，輒應時而效，乃著《針經診脈法》。"這就是專門講針灸和診脈的書，留存於世。

他當時傳了個學生程高，"尋求積年，翁乃授之"。程高也"隱迹不仕"。巴蜀自古多隱士，司馬相如的老師胡安，揚雄的老師嚴君平，李白的老師趙蕤，蘇軾、蘇轍的老師張易簡，劉沅的老師野雲道人，段正元的老師龍元祖等都是隱士，也都是高人。

程高又收郭玉爲學生。郭玉"少師事高，學方診六征之技、陰陽不測之術"。他後來爲官至太醫丞，"多有效應"。這是見於正史的巴蜀醫家。

從考古材料看，1993年在綿陽從西漢早期古墓中發現了一具標有人體經絡流注的木質漆人（又稱"涪水經脈木人"），這是當時所見最早"經絡漆人"，是後世"針灸銅人腧穴"的前輩，這正好可與《後漢書》所載涪翁"時下針石，應時而效"相印證，綿陽因之而被尊爲"中國針灸故鄉"。

2012—2013年，考古工作者又在成都天回鎮發掘的西漢古墓中，發現扁鵲系醫簡900餘枚，還出土了完整的"經穴髹漆人像"，高約14厘米，五官、肢體刻畫準確，白

① 注：此八仙是道教八仙，形成於北宋，曹國舅是北宋人，韓湘子是唐人。

色或紅色描繪的經脈綫條和穴點清晰可見，不同部位還陰刻“心”“肺”“腎”“盆”等字，這又是迄今發現最早、最完整的經穴人體模型。時代遠在“涪水經脈木人”之前，天回鎮遂成“針灸故鄉”的“老家”。

《華陽國志》也記載“李助多方，以兹立稱”。他“字翁君，涪人也”，也“通名方，校醫術，作《經方頌説》，名齊郭玉”。《宋史·藝文志》載“《李八百方》一卷”，説是漢代蜀人所作。可見自漢代開始，蜀中醫學已經發展起來，並有著述傳世。

到唐代後，巴蜀的醫書就多起來了。比如昝殷，作《經效産寶》，是第一部婦産科學著作。段成式《酉陽雜俎》卷八提道：“蜀醫昝殷言：‘藏氣陰多則數夢，陽壯則少夢，夢亦不復記。’”他還研究夢理。北宋楊子健，又叫楊退修，也撰《十産方》，專講逆産的接生方法。還有周頲《保童法》，是兒科著作。你看看，中國古代，我們的先人對婦女兒童保健都是早都重視的。唐代還提倡食醫，唐代蜀人嚴龜撰有《食法》，講食療、藥膳。前面提到的昝殷也有《食醫心鑒》。當然也有鑽研煉丹的，《成都文類》卷十五就載爾朱先生《還丹歌贈僞蜀醫藥院判官胡德榮》：“欲究丹砂訣，幽玄無處尋。不離鉛與汞，無出水中金。金欲制時須得水，水遇土兮終不起。但知火候不參差，自得還丹微妙理。”

宋真宗時，有峨眉女醫，發明用已患牛痘的“痂”，移種在未患病兒童身上達到免疫效果。也就是預防天花，人工接種牛痘。宋代“蜀醫”的名號很響亮。《普濟方》卷二一七就載：“蜀醫殿機何同顔方佳甚。”卷二二六也引“蜀醫何殿機傳方”。張杲《醫説》卷十載：“古有患胸痺者，心中急痛如錐刺，不得俛仰。蜀醫爲胸府有惡血故也，遂取生韮數斤搗汁，令服之，即果吐出胸中惡血，遂差。”再就是文天祥《贈蜀醫鐘正甫》曰：“炎皇覽衆草，異種多西州。爲君望岷峨，使我雙淚流。向來秦越人，朝洛夕邯鄲。子持《鵲經》來，自西亦徂南。”文天祥對蜀醫十分讚賞，對回歸四川，十分嚮往，以至於流淚。詩中還透露出，蜀醫所傳乃秦越人醫技，所持經典是《扁鵲醫經》，説明巴蜀醫學在《黄帝内經》外又有扁鵲一派體系。

“蜀醫”的品牌，在明代還很響亮。明江瓘《名醫類案》卷二：“蜀醫張肱治。眉山有揭穎臣者，長七尺，健飲啖，倜儻人也。忽得消渴疾，日飲水數斗，食常倍，而數溺消渴，藥服之逾年，病日甚，自度必死。張診脈，笑曰：‘君幾誤死矣。’取麝香當門子，以酒濡之，作十餘丸，取枳枸子爲湯，飲之遂愈。”

二、蜀中本草

巴蜀地區氣候温和，地理複雜，是中藥材生長的天然沃壤，“川藥”歷來爲醫家所重，文天祥《送蜀醫鐘正甫》有“炎皇覽衆草，異種多西川”之説。據全國第四次資源普查發現，在四川生長的中藥材就達 7200 餘種，我們知道號稱集中藥之大成的《本草綱目》所收中藥也就 1882 種，李時珍和他的兒子李建中都是到四川蓬溪做過知縣的，對川藥的認識也纔四分之一；其中常用中藥材 310 餘個，占全國 85%；特有療效的中藥材 80 餘種，故歷代蜀醫撰著“本草”者比比焉。唐人梅彪《石藥爾雅》二卷，仿《爾雅》之法解釋中藥性味。自波斯來華定居蜀中的李珣，亦撰《海藥本草》六卷，是第一部記録和説明海外藥物性能的專著。關於《海藥本草》，掌禹錫稱爲《南海藥譜》，作二卷，稱“不著撰人名氏。雜記南方藥物所産郡縣，及療疾之功，頗無倫次”。李時珍考證説：“此即《海藥本草》也，凡六卷。唐人李珣所撰。珣蓋肅、代時人。收采海藥，亦頗詳明。”李時珍的説法是對的。

神農本草也與巴蜀關係密切。神農在四川有很多傳説，謝无量先生就説“神農降巴黔”。漢代文獻説，神農到峨眉山向天真皇人請教過，黄帝也向天真皇人問過道。《山海經》講建木“黑水之間，有都廣之野，後稷葬焉”，後稷就是農神，也就是炎帝。還有“素女出焉”，醫經中常見“黄帝問素女”。

還有五代後蜀韓保昇，接受孟蜀孟昶命令編《蜀本草》。《本草綱目》：“蜀主孟昶命翰林學士韓保昇等，與諸醫士取《唐本草》參校、增補、注釋，别爲圖經，凡二十卷。昶自爲序，世謂之《蜀本草》。其圖説藥物形狀頗詳”云云。《蜀本草》比《唐本草》還要大的多，增加了六百多味中藥，還增加了精緻附圖。另有陳仕良《食性本草》，掌禹錫曰：“南唐陪戎副尉劍州醫學助教陳士良撰。取神農、陶隱居、蘇恭、孟詵、陳藏器諸家藥，關於飲食者，類之，附以食醫諸方，及五時調養臟腑之法。”李時珍却説：“書凡十卷，總集舊説，無甚新義。”不過，他能够將前人成果加以轉化，改治療爲食補，也是很有實用價值的。晚清民國學人劉咸炘，就講“本草之集，莫博於唐”。

入宋，則有陳承《元祐本草别説》30卷和唐慎微《證類本草》30卷（後增爲32卷）。《證類本草》尤其傑出。它在《蜀本草》的基礎上，增加藥物500餘味，比《唐本草》多出將近一倍以上；還首次在本草中配附了湯藥，便於實用，成爲明李時珍撰著《本草綱目》所依據的最主要藍本。李時珍稱述説：“宋徽宗大觀二年，蜀醫唐慎微取《嘉祐補注本草》及《圖經本草》合爲一書，復拾《唐本草》、陳藏器《本草》、孟詵《食療本草》舊本所遺者五百餘種，附入各部。並增五種。仍采《雷公炮炙》及唐本《食療》、陳藏器諸説收未盡者，附於各條之後。又采古今單方並經史百家之書有關藥物者，亦附之。共31卷，名《證類本草》，上之，朝廷改名《大觀本草》。慎微貌寢陋，而學該博，使諸家本草及各藥單方垂之千古，不致淪没者，皆其功也。政和中，覆命醫官曹孝忠校正刊行，故又謂之《政和本草》。”《證類本草》收書最廣，保存古書、古方最多；它體例嚴謹，記載藥物，先説《神農本草經》有多少味，再分列後增加的藥物，包括吴注、葛仙翁、《唐本草》《蜀本草》等增加了多少，有條不紊。後人根據這個綫索把失傳的《神農本草經》輯出來，分三大類藥物：第一類是君，一百二十種，應天保命；第二類一百二十種是臣，是應人保性；第三類是佐使，纔是治病的，是具體治哪個病症，治標，是應地。蜀人觀念就是“天、地、人”三才一統，“三皇”是天皇、地皇、人皇，三星堆出土的神樹神壇是天界、地界、人界，揚雄《太玄經》也是分天玄、地玄、人玄。天地人這個觀念，在蜀中是由來已久。《神農百草經》也是天、地、人，後來它得到保存，也是蜀人唐慎微《證類本草》的功勞。蜀中在《神農本草經》的成書、保存、流傳上是有重要貢獻的。

《神農本草經》載藥是365味，以應一年天數。後來在南北朝陶弘景《名醫别録》增加365味，唐代《唐本草》再增加114味，五代孟蜀《蜀本草》又增加100味，到宋唐慎微《證類本草》還增加500味，就達到了1814味。《證類本草》也有創新，不僅在

《蜀本草》基礎之上增加中藥 500 種，而且還附有湯藥，就是附配方。這成爲後來李時珍編撰《本草綱目》的重要藍本（李時珍增藥 374 味）。

三、巴蜀醫籍舉隅

晚清尊經書院院生吴福連（名山人）撰《擬四川藝文志》，仿《漢書・藝文志》著録圖書，單列有《方技略》，與六藝、詩賦、兵書、數術平級。從作用上講，假如“諸子”可以爲良相，那“方技”就可以爲良醫，“不爲良相，便爲良醫”，這是中國古代士人的理想。

從《漢書》開始，將醫書分成四大類：醫經、經方、房中、神仙。“醫經”是講醫學原理的文獻，“經方”是講治病方劑湯頭的文獻，“房中”是講兩性健康生活的文獻，“神仙”則是講經過修煉達到長生久視、闢穀飛升境界的文獻。先要通“醫經”有理論修養，然後纔能用好“經方”來治病；又要通過“房中”等修煉，最後可以達到“神仙”境界。

吴氏《藝文志》著録巴蜀方技文獻 60 家 68 部，其中不乏精品之作。雖然不是巴蜀醫藥學的全部，但也囊括大多重要的成果。下面就按醫經、經方、房中、神仙四類，來分别叙述巴蜀的醫學著作。

（一）醫經九家十部

首先是“醫經”，即醫學理論著作。他撰有醫經小序：“《范史》稱廣漢郭玉，師事程高，學方診六微之技、陰陽隱測之術，可謂精於醫經矣。退修於‘五運六氣’，頗有發明，黄庭堅稱之，諒矣！安時依則張機，亦能推闡《傷寒》之旨。史崧究心《素問》，增修音釋，均有補於醫經。”

後面還列有十部著作：

> 《通神論》十四卷，《通考》，宋楊退修。
> 《難經注》五卷，《通考》，虞庶。
> 《傷寒總病論》六卷，附章訓一卷，《通志》，龐安時。
> 《黄帝素問靈樞集注》二十四卷，省志，史崧。
> 《素問糾略》三卷，《明志》，楊慎。
> 《長沙發揮》二卷，《王氏瘆論》一卷，並省志，費密。
> 《人鏡經續録》二卷，省志，張吾瑾。
> 《醫理精華》二卷，省志，王以曜。
> 《脾胃續論》一卷，省志，孫介蝦。

“范史”就是范曄《後漢書》，“稱廣漢郭玉，師事程高，學方診六微之技、陰陽隱測之術，可謂精於醫經矣”。前面我們介紹了程高、郭玉，東漢人，他們深通醫理，對醫學哲學、醫學原理、醫經内涵是很精通的。

“退修”就是楊退修，又叫子建。“退修於五運六氣，頗有發明”，因爲他著有《通神論》，對“五運六氣”理論深有闡發；“黄庭堅稱之”，黄庭堅爲他專門寫了一篇很長的序（《楊子建通神論序》）：“今年以事至青神，有楊康侯子建者，以其所論著醫，惠然見投；悉讀之，而其説汪洋。蜀地僻遠，無從問所不知。子建閉户讀書，貫穿黄帝、岐伯，無師之學，至能如此，豈易得哉！然其湯液皆以意調置，則不能無旨矣。方皆聖智妙於萬物之性者，然後能作，而巧者述之，而世之者也。今子建發明‘五運六氣’，叙病裁藥，錯綜以針艾之方，與衆共之。是亦仁人之用心云爾。”（《山谷别集》卷三）；“諒矣”，就説黄庭堅所説是值得信賴的。

“安時”是龐安時，他對張仲景的《傷寒論》進行了注釋，著有《傷寒總病論》六卷，附《章訓》一卷，“推闡傷寒之旨”。龐安時其人，在《東坡集》卷三四《聖散子方叙》有載，大致謂，“眉山巢谷，有《聖散子方》甚驗，其方不知所從出”，“谷多學好方，秘惜此方，不傳其子”，東坡“苦求得之”。及“謫居黄州，比年時疫，合此藥散之，所活不可勝數”。巢谷當初傳授東坡此方時，“約不傳人，指江水爲盟”。東坡爲了救濟更多的病人，於是悄悄地傳給“蘄水人龐君安時”。“安時以善醫聞於世，又善著書，欲以傳後”。東坡“故以授之，亦使巢君之名，與此方同不朽也”。後來陳著也在《梁宰觀經驗良方序》叙及：“昔巢谷有《聖散子方》，能活傷寒之秘，不欲傳之人，指松江爲誓。蘇長公得之，笑其隘。時有龐安時，醫而善著書，授之。曰：‘使巢谷同此不朽。’”（《本堂集》卷三八）不過，東坡説安時是蘄水人，吴福連叙在《四川藝文志》中，當因巢谷、東坡而及之邪[①]？《四庫全書總目》亦指出：“安時字安常，蘄水人。案袁文《甕牖閑評》載蘇軾稱‘蜀人龐安常’，未詳孰是。”張耒《跋龐安常傷寒論》：“古之良醫，皆不預爲方，何也？病之來無窮，而方不能盡，使不工者惑其疑似而用之，則害大矣。惟仲景《傷寒論》論病處方，纖悉必具；又爲之增損進退之法，以豫告人。嗟夫！仁人之用心，其非通神造妙者，不能爲也。龐安常又竊憂其有病證而無方者，續著爲論數卷，其用心爲術，非儷古人，何以及兹？淮南人謂龐安常能與《傷寒》説話，豈不信然哉？予將去黄，欒仲實以黄别駕後序求予書。而仲實之父爲醫，得龐君之妙，謂予言何如也？”安堂卒，又作《龐安常墓志銘》稱其醫績：“紹聖丁丑，予得罪，謫官齊安，而得蘄水龐君焉。其於醫，殆所謂聰明微妙者也。君諱安時，字安常。蘄州蘄水人。其在孕時，頗有異。及兒時讀書，儁穎絶人，一經目，輒終身不忘，鄉黨奇之。其父諱之慶，號高醫，年老且病。君問醫於父，父授以脈訣，君曰：‘是不足爲也。’獨取黄帝、扁鵲之脈書治之，未久，已能通其説，時出新意，辨詰不可屈，父大驚。君時未冠也。已而病聾，君

---

① 按，東坡爲龐安時所寫《墓志銘》稱，安時熟悉黄帝、扁鵲之脈書，精讀《靈樞》《太素》《甲乙》等經書。考《漢志》有《扁鵲内經》九卷、外經十二卷，又有《泰壹黄帝扁鵲俞拊方》二十三卷，“扁鵲”一系外間不傳，文天祥贊蜀醫有“向來秦越人，朝洛夕邯鄲；子持《鵲經》來，自西亦徂南”，説明“蜀醫”乃傳“扁鵲”醫統，近時天回出土“敝昔”醫經即其證明。《靈樞經》外間亦不傳，唯蜀人史崧家藏，史自序“昔黄帝作《内經》十八卷：《靈樞》九卷，《素問》九卷”，然“世所奉行，唯《素問》耳。越人得其一二，而述《難經》；皇甫謐次而爲《甲乙》”云云。史崧“但恨《靈樞》不傳久矣，世莫能究”，遂取“家藏舊本《靈樞》九卷”，予以校正，並“增修音釋”乃傳於世。可見，龐安時所傳醫道乃蜀醫一系，故史上稱其“蜀人”，吴氏歸之“四川”也。

曰：‘天使我隱於醫歟?’乃益讀《靈樞》《太素》《甲乙》諸秘書，凡經傳、百家之涉其道者，靡不貫通。時時爲人治病，有奇功，率十愈八九。而君性愷悌明豁，好施而廉。於是有輿疾自千里，踵門求治者，君爲辟第舍居之。親視饘粥藥物，既愈而後遣之。如是常數十百人不絶也。其不可爲者，必實告之，亦不復爲治。活人無數，病家持金帛來謝，不盡取也。”① 又記其言醫之妙者甚衆。復舉其著書：“又曰：‘予欲以其説告後世。’故著《難經解》數萬言；觀草木之性，與五臟之宜，秩其職位，官其寒熱，班其奇偶，以療百疾，著《主對集》一卷；古今異宜，方術脱遺，備傷寒之變，補仲景《傷寒論》；藥有後出，古所未知，今不能辨，嘗試有功，不可遺也，作《本草補遺》一卷。籲！其備矣。”吴氏所舉二書尚存，收入《四庫全書》，卷首有蘇軾一信答應給其書作序而未成：“軾啓，久不爲問，思企日深。過辱存記，遠枉書教，具聞起居佳勝，感慰兼集。惠示《傷寒論》，真得古聖賢救人之意，豈獨爲傳世不朽之資？蓋已義貫幽明矣！”又有黄庭堅《傷寒總病論原序》：“（安常）中年乃屏絶戲弄，閉門讀書，自《神農》《黄帝》、經方、扁鵲、《八十一難經》、皇甫謐《甲乙》，無不貫穿。其簡策紛錯，黄帝朽蠹，先師或失其意；學術淺薄，私智穿鑿，曲士或竄其文。安常悉能辯論發揮，每用以治病，幾乎十全矣。然人疾詣門，不問貧富，爲便房曲齋，調護寒暑所宜，珍膳美蔬，時節其飢飽之度。愛老而慈幼，不以人之疾嘗試其方，如疾痛在己也。蓋其輕財如糞土，耐事如慈母而有常，似秦漢間任俠而不害人，似戰國四公子而不争利，所以能動而得意，起人之疾不可爲數。他日過之，未嘗有德色也。其所總輯《傷寒論》，皆其日用書也。欲掇其大要，論其精妙，使士大夫稍知之。然未嘗游其庭者，雖得吾説而不解。若有意於斯者，讀其書自足以攬其精微，故不著。著其行事，以爲後序云。前序，海上人諾爲之，故虚其右以待。元符三年三月，豫章黄庭堅序。”館臣《提要》有案：“安時本士人，習與蘇軾、黄庭堅遊。第六卷末附《與軾書》一篇，論是編之義甚悉。卷首載軾《答安時》一帖，猶從手迹鈎摹，形模略具。又以黄庭堅《後序》一篇冠之於前，序末稱‘前序，海上人諾爲之，故虚其右以待’，署‘元符三年三月’作。時軾方謫儋州，至五月始移廉州，七月始渡海至廉，故是年三月猶稱‘海上人’也。然軾以是年八月北歸，至次年七月即卒於常州。前序竟未及作，故即移後序爲弁首也。”源流甚悉。又道：“（張）耒作《明道雜志》，記安時治驗，極其推挹。而葉夢得《避暑録話》乃頗不滿於安時。蓋耒蘇軾客，夢得蔡京客，其門户異也。然曾敏行《獨醒雜志》亦記其治泗州守王公弼中丹石毒甚奇，又記其治公弼之女尤神異。敏行於元祐、紹聖兩局，均無恩怨，則所記當爲公論矣。”葉夢得《避暑録話》卷上：“子瞻在黄州，蘄州醫龐安常亦善醫傷寒，得仲景意。蜀人巢谷出《聖散子方》，初不見於前世醫書，自言得之於異人。凡傷寒不問證候如何，一以是治之，無不愈。子瞻奇之，爲作序，比之孫思邈三建散。雖安常不敢非也，乃附其所著《傷寒論》中，天下信以爲然。……宣和後，此藥盛行於京師，太學諸生信之尤篤，殺人無數。……子瞻以谷奇俠而取其方，天下以子瞻文章而信其方。事本不相因，而趨名者又至於忘性命而試其藥”云云。可見，葉氏所非乃世人過信巢谷《聖散子方》，不加區别而用之誤事，而非龐安時醫術也。

① （宋）張耒：《龐安常墓志銘》，《全宋文》第一二八册，上海：上海辭書出版社，第123頁。

“史崧”又是另外一個人，他“究心《素問》”，對《素問》有深入的研究；“增修音釋”，就是給《素問》注音加解釋。曹學佺《蜀中廣記》載：“《靈樞經音注》二十四卷，紹興中成都史崧校正。本文九卷八十一篇，增修音釋，轉運司爲之詳定，以送秘書省。自爲序。”按，史崧所校本仍存，清收入《四庫全書》，前有自序：“昔黄帝作《内經》十八卷：《靈樞》九卷、《素問》九卷，乃其數焉。世所奉行，唯《素問》耳。越人得其一二，而述《難經》。皇甫謐次而爲《甲乙》。諸家之説，悉自此始。其間或有得失，未可爲後世法。則謂如南陽《活人書》，稱‘欬逆者噦也’。謹按《靈樞經》曰：‘新穀氣入於胃，與故寒氣相争，故曰噦。’舉而並之，則理可斷矣。又如《難經》第六十五篇，是越人標指《靈樞》本輸之大略。世或以爲流注。謹按《靈樞經》曰：‘所言節者，神氣之所游行出入也，非皮肉筋骨也。’又曰：‘神氣者，正氣也。神氣之所游行出入者，流注也。井滎輸經合者，本輸也。’舉而並之，則知相去不啻天壤之異。但恨《靈樞》不傳久矣，世莫能究。夫爲醫者，在讀醫書耳。讀而不能爲醫者有矣，未有不讀而能爲醫者也。不讀醫書，又非世業，殺人尤毒於挺刃。是故古人有言曰：‘爲人子而不讀醫書，由爲不孝也。’僕本庸昧，自髫迄壯，潛心斯道，頗涉其理，輒不自揣，參對諸書，再行校正。家藏舊本《靈樞》九卷，共八十一篇，增修音釋附於卷末，勒爲二十四卷。庶使好生之人，開卷易明，了無差别。除已具狀經所屬申明外，准使府指揮依條申轉運司選官詳定，具書送秘書省國子監。今崧專訪請名醫，更乞參詳，免誤將來，利益無窮，功實有自。時宋紹興乙亥仲夏望日，錦官史崧題。”按，《黄帝内經》十八卷，今傳《素問》九卷，另外九卷，皇甫謐以《針經》甲乙篇九卷當之，王冰以《九靈經》當之，皆不確。唯史崧之以家藏《靈樞》九卷，校正而後配《素問》以成《内經》全帙。《靈樞》之得傳，《内經》之得全，蜀人史崧之力也。

“均有補於醫經”，即這幾位是很厲害的學者，對講明醫學理論、醫學哲學有極大貢獻。郭玉、程高、楊退修、龐安時、史崧，均爲蜀中講醫學理論講的高手，他們或自己形成理論，或傳承扁鵲理論，或者對《黄帝内經·素問》，或者對張仲景《傷寒論》有研究。如楊退修《通神論》、虞庶《難經注》、龐安時《傷寒總病論》、史崧《黄帝素問靈樞集注》，這些都是對中醫理論文獻的重大發展和保存。

（二）經方二十七家二十七種

還有經方類，共著録二十七家二十七種。其經方小序曰：“蜀之經方，始於《李八百》；而李助醫術，亦馳名漢世。梅彪訓釋《百（石）藥》，體仿《爾雅》，最便尋覽。羅氏所集，亦稱詳備。堯叟以《驗方》刻石，爲桂州服藥之始；蘇軾不以醫名，能通醫理，故其方多奇驗。唐慎微深於古方，其《本草》又最有名。”

又列書名如下：

《李八百方》一卷，《通志》，李八百。

《經方頌説》，《華陽國志》，李助。

《百（石）藥爾雅》二卷，省志，唐梅彪。

《食法》十卷，《唐志》，嚴龜。

《産寶》二卷，《宋志》，昝殷。

《保童方》一卷，《通志》，周頲。

《食醫心鑒》三卷，《通志》，昝殷。

《意醫紀曆》一卷，《通志》，五代蜀吴群。

《廣正集靈寶方》一百卷，《通志》，羅普宣。

《海藥本草》十卷，《通志》，李珣。

《蜀本草》二十卷，《通志》，韓保昇。

《食性本草》十卷，《通志》，陳士良。

《集驗方》一卷，省志，陳堯叟。

《劉涓子神仙遺論》十卷，《通考》，李頓（頔）。

《元祐本草别説》三十卷，省志，陳承。

《蘇沈良方》十五卷，《通志》。蘇軾沈括。

《楊子護命方》五卷，《通考》，楊退修。

《修治藥法》一卷，省志，龐安時。

《證類本草》三十二卷，《通志》，唐慎微。

小序説“蜀之經方，始於《李八百》”。李八百，漢代蜀人，《漢志》記載了他的藥方《李八百方》，巴蜀的第一部經方就從《李八百方》開始了。

“而李助醫術，亦馳名漢世”，李助就是《華陽國志》卷十（下）“述梓潼士女”：“李助多方，以兹立稱。助字翁君，涪人也。通名方，校醫術，作《經方頌説》，名齊郭玉。”卷十二“士女目録”也説：“方士李助，字翁君。涪人也。”

“梅彪訓釋百（石）藥，體仿《爾雅》，最便尋覽。”其書名、卷數、作者，《崇文總目》卷十：“《石藥爾雅》一卷，闕。”鄭樵《通志》卷六七：“《石藥爾雅》一卷，梅彪撰。”《遂初堂書目》《説郛》皆兩著《石藥爾雅》，俱不詳卷、人。諸書所引作《石藥爾雅》，如《玉芝堂談薈》卷二九：“《石藥爾雅》：空青一名青油羽。曾青一名赤龍翹。又緑青一名扁青。”《格致鏡原》卷六：“《石藥爾雅》：磁石不拾針者，名緑秋，又名帝流漿。”《通雅》卷四七：“《石藥爾雅》：白狗膽，一名瓠汁；耳上血，曰白龍柒。”或作《藥石爾雅》，明陸容《菽園雜記》卷十：“蕎麥之蕎，韻書無之，《本草》有之，蓋宋人所增耳。《道藏》中有《藥石爾雅》一卷，乃唐元和間梅彪所集諸藥隱名，以粟黍蕎豆麥爲五芽。則此字之來亦久矣。”朱彝尊《經義考》著録爲二卷、存，並載彪序曰：“《爾雅》者，古人訓釋作也。予家西蜀江源，少攻丹術，窮究經方。第用藥皆是隱名，就於隱名之中又有多本，若不備見，猶晝餅夢桃，遇其經方，與不遇無别也。《参同契》云：‘未能悉究，當施直義。’今以衆石異名，象《爾雅》詞句，凡六篇，勒爲一卷。令迷者尋之稍易，習者誦之不難云爾。元和丙戌。”又引白雲霽曰：“釋諸藥隱名。”《曝書亭集》卷四二《石藥爾雅跋》：“唐元和中，西蜀人梅彪撰《石藥爾雅》。醫方以藥石並稱，《爾雅》止釋草木，石不及焉。宜彪取其隱名而顯著之也。自序言衆石異名，象《爾雅》辭句，凡六篇，勒爲一卷。而白雲霽《道藏目録》作二卷，疑後人附益之。唐代遺書傳世者罕矣，乃抄而入諸經部。”清人《廣群芳譜》卷七：“麥字，韻書無之。《道藏》有《藥石爾雅》，唐元和間梅彪所集諸藥隱名，以粟黍蕎麥豆爲五弟。”可見其書乃因《爾雅》不及石類，丹家藥名多用隱名，於是乃專門收集礦石類藥物名，以《爾雅》的方式，著《石藥爾雅》一書，以解異名。

“羅氏所集，亦稱詳備。”指下文所列“《廣正集靈寶方》一百卷，《通志》，羅普宣”。《宋史・藝文志》著録：“羅普宣《靈寶方》一百卷。”篇幅不小。鄭樵《通志・藝文略》：“《廣正集靈寶方》一百卷，僞蜀羅普宣撰。”可見其爲五代後蜀時人。日本丹波元胤《醫籍考》卷四四注：“《宋志》無‘廣正集’三字。”並注“佚”。根據諸書所引，得知《靈寶方》是修仙的方劑，其來甚古。《雲笈七籤》卷一百九“華子期”：“華子期者，淮南人也。師角里先生，受《山隱靈寶方》。一曰伊洛飛龜秩，二曰白禹正機，三曰平衡。按合服之，日以還少。一日能行五百里，能舉千斤，一歲十易皮，後乃得仙去。”《江南通志》一七五：“秦華子期，九江人。隱潛山，從角里先生受《仙隱靈寶方》，返老還少，日行五百里，能舉千觔，一歲十易皮，如蟬蜕。後升仙去。”《普濟方》卷二七〇《禁屍注法》附論：“夫太素真人《保命論》曰：‘胃中有三尺九蟲，變爲諸蟲，約百千數，分居胃中或大小腸間。若能清净恬澹，胎根内守，則屍蟲自滅。撓動貪競，神氣外馳，則屍蟲自熾。滅則可登耆壽，熾則自致夭傷。是知屍注之病，皆本人之屍蟲，及邪氣感通流注而致也。故《靈寶方》論合屍注爲一疾方藥治法。藥固備載，然血氣者人之神，本正而不邪，苟邪氣附着爲病，湯劑有不能獨效者。則符呪妙術，亦安可廢?”又：“《靈寶方》禁心痛四符，隨藥燒服。”又卷二七一：“《靈寶方》治狂病，朱書此以下諸符，依符下注，隨病用之。”又：“此書省《靈寶方》以下七符，治無故面賁食飲不得，夜多夢魘，朱書吞之。”又：“《靈寶方》治白虎法並呪。”《百菊集譜》卷一：“按《靈寶方》曰：菊花紫白，陶隱居云五月采。今此花紫色而開於夏，是得時也。”可見，羅普宣所集諸方，不避神仙方術，多達百卷，故吴氏説其“詳備”。《通志》還著録“僞蜀吴氏群《意醫曆紀》一卷”，不知具體内容。可能是曆學歷史。後蜀在醫學上貢獻頗多：韓保昇《蜀本草》，羅普宣《靈寶方》，吴氏《醫曆紀》，從藥物、醫方，到醫學史都有了。

“堯叟以《驗方》刻石，爲桂州服藥之始。”《集驗方》就是很有效的藥方。歷史上有許多“集驗方”，從隋朝姚僧坦，唐朝陸贄，《宋史・藝文志》就著録了七種。這個“堯叟”是閬中陳堯叟，是閬中“三陳兩狀元”之一，堯叟就是哥哥狀元，他家還有一個弟弟狀元堯諮。《宋史・陳堯叟傳》：“堯叟字唐夫，解褐光禄寺丞，直史館。與省華同日賜緋，遷秘書丞。久之，充三司，河南東道判官。時宋亳陳潁民饑，命堯叟及趙況等分振之。再遷工部員外郎，廣南西路轉運使。嶺南風俗，病者禱神，不服藥。堯叟有《集驗方》，刻石桂州驛。又以地氣蒸暑，爲植樹鑿井，每三二十里置亭舍，具飲器，人免暍死。”桂林是少數民族聚集的地方，有病信巫不吃藥，他就選編了《集驗方》，刻在州驛館的石柱上，讓大家可以抄，依方子來治病。這是桂林服藥之始。李燾《續資治通鑒長編》卷九四天禧二年八月：“丁未，内出鄭景岫《四時攝生論》、陳堯叟所《集方》一卷示輔臣，上作序，命刊板模印付閤門，賜授任廣南臣僚，仍分給諸道州軍。”王應麟《玉海》卷六三：“天禧二年八月丁未，内出鄭景岫《四時攝生論》、陳堯叟所《集方》一卷示輔臣，上作序紀其事。命有司刊板，賜廣南官，仍分給天下。”可見，陳堯叟的《集驗方》還得到皇帝提倡和推廣，天下受益。

“蘇軾不以醫名，能通醫理，故其方多奇驗。”與蘇軾有關的醫書有三種，一是《聖散子方》，二是《蘇沈良方》，三是《東坡養生集》。《聖散子方》是他從蜀中朋友巢谷處要來的，現在還保存在《蘇沈良方》卷三、《傷寒總病論》卷四中：“草豆蔻（去皮麵裹炮。一箇）、木猪苓（去皮）、石菖蒲、高良薑、獨活（去蘆頭）、附子（炮製，去皮臍）、麻黄（去根）、厚朴（去皮，薑汁炒）、槁本（去瓤，土炒）、芍藥、枳殼（去瓤，麵炒）、柴胡、澤瀉、白术、細辛、防風（去蘆頭）、藿香、半夏（薑汁製）、茯苓（各半兩）、甘草（炙，一兩）。右剉碎，如麻豆大，每服五錢，清水一鍾半，煮取八分，去滓熱服。餘滓兩服合爲一服，重煎，空心服下。”蘇軾寫有序跋。

然後是《蘇沈良方》。其書，《宋志》作十五卷，注“沈括、蘇軾所著”。趙希弁《讀書附志》卷二作“十五卷”：“右皇朝沈括通醫學，嘗集得效方成一書；後人附益以蘇軾醫藥雜説，故曰《蘇沈》。”又陳振孫《直齋書録解題》卷一三作“十卷”：“蘇者，東坡；沈，即存中也。不知何人所録。其間辨雞舌香一段，言《靈苑》所辨猶有未盡者，《館閣書目》别有《沈氏良方》十卷、《蘇沈良方》十五卷，而無《靈苑方》。”其書明初收入《永樂大典》，其後原書流傳不廣，清人以爲失傳。清《四庫全書總目》卷一百三著録“八卷”，蓋從《永樂大典》中輯出者：“案明晁瑮《寶文堂書目》有《蘇沈二内翰良方》一部，是正、嘉以前傳本未絶。其後不知何時散佚，今據《永樂大典》所載掇拾，編次厘爲八卷。”其實原書故在，就在四庫本以武英殿聚珍方式大量流行的時候，吴郡程永培公開複梓所藏嘉靖刻本。文獻學家鮑廷博比較殿本、程本，發現：“殿本輯自《永樂大典》，大概詳沈而略蘇；程刻較完，而承訛襲謬，無從是正。”於是“證以殿本，盡刊其誤”，形成一種善本，刻入《知不足齋叢書》中。光緒年間，廣雅書局輯刻《聚珍版叢書》，複據乾隆《武英殿聚珍版叢書》與《知不足齋叢書》本相校，將其多出部分，編爲《蘇沈良方拾遺》二卷，與原書合刊，形成《良方》八卷、《拾遺》二卷。後來各種整理本，即依此而行。沈括、蘇軾本在政治上是敵對的，但是二人皆博學善思，是書摒棄二人的政見不同，而將兩人醫藥學成果合編，可謂雙美。四庫館臣就説：“史稱（沈）括於醫藥卜算無所不通，皆有所論著。今所傳括《夢溪筆談》，末爲《藥議》一卷，於形狀、性味、真僞、同異，辨别尤精。軾雜著時言醫理，於是事亦頗究心。蓋方藥之事，術家能習其技，而不能知其所以然；儒者能明其理，而又往往未經試驗。此書以經效之方，而集於博通物理者之手，固宜非他方所及矣。”

《東坡養生集》：東坡博學多能，兼通形上形下，於事理物情，時常鑽研，尤其是對人生民命有益之事，尤積極作爲。其於雜著之中，時時探討養生療疾等問題，彌足珍貴。《東坡養生集》即爲明清之際王如錫所編。該書以養生爲主題，廣搜衆籍，將蘇軾涉及養身治病、閒適頤養的詩詞、歌賦、銘贊、序跋、别集、雜記、雜著等立，一一輯録出來，分類編成。該書内容共分飲食、方藥、居止、游覽、服餌、翰墨、達觀、妙理、調攝、利濟、述古、志異等十二類，系統反映出蘇軾怡情養性、健體祛病、膳食享樂等方面的富貴思想和達觀態度。《四庫全書總目》卷一七四著録“内府藏本”十二卷：“《東坡養生集》十二卷，國朝王如錫編。如錫字武工，江寧人。是編前有王思任序，則當成於前明之末。然又有康熙甲辰邱象昇幂，蓋書成於崇禎中，批點行世則出象升手也。其書取蘇軾詩文、雜著有關於閒適頤養者，分飲食、方藥、居止、游覽、服餌、翰墨、妙理、調攝、利濟、述古、志異十二門。”不過其所選唯在口腹之欲，而缺乏其背景與用心的關照，故館臣批評説：“軾以文章氣節雄視百代，其游戲諸作，大抵患難中有托而逃。如錫乃惟録其小品，所謂飛鴻翔於寥廓，而弋者索之藪澤也。使軾僅以此見長，則軾亦一明季山人而已矣。何足以爲軾乎?”此亦仁者見仁，智者見智也。

“唐慎微深於古方，其本草最有名焉。”唐慎微是個秀才，四川崇州人。他相貌醜陋，但是很有學問，尤精醫經和方書。《證類本草》在歷史上很受歡迎，南北宋、宋金元，都有多種改編本和刻本。清代還收入《四庫全書》，提要稱：“唐慎微撰。案陳振孫《書録解題》載此書三十卷，名《大觀本草》。晁公武《讀書志》則作《證類本草》三十二卷，亦題唐慎微撰。是宋時已有兩本矣。《玉海》載紹興二十七年八月十五日，王繼先上校定《大觀本草》三十二卷、釋音一卷，詔秘書省修潤付胄監鏤板行之。則南宋但有官本，然皆未見其原。原刊今行於世者，亦有兩本：一爲明萬曆丁丑翻刻元大德壬寅宗文書院本，前有大觀二年仁和縣尉艾晟序，稱‘其書三十一卷、目録一卷，集賢孫公得其本而善之，命官校正，鏤板以廣其傳’。一爲明成化戊子翻刻金泰和甲子晦明軒本，前有宋政和六年提舉醫學曹孝忠序，稱‘欽奉玉音，使臣楊戩總工刊寫，繼又命孝忠校正潤色之，其改稱《政和本草》’，蓋由於此，實一書也。書末又有金皇統三年翰林學士宇文虚中跋，稱‘慎微字審元，成都華陽人。治病百不失一。爲士人療病，不取一錢，但以名方秘籙爲請。以此士人尤喜之，每於經史諸書中得一藥名、一方論，必録以告，遂集爲此書。尚書左丞蒲傳正欲以執政恩例奏與一官，拒而不受。’又稱‘元祐間虚中爲兒童時，見慎微治其父風素養，預期某年月日再發，緘方以俟，臨期服之神驗。’則慎微始末，虚中述之甚明。蓋靖康以後，内府圖籍悉入於金，故陳振孫未見此本，而晁公武所云三十二卷者，殆合目録計之，亦未見政和所刻也。然考趙與旹《賓退録》則稱，‘唐慎微，蜀州晋原人，世爲醫，深於經方。元祐間，蜀帥李端伯招之，居成都，嘗著《證類備急本草》三十二卷。艾晟序其書，謂慎微不知何許人，故爲表出。蜀州今爲崇慶府’云云。所序履貫小異，豈虚中兒時見之，但知其寄籍歟？大德中所刻大觀本作三十一卷，與艾晟所言合。泰和中所刻政和本，則以第三十一卷移於三十卷之前，合爲一卷，已非大觀之舊。又有大定己酉廢革序，及劉郎跋，並稱平陽張存惠增入寇宗奭《本草衍義》，則益非慎微之舊。然考大德所刻大觀本，亦增入。”可見其書雖然出於唐慎微私撰，但是北宋時期已由政勘梓行，分别有大和政和二本，後來金、元人又有多種刻本。

《大觀本草》在《唐本草》《蜀本草》等基礎上，又有增加；還附了經方，便於使用。現在看來，它最大的優點在於引證豐富，保存了大量已佚文獻。李時珍就説：“自陶弘景以下，唐宋諸本草，引用醫書凡八十四家，而唐慎微居多。”如其中隱含的《神農本草經》《本草經集注》《名醫别録》《新修本草》《開寶本草》《嘉祐本草》《本草圖經》等本草的主體内容；還有《吴普本草》《李當之藥録》《藥對》《雷公炮炙論》《食療本草》《本草拾遺》《四聲本草》《删繁本草》《本草性事類》《海藥本草》《蜀本草》《日華子諸家本草》等的大量佚文；除此而外，書中還集中了經史百家、佛道典籍中的大量醫藥相關材料。這些書多達500種，許多都失傳了，全靠該書可窺一斑。前述《神農本草經》就是顯例。還有《圖經本草》也是如此：《圖經本草》係宋仁宗於嘉祐三年（1058），在原命掌禹錫等編繹傳世《本草》基礎上，“又詔天下郡縣圖上所産藥物”，再“命太常博士蘇頌撰述成此書”的，原書二十一卷，“考證詳明，頗有發揮”（李時珍説）。也就是説，該書所録是傳世本草圖經、現時郡縣所進藥物繪圖的綜合體，而且還有考證，在前人基礎上多有發揮。其體例是先繪藥物圖形，然後加以文字解説，涉及藥物産地、形態、性質、用途、采集季節、煉製方法，以及鑒别方法與配伍禁忌等，可以説是圖文並茂。可惜原書已經亡佚，好在《證類本草》有全文引録，經學者考證，《證類本草》保存《圖經》原書990餘幅插圖以及660餘條説明，《圖經本草》通過《證類本草》，乃得窺其管豹；當時北宋政府動用全國力量進大範圍藥物普查的情況，也通過此書得到復原。《大觀本草》堪稱醫藥文獻淵藪，是研究宋前本草學資料寶庫。

可見巴蜀經方很多，從《李八百方》，梅彪《石藥爾雅》，嚴龜《食法》，昝殷《産寶》《食醫新鑒》，羅普宣《廣正集靈寶方》一百卷（以一己之力集成），李珣《海藥本草》，韓保昇《蜀本草》，陳士良《食性本草》，陳堯叟《集驗方》，《劉涓子神仙遺論》（現有《劉涓子鬼遺方》），《蘇沈良方》，楊退修《保命方》，龐安時《修治藥法》，唐慎微《證類本草》，《指南方》，此外，楊慎、費密等人也有經方。特别是《證類本草》，得到政府推廣，傳到明代，又成了李時珍修《本草綱目》的基礎，可謂功莫大焉。

（三）房中十一家十八種

第三類是房中，一共著録了十一家十八種。房中類也有一個小序：“譙秀《蜀記》‘蜀之八仙’，首載容成，云即鬼容區隱鴻蒙者也。班固稱《容成陰道》二十六卷，蜀之房中，蓋昉此與？司馬彪《莊子注》云‘彭祖餌雲母’，亦房中之類也。夫丹經以《參同契》爲最古，注《參同契》者，以彭曉爲最先。但移《歌鼎器》一篇，開後來竄亂之門。張隨注伯陽書，列圖於後，亦著迹象。”還列了十八種書：

《金丹賦》一卷，省志，漢李八百。

《周易參同契》二卷，《金碧五相關參同契》二卷，《五精論》一卷，《注金丹訣》一卷，《金才火丹論》一卷，《忠州仙都觀陰真君金丹訣》一卷，並《通志》，陰長生。

《演正一氣化圖》一卷，《唐志》，段世貴。

《導養方》三卷，《宋志》，昝商（昝殷）。

《蜀郡處士胎息訣》一卷，《宋志》，成都李道士。

《成都李道士太上洞玄靈寶修真論》一卷，《宋志》。

《初道修真》，《通志》，蜀東陽子守初。

《周易參同契通真義》三卷，《唐志》《提要》，《明鏡圖訣》一卷，《宋志》，五代蜀彭曉。

《契刊謬論》一卷，《金波運丹論》一卷，並省志，范德機。

《參同契注》三卷，《通考》，宋張隨。

《養生丹訣》一卷，《通考》，皇甫士安。

房中爲人倫之本。《禮經》曰：“始於冠，本於婚，重於喪祭，尊於朝聘，和於鄉射。”人有五倫，夫婦一倫爲人倫之始。故古禮樂頗重“房中”。《詩經》首於《關雎》，《易經》首於《乾》《坤》，夫婦之道，造端於衽席之間。周代制婚有“士婚禮”，定樂有“房中樂”，秦人有“壽人樂”，漢恢復“房中樂”，曹魏叫“正始樂”。清人齊召南曰：“按《周詩》所謂‘房中樂’者，人倫始於夫婦，故首以《關雎》《鵲巢》。漢《安世房中歌》，直是祀神之樂。故曹魏初改名《正始之樂》，後因繆襲言，又改名《享神歌》也。”在醫藥上，則有“房中”醫方。《漢志》著録“房中八家，百八十六卷”，並且序説：“房中者，情性之極，至道之際，是以聖王制外樂，以禁内情，而爲之節文。傳曰：‘先王之作樂，所以節百事也。’樂而有節，則和平壽考。及迷者弗顧，以生疾而隕性命。”房中的主題就是注意“樂而有節”，以達到“和平壽考”的目的。

吴福連因《漢志》房中類首載“《容成陰道》二十六卷”，這個“容成”在譙秀《蜀記》的“蜀中八仙”中，“首載容成”，第一仙就是容成，説明容成是巴蜀人。譙秀説他是“鬼容區，隱鴻蒙者也”，也就是不死的神仙。“班固稱《容成陰道》二十六卷，蜀之房中，蓋昉此與?”容成氏其人，其來甚古。《莊子・胠篋》：“子獨不知至德之世乎？昔者容成氏、大庭氏、伯皇氏、中央氏、栗陸氏、驪畜氏、軒轅氏、赫胥氏、尊盧氏、祝融氏、伏戲氏、神農氏，當是時也，民結繩而用之，甘其食，美其服，樂其俗，安其居，鄰國相望，雞狗之音相聞，民至老死而不相往來。”注：“此十二氏，皆古帝王。”又《則陽》引容成氏曰：“除日無歲，無内無外。”是個思想家。《吕氏春秋・勿躬》：“大橈作甲子，黔如作虜首，容成作曆，羲和作占日，尚儀作占月，後益作占歲。”郝經《續後漢書・曆書》：“黄帝使羲和占日，常儀占月，臾區占星氣，伶倫造律吕，大撓造甲子，穎首作算數，容成綜此六術而調曆。曆之有書昉此。”容成氏是黄帝時人，是個發明家、曆法的創造者。《後漢書・方技傳》：“冷壽光、唐虞、魯女生三人者，皆與華佗同時。壽光年可百五六十歲，行容成公禦婦人法。”又《甘始傳》：“甘始、東郭延年、封君達三人者，皆方士也，率能行容成禦婦人術。或飲小便，或自倒懸，愛嗇精氣，不極視大言。甘始、元放、延年，皆爲操所録，問其術而行之。”李賢注：“禦婦人之術，謂握固不瀉，還精補腦也。”《列仙傳・容成公》：“容成公者，自稱黄帝師，見於周穆王。能善補導之事，取精於玄牝。其要穀神不死，守生養氣者也。髮白更黑，齒落更生，事與老子同。亦云老子師也。”容成又成了精於采補術的老壽星了。譙秀《蜀記》則説容成是蜀中八仙第一人。譙秀何許人也?《晋書》有傳：“譙秀字元彦，巴西人也。祖周，以儒學著稱，顯名蜀朝。秀少而静默，不交於世。知天下將亂，預絶人事，雖内外宗親，不與相見。郡察孝廉，州舉秀才，皆不就。及李雄據蜀，略有巴西，雄叔父驤、驤子壽，皆慕秀名，具束帛安車征之，皆不應。常冠皮弁，弊衣躬耕山藪。龔壯常嘆服焉。桓温滅蜀，上疏薦之，朝廷以秀年在篤老，兼道遠，故不征。遣使敕所在四時存問。尋而范賁、蕭敬相繼作亂，秀避難宕渠鄉里，宗族依憑之者以百數。秀年出八十，衆人欲代之負擔。秀曰：‘各有老弱，當先營護。吾氣力猶足自堪，豈以垂朽之年累諸君也?’年九十餘卒。”譙秀是譙周的孫子，不願做官，是個隱士。他當然追求神仙理想，所説應當在疑似之間。

關於“蜀中八仙”，楊慎《丹鉛餘録・摘録》亦有引録：“譙秀《蜀紀》載‘蜀之八仙’，首容成公，云即‘鬼容區隱於鴻蒙，今青城山也’。次李耳，生於蜀，今之青羊宫。三曰董仲舒，亦青城山隱士，非《三策》之仲舒也。四曰張道陵，今大邑鶴鳴觀。五曰莊君平，卜肆在成都。六曰李八百，龍門洞，在新都。七曰范長生，在青城山。八曰爾朱先生，在雅州。有手壹石刻《五經》，在洞中，好事繪爲圖。"《漢志》陰陽家有："《鬼容區》三篇、圖一卷，黄帝臣，依托。"師古曰："即鬼臾區也。"王應麟《漢書藝文志考證》："《封禪書》'鬼臾區號大鴻。'《素問》鬼臾區曰：'積考太始天元册文'。《古今人表》注：'臾、容，聲相近。'"楊慎《丹鉛餘録》卷三："《郊祀志》'黄帝得寶鼎，冕侯問於鬼臾區'云云，注'即鬼容區。容臾聲相近。'今按，鬼谷即鬼容者，又字相似而誤也。"説明，上古有容成氏，以鬼爲氏。其先在黄帝前，自然無爲，因時爲治。後爲黄帝臣，又名鬼容區（鬼臾區），曾受命造曆，爲中國曆法之祖；又擅長房中術，傳禦女之方，長生久視，多有壽考。商時有鬼方，與商人作對。周時有九侯，與周爲朋。春秋戰國有鬼谷子，乃其裔孫，皆同族相衍。曾居青城山，所謂鴻濛者也。爲蜀中仙人之最早者。其所傳《容成陰道》，爲蜀中房中術之鼻祖。

"司馬彪《莊子注》云'彭祖餌雲母'，亦房中之類也"。之前我們提到的那個彭祖，其實也是精於房中術的。《列仙傳・彭祖》説："彭祖者，殷大夫也。姓籛名鏗，帝顓頊之孫、陸終氏之中子。曆夏至殷末，八百餘歲。常食桂芝，善導引行氣。……云後升仙而去。""食桂芝""導引行氣"，皆内丹法。楊慎《丹鉛總録》卷十"彭祖"："王逸《楚辭注》：'彭祖好知滋味，善斟雉羹，以事帝堯。'司馬彪《莊子注》：'彭祖八百，猶悔不壽恨短，晚而唾遠。'又曰：'彭祖餌雲母，禦女，凡數十娶。晚妻鄭氏，妖淫敗道而死。'非壽終也。東坡詩：'空飡雲母連山盡，不見蟠桃結子時。'"

"夫丹經以《參同契》爲最古，注《參同契》者，以彭曉爲最先。但移《歌鼎器》一篇，開後來竄亂之門。"房中養生是内丹，現在講外丹。説外丹著作以魏伯陽《周易參同契》最古；但是注解《參同契》的人，却以蜀人彭曉最先。其書現存，彭曉有自序云，先述魏伯陽作《參同契》之源流曰："案《神仙傳》，真人魏伯陽者，會稽上虞人也。世襲簪裾，唯公不仕，修真潛默，養志虚無，博贍文詞，通諸緯候。恬淡守素，唯道是從，每視軒裳如糠粃焉。不知師授誰氏，得《古文龍虎經》，盡獲妙旨。乃約《周易》撰《參同契》三篇。又云未盡纖微，復作《補塞遺脱》一篇，繼演丹經之玄奥。所述多以寓言借事，隱顯異文，密示青州徐從事。徐乃隱名而注之，至後漢孝桓帝時，公復傳授與同郡淳于叔通，遂行於世。公撰《參同契》者，謂修丹與天地造化同途"云云；繼述《參同契》要旨甚詳。又自叙其注釋體例説："故以四篇統分三卷，爲九十章，以應陽九之數，名曰《分章通真義》。復以朱書正文，墨書旁義，而顯然可覽也。上卷分四十章，中卷分三十八章，下卷分十二章。内有《歌鼎器》一篇，謂其辭理鈎連，字句零碎，分章不得，故獨存焉，以應水一之數，喻丹道陰陽之數備矣。復自依約真契，撰《明鏡圖訣》一篇，附於下卷之末，將以重啓真契之户牖也。曉因師傳授，歲久留心，不敢隱蔽玄文，是用課成《真義》，庶希萬一貽及後人也。昌利化飛鶴山真一子、朝散郎、守尚書祠部員外郎、賜紫金魚袋彭曉序。"清纂《全唐詩》卷八五五"彭曉"條，録其《參同契明鏡圖訣詩》二首："彭曉字秀川，號真一子。永康人。昌利化飛鶴山道士也。孟蜀授朝散郎，守尚書祠員外。詩二首。"清《四庫全書總目》卷一七四："《周易參同契通真義》三卷，後蜀彭曉撰。曉字秀川，永康人。自號真一子。仕孟昶爲朝散郎，守尚書祠部員外郎，賜紫金魚袋。其事迹未詳。楊慎《序古本參同契》，則以曉爲道士。考王建之時，杜光庭嘗以道士授官；曉爲道士，亦事理所有，但未知其據何書也？葛洪《神仙傳》稱‘魏伯陽作《參同契》，五行相雜，凡三卷。其説是《周易》，其實假借爻象以論作丹之意。世之儒者，不知神丹之事，多作陰陽注之，殊失其旨’云云。今按，其書多借納甲之法，言坎離、水火、龍虎、鉛汞之要，以陰陽、五行、昏旦、時刻爲進退持行之候。後來言爐火者，皆以是書爲鼻祖。《隋書·經籍志》不著録，《舊唐書·經籍志》始有《周易參同契》二卷、《周易五相類》一卷，而入之五行家，殊非其本旨。曉序謂：‘伯陽先示青州徐從事，徐乃隱名而注之。至桓帝時，復以授同郡淳于叔通，遂行於世。而傳其訣者頗尠。’其或然歟？至鄭樵《通志·藝文略》，始別立《參同契》一門，載注本一十九部、三十一卷。今亦多佚亡。獨曉此本尚傳。共分九十章，以應陽九之數。又以《鼎器歌》一篇，字句零碎，難以分章，獨存於後，以應水一之數。又撰《明鏡圖訣》一篇，附下卷之末。曉自作前後序，闡發其義甚詳。諸家注《參同契》者，以此本爲最古。至明嘉靖中，楊慎稱‘南方有發地中石函者，得《古文參同契》’，以爲伯陽真本；反謂‘曉此本淆亂經注’，好異者往往信之。然朱子作《參同契考異》，其章次並從此本，《永樂大典》所載《參同契》，本亦全用曉書，而以俞琰諸家之注，分隸其下。則此本爲唐末之書，授受遠有端緒，慎所傳本，殆豐坊《古大學》之流，殊荒誕不足爲信。故今録《參同契》之注，仍以此本爲冠焉。”説彭曉《注參同契》是最早的注本，此爲公論；説曉移易《歌鼎器》爲竄亂原典，開妄議古籍之門，則本於楊慎之説也。

“張隨注伯陽書，列圖於後，亦著迹象”。伯陽就是魏伯陽，是《參同契》的作者，張隨又用圖來注《參同契》，讓《參同契》更加好讀。《文獻通考》引趙希弁《讀書附志》著録“張隨《注參同契》三卷”，説“皇朝張隨皇祐中居青城山，注魏伯陽之書，列十數圖於其後”。開啓圖解《參同契》之途。《宋史·藝文志》亦著録“張隨《解參同契》一卷”，卷數有異。其書久佚，曹學佺《蜀中廣記》著録“張隨《注參同契》三卷”，下引晁氏曰云云，實趙希弁語。蓋抄録《通考》，非別有所見。

《漢志》“房中”著録八家“制外樂以禁内情”的房中著作：《容成陰道》《務成子陰道》《堯舜陰道》《湯盤庚陰道》《天老雜子陰道》《天一陰道》《黄沉三王養陽方》《三家内房有子方》，皆節制房中、男女采養之道，而未及丹術。至後漢《參同契》興，乃以丹術入房中。元方回《桐江續集》卷一八《病後夏初雜書近況十首》之三：“駸駸七十保餘齡，魚眼無眠夜夜醒。魂夢不迷神女雨，形容欲似老人星。《參同契注》房中術，《歸去來辭》座右銘。却笑空王太膚淺，張惶浪説八師經。（朱文公《注參同契》，托曰鄒欣。）”已將《參同契》與“房中術”相提並論。朱子當年也爲《參同契》作注，托名鄒欣。其序以爲：“《參同契》文章極好，蓋後漢之能文者爲之。其用字皆根據古書，非今人所能解。以故皆爲人妄解，世間本子極多，其中有云‘千周燦彬彬兮，萬遍將可睹。神明或告人兮，魂靈忽自悟’，言誦之久則文義要訣自見。”可見其推崇之至。

吴志所著録有内丹、有外丹：外丹就是金丹，以《參同契》爲最；内丹就是房中術，還有《胎息訣》《導養方》《演正一氣化圖》，均爲講修煉的。

（四）神仙十三家十三部

方術類的“神仙”家，並非裝神弄鬼的神仙，而是講如何修身養性。如果説“房中術”(包括丹術)是從形體上保養身體的話，“神仙”家就是從精神上保養自己。房中術是讓自己不受嗜欲左右影響身體，甚至利用嗜欲滿足的同時修煉自己，追求身體不死；神仙家則是在精神上超越自我，做到神游方外，追求精神不朽。《漢志》著録“神仙十家二百五卷”，序説：“神仙者，所以保性命之真，而游求於其外者也。聊以蕩意平心，同死生之域，而無怵惕於胸中。然而或者專以爲務，則誕欺怪迂之文，彌以益多，非聖王之所以教也。孔子曰：‘索隱行怪，後世有述焉。吾不爲之矣。’”“保性命之真”就是不受俗情影響心情；“游求於其外”就是超脱人世榮利嗜欲。“蕩意平心”就是心平氣和，不爲生死擔憂；“同死生之域”就是要齊生死，如莊子所説：“大塊勞我以生，逸我以老，息我以死。”生是一種勞累，死是一種休息，不要太過擔憂。《漢志》明確反對專門追求神仙長生不老之術，造作“誕欺怪迂之文”的人，認爲這不是聖人所主張的。

吴福連《擬志》房中類著録“神仙十三家十三部”：

《三皇經》一卷，《通考》，陰長生。

《三十六科鬼神感應等大義》九卷，《隋書》，何妥。

《二十四化記》三卷，《通志》，唐段道士世貴。記蜀中二十四山神仙之所。

《東極真人傳》一卷，《通志》，唐李堅。記果州謝自然升仙事。

《賓仙傳》一卷，《通志》。五代蜀何光遠。

《通宗論》一卷、《金青玉券》一卷、《九天生神章經解》一卷、《太元金圖三洞八景陰陽仙班朝會圖》五卷(孫光憲)、《授道志》一卷、《道藏要旨》《太上感應篇》《道門定制》。

並有小序曰：“神仙者流，服氣引伸，岩棲穀飲，無求於方藥，此遯世之士也。《華陽國志》稱蜀王魚鳧‘田於湔山，忽得仙道’。又漢初犍爲‘張君亦得仙去’，蓋岷峨之間，代有異人矣。段世貴記蜀山神仙之所，李堅記謝自然之升仙，皆班固所謂‘誕欺怪迂’也。今甄録其書，以廣異聞。”(《尊經書院初集》卷九)

當醫生，除了治病救人，還要强身健體，養身防病，最高境界是進入神仙境界。就如《大學》所説“大學之道，在明明德，在親民，在止於至善”。儒家要修德，親愛人民，進入君子聖賢的至善境界。醫家則是“醫者之道，在明方技，在治病救人，在止於神仙”。神仙境界，是無病無痛，超越生死了，那是醫者成功的最高境界。

吴序首先解釋什麽是神仙：“神仙者流，服氣引伸”，就是鍛煉導引，熊筋鳥伸，行氣内丹，就是加强自身保養；“岩棲穀飲，無求於方藥”，要到山林裏面去吸真氣，富氧離子多，就不用服藥了。他又説“此遯世之士也”，神仙不要貪念榮華富貴，要避世離俗，遠離利害，當隱君子。歷史上的大醫，如孫思邈、葛仙翁、陶弘景等，都是隱士，前兩位還到過巴蜀。陶弘景《名醫别録序》就自叙其事：“隱居先生在乎茅山之上，以吐納餘暇，游意方技。覽本草藥性，以爲盡聖人之心，故撰而論之”云云，就是很好的自我寫照。從另一個角度講，巴蜀適合避世修養，要真正修神仙，把醫學好，就得入蜀。

接下來吴序列舉蜀中幾例神仙事迹，一是：“《華陽國志》稱，蜀王魚鳧‘田於湔山，忽得仙道’。”這見於《蜀志》：“魚鳧王田於湔山，忽得仙道，蜀人思之，爲立祠。”古蜀王多成仙之説，又如：杜宇朝時，“會有水災，其相開明决玉壘山，以除水害。帝遂委以政事，法堯舜禪授之義，遂禪位於開明。帝升西山隱焉。”揚雄《蜀王本紀》甚至說：蠶叢、魚鳧、柏濩、杜宇、開明“皆各數百年，神化不死”。説明蜀出神仙自古有之。

二是“又漢初犍爲張君，亦得仙去”。這見於《華陽國志》的《巴志》：“江州縣，郡治。塗山有禹王祠及塗後祠。北水有銘書，詞云：‘漢初犍爲張君爲太守，忽得仙道，從此升渡。’今民曰‘張府君祠’。縣下有清水穴，巴人以此水爲粉，則膏暉鮮芳，貢粉京師。因名粉水。故世謂‘江州墮林粉’也。”江州即今重慶，其地原是大禹夫人塗山氏老家。水質好，飲用後可以成仙，還曾經是貢品。

三是“岷峨之間，代有異人矣”。説岷山、峨眉山這一帶經常出現神仙等奇異之人。《華陽國志》卷三《蜀志》犍爲郡就説：“王喬升其北山，彭祖家其彭蒙，白虎仁於廣德，寶鼎見於江溉。”又“譔曰：蜀之爲邦，天文井絡輝其上，地理岷嶓鎮其域，五嶽華山表其陽，四瀆則汶江出其徼。故上聖則大禹生其鄉，媾姻則黄帝婚其女，顯族大賢彭祖育其山，列仙王喬升其岡。而寶鼎輝光於中流，離龍仁虎躍乎淵陵。開闢及漢，國富民殷，府腐穀帛，家蘊畜積，雅頌之聲，充塞天衢，中穆之詠，侔乎二南。蕃衍三州，土廣萬里，方之九區，於斯爲盛。固乾坤之靈囿，先王之所經緯也。”講的都是岷峨之間的成都平原，這裹地理位置優越，物産豐富，既有彭祖、王喬等仙人，也有大禹、嫘祖等聖人，寶鼎、離龍、仁虎，也都出産於此地，家給人足，文化優雅，居於九州之冠，真是神仙生活的好地方。

講到神仙文獻時，又舉了兩例，一是“段世貴記蜀山神仙之所”，二是“李堅記謝自然之升仙”。段世貴是唐代人，他的書就是上文引録的“《二十四化記》三卷”，見於鄭樵《通志》，作者“唐段道士世貴”還著有“《演正一氣化圖》一卷”，《二十四化記》内容是“記蜀中二十四山神仙之所。”二十四化，又稱“二十四治”，是東漢張道陵在巴蜀建立的二十四個傳道、修煉場地，唐人避高宗諱，改稱“二十四化”。段著原書已佚，《蜀中廣記》尚有“二十四治”的記録，可能就取材於該類著作。卷七二首先解釋“治”字，引《玄都律》曰：“治者，性、命、魂之所屬也。”治就是修煉性、命、魂的最佳場所，是修仙成仙的風水寶地。接着引張天師《二十四治圖序》，説二十四治設立經過：“太上以漢安二年正月七日中時，下二十四治，上八、中八、下八，應二十四氣，合二十八宿。付天師奉行布化。”一共設了三個等級二十四個治，上治八，中治八，下治八，共二十四個以合二十四節氣。又增四個預備治，以合天上二十八宿。接着介紹張陵其人：“諱道陵，字輔漢。”精通儒家經典：“禀性嚴直，經明行修，學道有方。”曾於“永平二年，拜巴郡江州縣令”；又於“元和元年三月辛丑，拜司空，封食冀縣侯”。但他對治縣無興趣，只“以《芝草圖經》曆神仙爲事任”。儘管有升官機會，他也拒絕了，“漢安元年丁丑，有詔書遷改，不拜，遂解官”。於是來到蜀中學道修炬，“入益部，棲蜀郡臨邛縣渠亭山赤石城中，静思精至”。有一天忽然出現奇迹：“五月一日夜半，時有千乘萬騎，來下至赤石城前，金車羽蓋，部從龍虎鬼兵，不可稱數。”讓他遇見了修成仙道的老子和自已的先人張良等人：“有五人，其一云是周柱下史也，一新出太上老君也，一太上高皇帝中黄真君也，一漢師張良子房也，一佐漢子淵即天師外祖也。”這些仙人對道陵長相十分欣賞，將道法傳給他，讓他做國師，並可世世代代世襲：“各言子骨法合道，又承老君忠臣之後，合授子瑰號，傳世子孫，爲國師，撫民無期。”道陵便親受諸仙的法術，能够驅鬼養民：“於是道陵親受太上寳敕，步綱躡紀，統承三天，佐國扶命，養育群生，整理鬼氣，傳爲國師。”爲了更好傳道修煉，張陵建立了道場，“依度數，開立二十四治，十九静廬”。諸仙還傳他“正一明威之道”，可與鬼神結盟，討伐邪僞：“復授正一明威之道，伐誅邪僞，與天下萬神盟。”

而正治二十四化中，二十三個都在巴蜀，在省外的只有洛陽的北邙治。曹氏《廣記》又引成都名士王汝霖《什邡公慕化開山記》說：“山川英靈清淑之氣，其磅礴鬱積，發而爲人。詰其所由，各有攸主。予嘗觀道迹靈化廿有四，其在蜀漢者廿有三，在伊雒者一。蓋天有三元以生人，人有三部，部各八景，景三八凡二十有四，上應天之二十四氣，下應地之二十四治。蜀於天地間，在西南終養之方，道家所謂人門者也。人生雖受氣於天，而實受形於地。故山川孕秀，上應天象，下應人身，而靈迹所在，爲仙靈之奥區，列宿之别府。以人門之故，在蜀化多，宜無足怪。而雒爲天地之中，鐘而爲人，亦因其所也。”蜀中山水、氣候俱佳，是修道成仙的上佳去處，故張陵諸治大都設在蜀中（只一治在外），這是巴蜀得天獨厚的地方。這些治的設立，具有修身、服鬼、科技等多重功能。雍正《江西通志》卷一〇四就説：張道陵“入蜀，初居陽平山，遷鶴鳴山。感太上降授正一明威秘籙，及三天玉册，太上爲度師，封道陵爲天師，並授三五斬邪雌雄劍，陽平治都功玉印。印之爲異者，累紙百幅，丹文必徹。於是分形示化，立二十四治，增以四治，以應二十八宿。妖厲爲之衰熄，如發仁壽縣鹽井，破青城山鬼市，靈應甚多，不能備載”。張道陵所設治所，能使“妖厲爲之衰熄”，“破青城山鬼市”，讓人間災害不生；還“發仁壽鹽井”，爲人民帶來財富和生命之源。

宋代幾大地理志和類書，對二十四治也有所反映。如《太平寰宇記》卷七三載有綿竹縣“庚除山”，卷七四載有彭山縣“北平山”，龍游、平羌縣“平羌化山”；《元豐九域志》卷七亦載蜀州“稠稉山”“葛瓃山”、漢州“庚除山”、嘉州“平羌山”等治（化），可見其歷來爲人所重視。故有關二十四治的文獻記録，在唐代就已經陸續出現。如《新唐志》著録“道士令狐見堯《正一真人二十四治圖》一卷，貞元人”；《宋志》著録“杜光庭《二十四化詩》一卷，又《二十四化圖》一卷”等，與“《神仙感遇傳》十卷、《墉城集仙録》十卷、《應現圖》三卷、《仙傳拾遺》四十卷、《歷代帝王崇道記》一卷、《道教靈驗記》二十卷、《道經降傳世授年載圖》一卷”等書同列。鄭樵《通志·藝文略》除了記載“《二十四化記》三卷，唐段道士世貴撰，記蜀中二十四山神仙之所”外，又有“《正一真人二十四治圖》一卷，唐道士令狐見堯撰，叙蜀中二十四治之所，名山福地”，又於道家類著録“《道家二十八宿真形圖》《正一真人二十四治圖》”等。可見，道教之徒對二十四治的神往和傾心，段書即是其中的一種。

吴志所舉巴蜀神仙第二神異事件：“李堅記謝自然之升仙”。李氏之書即前列“《東極真人傳》一卷”。吴氏所據鄭樵《通志》，説是“記果州謝自然升仙事”。其實在鄭樵前的《新唐志》已有著録：“李堅《東極真人傳》一卷，果州謝自然。”謝自然是唐代華陽人，女道士，有靈異，從司馬承禎修道，在南充白日飛升。司馬承禎《天隱子養生書》後序載其求師經過：“昔謝自然欲過海，求師蓬萊。至海中，或謂自然曰：‘蓬萊隔弱水三十萬里，不可通。天台有司馬子微，身居赤城，名在絳闕，可往從之。’自然乃還，受道於子微。白日仙去。”宋陳耆卿《赤城志》卷一五也記：“謝自然，華陽人。幼而入道，其師以仙經示之，一覽如舊記。慕南嶽魏夫人之操，一日往浮海，尋蓬萊，遇道士謂曰：‘蓬萊隔弱水二十萬里。天台山司馬子微，身居赤城，名在丹臺，此良師也。’遂回，詣子微受法。後白日仙去。事見《續仙傳》。”《集仙傳》載：“八月九日，群仙來傳金母敕，令女仙謝自然，披髮四十日，金母當自來所降。使或言姓崔，將一板闊二尺，長五尺，其上有五色。每群仙欲至，牆壁間悉熒煌似鏡。自然每披髮，則黃雲繚繞其身。又有七人，黃衣戴冠，侍於左右。”《白氏六帖》：“蜀女真謝自然，泛海將詣蓬萊求師，舟爲風飄至一處山，見道人指言：‘天台山司馬子微，名在丹臺，身居赤城，真良師也。’自然乃回，求子微受度，後白日上升。”《唐類函》：“自然於開元親受《紫虛寶經》於金泉山，一十三年晝夜不寐，兩膝上忽有印，四壖若朱，有古篆六字，粲如白玉。”《太平廣記》：“謝自然十一月二十日辰時，於金泉道場白日升天。須臾，五色雲遮亘一川，異香散漫，所着衣冠簪帔一十事脱留小繩床上，結繫如舊。”宋鄧牧《洞霄圖志》卷五《司馬承禎傳》：“女真謝自然，泛海欲詣蓬萊求師，至一山，見道士謂曰：‘天臺司馬承禎，名在丹台，身居赤城，真良師也。’自然遂還，求之得度沖舉。”《明一統志》卷六八“仙釋”：“謝自然，《唐書》貞元十年，以女冠於金泉山白晝上升。是夕，郡郭有虹霓雲氣之狀，萬目共覩。”雍正《四川通志》三八之三：“謝自然，南充人。貞元中，以女冠於金泉山，白日上升，萬目共覩。韓退之有詩。”《清一統志》卷三百：“謝自然祠，在南充縣西金泉山。”又：“謝自然，貞觀（元）中女冠也。嘗泛海將詣蓬萊，見道人指言：‘天臺山司馬子微，名在丹台，身居赤城，真良師也。’自然乃回，師子微得道術，於金泉山白日上升。是夕，郡郭有虹電雲氣之狀，萬目共覩。”可見，謝自然白日升仙事，時人後學都有高妙，一向不喜歡神異之事的韓愈詠，也有《謝自然》詩詠水：“果州南充縣，寒女謝自然。童騃無所識，但聞有神仙。輕生學其術，乃在金泉山。一朝坐空室，雲霧生其間。須臾自輕舉，飄若風中煙。入門無所見，冠屐同蜕蟬。”只是他並不提倡“輕身”之爲，斥其爲“童騃”。黄震《黄氏日鈔》卷五九也點評説：“謝自然詩，指其輕舉之事，爲幽明雜亂，人鬼相殘，不知人生常理而棄其身。卓哉，正大之見乎！”施肩吾也有《謝自然升仙詩》：“分明得道謝自然，古來漫説屍解仙。如花年少一女子，身騎白鶴游青天。”范傳正的《謝真人仙駕過舊山詩》：“麾蓋從仙府，笙歌入舊山。水流丹灶闕，風起草堂關。白鹿行爲衛，青鸞舞自閑。種松鱗未老，移石蘚仍斑。望路煙霄外，回輿嶺岫間。豈惟遼海鶴，空歎令威還。”夏方慶有和詩：“何年成道去，綽約化童顔。天上尋真侶，人間憶舊山。桑田今已變，蘿蔓尚堪攀。雲覆瑶壇净，苔生丹灶閑。逍遥看白石，寂寞閉玄關。應是悲塵累，思將羽駕還。”劉禹錫《劉賓客嘉話録》云：“果州謝真人，上升前在金泉山道場，上帝錫以馬鞍，使安其心也。刺史李堅遺之玉念珠，後問念珠在否？云已在玉皇之前矣。一日，真人於紫極宫致齋，金母下降，郡郭處處有虹霓雲氣之狀。至白晝輕舉，萬目覩焉。”一時傳爲道家盛典。不管大家喜不喜歡、讚不讚賞，謝自然白日飛升的事實，似乎没有疑義。故當時果州太宗李堅，便將其記載下來，一方面向朝廷彙報，一方面形成書籍，傳之後世。《蜀中廣記》卷二七載：“《唐書》貞元十年，謝真人名自然，於縣界金泉紫極宫，白日上升。郡郭是夕有虹霓雲氣，萬目所共覩焉。有青霞觀及真人祠。”又卷二八：“《碑目》云：‘鶴棲山在冀都鎮，有古碑，字雖漫滅，尚仿佛可認。

其略云：唐貞元十年，歲在甲戌，果州女子謝自然白日升仙，刺史李堅以狀聞，又爲之《傳》。'（略）按，自然升仙在果州金泉山，李堅上其事，唐德宗賜詔，今刻於金泉。年月日與此碑所載不差。"道家經典《三洞珠囊》更完整地記載其始末："謝自然，女道士也。果州人。詞氣高異，其家在大方山下，頂有古像老君，其形自然，因拜禮，不願下山。母從之，乃遷居山頂。自此常誦《道德經》《黄庭内篇》。於開元觀受《紫虚寶經》，下金泉山居之。山有石壇，煙蘿修竹，一十三年，晝夜不寢，兩膝上忽有印，稍小於人門官印，四壖若朱，有古篆六字，粲如白玉。忽一日，金泉道場有雲氣遮匝，一川散漫，彌久仙去。其金泉碑略曰：'天上有白玉壁，上列真仙之名。有人間壁，亦仙名朱書，注其字下，曰降世爲某官職。又於所居堂東壁上，書數字，皆道德之意。真迹存焉。'"果州太守李堅把這個過程記録下來，向朝廷進奏，還得到了當時德宗的嘉獎。《寶刻類編》還著録："《紀南充縣謝自然上升敕》，吴通微撰，行書，貞元十四年，京兆。"可見當時人們還刻石紀念。不過在吴福連看來，這些都屬於"班固所謂'誕欺怪迂'也"，屬於怪力亂神、子所不語行列。他現在著録在案，只是"甄録其書，以廣異聞"，就讓大家增加一點談資罷了。《通志》還著録："《謝自然别傳》三卷。"説明記録這件事的人不止一個。

吴氏所列其他書目，也是爲修仙服務的。如《三皇經》作者是陰長生，陰長生本人也是個仙人，他也在豐都升仙。其餘多是道教文獻，如何妥《三十六科鬼神感應等大義》九卷，以及《通宗論》一卷、《金青玉券》一卷、《九天生神章經解》一卷、《太元金圖三洞八景陰陽仙班朝會圖》五卷（孫光憲）、《授道志》一卷、《道藏要旨》、《太上感應篇》、《道門定制》，這些都是道教的修煉術，不一一贅述。

本草學的歷史研究及本草文獻研究要義

王家葵

（成都中醫藥大學藥學院，四川 成都 610075）

提 要："本草"一般是古代藥物著作的專名，也用指古代藥物學，本草文獻的研究範疇更接近歷史學，需要研究者具備藥物學、文獻學、歷史學等多方面的綜合素養。傳統本草的歷史從上古萌芽時期發展至最爲輝煌的中古時代，并一直延續至現代中藥學，其間既有本草自身的發展衍變，也有穿插於其中的旁生歷史。而本草文獻學的研究則包括了本草書的分類、輯佚校勘、整理出版等工作，中間凝聚着歷代醫家長期總結積累用藥經驗的心血，也體現了古今學者堅持不懈的傳承和闡釋，并啓引着後學繼往開來，將本草研究發揚光大。

關鍵詞：本草書；歷史研究；文獻研究

一、引言

自《漢書》有"本草待詔"以來，在漢代以後"本草書"幾乎就成了藥學著作的代名詞，隨着詞彙的發展，對"本草"這一詞彙也多有誤用。我們常説的"天然本草精華"以及"本品含天然本草"，都是把"本草"作爲植物藥的代名詞，但是把植物藥稱作本草是不規範的。在目前的語境下，我們談論"本草"指的是藥學書。

本草學和傳統中藥學之間有一定的區别，它更偏向於對傳統本草文獻中的知識獲取。首先按就是本草文獻的整理，然後再抽提裏面的主體部分。至於如何運用，則大多涉及傳統中藥學和現代中藥學。所以本草學更關注於文本本身，但又不是簡單的本草文獻學。本草文獻只是本草學研究的一部分，更偏重於本草歷史，像一個藥學史，涉及藥物的誕生，從對藥物的最初認識的經驗總結、藥物知識的結集成書，到不同年代的本草著作的累積發展，這是一個歷史的過程。此外本草書是由本草藥物所組成，包含了對本草的還原，即找到在古代語境語言詞彙中所描述的藥物相對於今天的社會環境而言的原物，包括了原植物、原動物、原礦物，以及對應描述的植物、動物、礦物的傳統治療功效，這也是本草學研究的内容。所以這是本草學研究的第三個方面，即本草藥物的研究。

本草學不同於傳統中藥學，有一定的文科偏向性，比如對本草文獻的整理、詮釋、注釋和現代解讀，同時又與它所關聯的現代學科連在一起。同樣的，本草歷史雖然是歷史學科的一部分，但也是科學史的一部分，科技史的研究離不開對所涉及學科和關聯學科背景知識的瞭解。對本草學科來説，它的相關學科第一級是中藥學，第二級是藥學，第三級是傳統中醫學，第四級是現代醫學。本草學雖然立足於古代藥物學，但内容駁雜，幾乎是一個古代知識文化的百科全書，要求研究者、整理者對古代文化知識有足够的瞭解和訓練。

本草藥物的詮釋涉及相關的動植物、礦物體等的知識和與之相關的藥物學知識，還有現代藥劑學知識，以綜合學科的眼光審讀傳統本草，纔能獲得古人所傳遞的相對準確的信息和真實印象，所以本草學又是藥學學科的專學。但從古到今都有“醫家耻讀本草”這樣的習慣。現代臨床醫學的醫生用藥的依據大多是法律依據、藥品説明書，即由衛生行政管理部門頒布的、具有法律效率的使用藥物的指南。可以説《新修本草》是唐代第一部、世界第一部藥典。藥典的性質就是政府頒布并具有法律約束力，它所規定了使用該藥物或者該品種時需要遵循的法律指南，在使用中出現的醫療糾紛不叫醫療事故，其仲裁原則是依照具有法律效率的頒布檔。但就臨床藥物而言，本草書本身具有使用指南的作用，也是臨床用藥經驗的總結，比如藥物的四氣五味、升降浮沉，以及對某種藥物作用的演繹、臨床應用的記載和臨床使用注意的種種約束等。本草書雖然是本草家所著，實際上是來源於臨床家的用藥經驗的總結和積累，其中雖有一些偏見和謬誤，但確是一種總結和繼承。

二、傳統本草的歷史學研究

在歷史學視野下，醫學史屬於專門史中的科技史，世界醫學史包括了各個國家的醫學史，既有現代醫學的前史，也有現代醫學正在發展的狀態研究，還有一類是民族醫學。其中中國醫學史的分支之一藥學史就是我們説的本草史，雖然小衆，但仍有研究的價值，需要有人去繼承和研究。

（一）本草學之萌芽

我們研究本草史，就得按照歷史學家的角度去研究。本草史的歷史狀態也應該按照歷史學家的主流叙事來進行，如以時間爲橫坐標的，按從古而今的發展叙事。本草的開端涉及的是藥物的開端，藥物開始於食物，一定程度上講藥食同源的説法有其合理性。農耕社會以前，先民靠采集和狩獵覓食，“（神農）嘗百草之滋味，水泉之甘苦，令民知所避就”[①]，有毒有害的需要“避”，可食有用的則“就”。在避就過程中，難免會遇到有毒的水和有毒的動、植物，“一日而遇七十毒”雖説誇張，但却是對先民的覓食行爲之艱

① 陳廣忠譯注：《淮南子·修務訓》，北京：中華書局，2012 年，第 1118 頁。

辛的描述。神農一開始可能會在"嘗百草"的過程中發現了一些可以治療疾病的草藥，這是偶然的。當他帶着部落的人爲了治療疾病的目的，去主動采食藥物的時候，那就是人類的主動覓藥行爲，那個時候第一個藥物就誕生了。對客觀藥物來説，做這樣的解讀，適合於當時的環境。在巫鬼并重的時候，對巫術藥物的尋覓，其實也是同樣的道理，我們并不因爲它被我們今天定義爲巫鬼藥物而將其排斥於藥物之外，人類主動覓藥的行爲是藥物誕生的標志。在醫學史裏我們有這樣的意見，非藥物療法其實是早於藥物療法的。不管是用火或者是簡單的物理性刺激，或者是物理性的拉伸，當然也包括我們今天看到的一些占卜或者祝由。這些精神性的，或者説是帶前宗教性的行爲，是早於藥物療法的。既然藥物療法要晚一些，那麼它涉及的一個問題就是藥物知識的總結。如同《神農本草經》作爲今天所能瞭解到的最早的藥書，相對晚於醫學書《黄帝内經》。這還不用説在《黄帝内經》以前或許還有一些已經失傳的醫經。

從今天的出土材料來看，不管是《扁鵲倉公列傳》中淳于意給倉公的"藥論"，還是列了若干藥名的"阜陽萬物簡"，對藥物和藥物知識的總結都非常零散，與成系統的《神農本草經》比起來，只能説是一個本草的雛形。《萬物》的成書時間是西漢，如果接受《萬物》是本草的雛形，則無法將把本草書的歷史再往前推，因爲再往前的只會是更草率、更蒙昧、不成體系的本草。

（二）東漢早期至清末民初

《漢書·藝文志》中没有爲藥學書列門類，四大類醫經、經方、神仙、房中，亦無本草。但是西漢的書裏出現了本草的名字，如"本草待詔""樓護誦本草"，可見西漢後期已經有可以讀的本草書了。以"萬物簡"爲標志，結合其他出土文獻，從馬王堆到西漢的天回醫簡，它們所記載的對一些藥物使用相對比較簡單。基於藥物知識的總結滯後於臨床藥物的使用，我們還是説本草學在西漢後到東漢初開始成熟。《神農本草經》一般被定義爲成書於東漢早期，不一定是最早的本草著作，但它是完整的、有系統性的，并建立了一個藥學描述的框架。其記物如同記人，姓名、别名、治療何種疾病、家住哪裏等，都有記載，如丹砂之有毒無毒、氣味性味，殺精魅邪惡，生符陵山谷。

《神農本草經》的作者其實是一個人，不是逐漸成熟的。《黄帝内經》是累積而成的，因爲每一篇主旨不一樣，甚至可以矛盾，前後的關聯性也不强，是一組一組的增加，并在傳遞過程中不斷地修飾。但對《神農本草經》來説，它的體例、結構本身具有一個完整性和不可修改性。今天看到的《神農本草經》的結構有兩大部分，有總論、各論分述的方式，奠定了整個本草文獻的書寫體例。這種先總論後各論的書寫體例，也成爲現代醫學文獻的基本體例。

此外，《神農本草經》對藥物做了基本的分類，分爲上品、中品、下品，上藥無毒，多服久服不傷，下藥多毒，不可久服。這是按照它的醫學臨床進行分類的，服食神仙也是它的臨床功效，并在階級分類的上、中、下裏面又加上了善惡的因素。作者已經瞭解到我們今天在談論藥物毒性時用的一個概念：長期毒性和急性毒性。急性毒性指的是短期、一次性、大劑量的，染毒以後出現的後果嚴重。而長期毒性或者慢性毒性，是多次、反復接觸有毒物質以後，藥物因機體宿疾或者漸進損害對機體造成遠期的損害。《神農本草經》的作者描述説“上藥無毒，多服、久服不傷人”，他能區分多服和久服、傷人和不傷人，比如説“莨菪子多食令人狂走”，今天用的天仙子這一類莨菪植物的種子，因爲所含莨菪碱、東莨菪碱有致幻作用，其急性毒性表現爲吃多之後令人狂走、精神錯亂。久服傷人指的是慢性毒性、長期毒性，《名醫别録》裏有“礬石”，也就是明礬，《本草經》説的礬石不一定是明礬，也可能是燥礬，説“岐伯云久服傷人骨”，不是一次吃多傷人骨，而是經常服用，這話可以直接替换成今天的四環素、土黴素等久服傷人骨和牙齒這樣的類比。可見古人已有這個認識。所以在做本草研究的時候，也需要研究者有一定的藥學訓練，能覺察到急性毒性、長期毒性、特殊毒性、致癌、致畸、致突變等因素。另外《本草經》所提供的文化信息也值得討論，首先説《本草經》藥物三百六十五種，本身就是漢代人的天人感應的標志，做了一種削足適履一樣的框架。陶弘景説有六種藥物在《本草經》被作爲附品，比如鉛與錫被算成一條。削足適履有當時社會主體文化思想的烙印，其中還有天、地、人的三才對應關係，包括對上品藥無毒和下品藥有毒的强調，其實也是儒家的善惡觀在藥物身上的折射。正因爲這樣，《本草經》儘管經過了陶弘景的整理，隨着臨床藥物認識的發展、臨床藥物的增多，漸漸地從三百六十五種增加至陶弘景《本草經集注》的七百三十種，也漸漸地不能滿足於需要了。於是纔有唐代顯慶年間蘇敬提出、唐高宗批准的第一個接近於藥典性質的專書《新修本草》，由政府行政部門組織、編寫、修撰、頒布，代表着法律性。隨着《新修本草》的問世，唐代以後，醫學文化和政治的糾葛也就開始了。北宋時，政府對醫學格外重視，甚至成立校正醫書局，先後多次編修本草。太祖開寶年間修《開寶本草》，且修了兩次，第一次修成後説多有漏略，换下盧多遜，讓馬志等又修正。《開寶本草》修了兩次，之後是《嘉祐本草》。到政和年間，曹孝忠又校勘《證類本草》，仍然是政府頒布。宋代政府不只對本草，對整個的醫學行業都極度重視，宋徽宗曾親自注釋醫書，甚至把相關内容納入醫學考試裏。這個現象，只站在醫學或者藥學的立場是分析不清楚的，必須要站在北宋的歷史文化狀態上去思考這個問題，要求本草研究者還得有足够的歷史學科的訓練，要把醫學和人文學科、社會學、醫學史做更多的聯繫。

此外，本草藥物學和道教更有特别的關聯性，這與本草的形成有關。站在藥學的角度，本草早期的元素中有若干神仙方士的參與，出於服食長生的需要，他們會接觸和使用一些藥物，其使用經驗也被記録在本草文獻裏。所以本草在早期的時候是和神仙家們的“共用文獻”。神仙家在宗教歷史上匯入了道教，其知識和體系在道教的外丹系統裏又做了若干的改變，形成了外丹本草。這些外丹本草的知識，有些又滲透回了藥學本草中。儘管隨着時間推移，神仙家和道教的藥物學知識漸漸地也開始遠離藥學本草，但在一定程度上仍然互相交融，這種交融主要來自人的因素。比如陶弘景，其身份是道教上清派的一代宗師，他的另一個身份是醫藥學家，也曾有臨床實踐，并整理過《肘後方》。他更大的成就是在本草方面，没有《本草經集注》，就没有後來的本草學。流傳到齊梁時的《神農本草經》，已經開始錯亂藥物的數目，出現參差，三品也已混亂，陶弘景將其重新整理，恢復成他理解的《神農本草經》的原貌。但齊梁時的本草以及藥物、臨床藥物已經有大發展，三百六十五種已經遠遠不能概括，於是又篩選。作爲道教人士，陶弘景有他的天人觀，便在三百六十五的基礎上加倍，於是有了載藥七百三十種的《本草經集注》。《本草經集注》的確立、完成和流傳，纔真正奠定了本草學的基礎。我們今天看到的《神農本草經》其實是陶弘景整理定型的。他的道教徒身份使得他在做《本草經集注》時大量引用了仙經、丹書，比如説三十六水法、水法煉丹的一些文獻，再比如上清派用到的一些特殊的服食知識，還有道教信奉的一些神仙傳説，都被作爲知識體系采入本草。不光是陶弘景，李時珍的《本草綱目》在“金石部”大量引用了幾個明代的丹書，如《土宿真君本草》。還有另外幾本外丹書，并不是道教的文獻，而是外家文獻，但李時珍還是將其作爲醫學文獻的參考，納入《本草綱目》的體系。這樣來看，本草的宗教因素主要是道教，但佛教的影響也是存在的，雖然不比道教，如《海藥本草》裏邊有一些中亞來的藥物，陳明老師做了很多研究，比如仙茅，傳説是唐代密宗大師不空三藏帶來的。

宗教之外，原始思維也影響了本草的發展。隨着人類認知能力的提高，巫術逐漸讓位於宗教。從宏觀上看，《五十二病方》裏邊談論的很多跟巫和原始思維有關的一些奇奇怪怪的藥物在《本草經》裏幾乎没有。從天回醫簡和武威醫簡，到《傷寒雜病論》，也可以看到這種帶原始思維的藥物逐漸淡出了藥學體系。這是一個發展過程，但它時有反復。例如唐代陳藏器的《本草拾遺》，拾遺的是《新修本草》之遺，拾七百多種藥物，其中的五百多種都或多或少和原始思維有關，在後來的流傳中被唐慎微包裹到了《證類本草》，基本完整地得以保存。按照本草的編輯體例，“立春雨水”“寡婦床頭灰”等奇奇怪怪的東西在《證類本草》的一千七百多種藥物裏成爲正規藥物。李時珍好旁徵博引，所以在《本草綱目》裏也堂然將其收進。這是一個文化現象，可以坦然地説傳統中醫本就源於原始思維，只是原始思維逐漸淡出了本草體系的正統醫學主流。

（三）現代中藥學

早年在美國威斯康辛州立大學念藥理博士的陳克恢，還未念完，母親生病，於是回到北京，在協和做助教。當時協和藥學的系主任是一個博物學家伊博恩，翻譯過《救荒本草》，他的合作者有一個叫趙承嘏的化學家。陳克恢發起了對麻黄生物碱的深入研究，1923 年到 1925 年，他報告了麻黄碱的擬腎上腺素活性。其實早在 19 世紀後期，日本人長井長義①就已經對麻黄生物碱裏可以治療咳嗽、鎮咳的基本活性做了研究。甚至在陳克恢開始研究麻黄的前十年，另外一個日本的藥理學家久保田晴光，也已經報告了麻黄碱的擬腎上腺素作用。不幸的是久保田晴光的論文是用日文寫的，在當時没有引起關注。陳克恢等的報告是用英文寫的，麻黄碱一下子引起重視。此後的兩年間，全世界圍繞着麻黄的生藥學到化學和藥理的研究論文有近兩千篇，開啓了麻黄研究熱潮。兩年以後，一個私立的民生製藥廠生産了鹽酸麻黄素的片劑和注射液，國藥的活性就很坦然地站在了世人的面前。

1920 年，對正在講科學的國人來説，還是一種認識上的衝擊，所以在“廢止舊醫案”説“國醫可廢，國藥可成”。正是因爲陳克恢的研究，纔使得傳統醫學在當時很大的争議下獲得了比較多的輿論支持。當然也有政治的原因，纔有了後來的中醫、中藥學，這是歷史的一個小插曲。

---

① 長井長義，日本化學家，1885 年從中國麻黄科植物中提取出一種生物碱，稱爲“麻黄素”。

三、傳統本草的文獻學研究

(一) 本草書的分類

本草書大約一千多種，留存下來的僅數百種，大致可以分作三大類：一、主流本草；二、本草旁支；三、子孫本草。如果把本草文獻做剖析，又可以細分爲主流、旁支、子孫。另外還有一類附録是用本草體例所做的擬本草。

1. 主流本草

主流本草首數《神農本草經》，其後以滚雪球的形式産生一系列本草。陶弘景說："魏晋以來，吴普、李當之等更複損益，或五百九十五，或四百四十一，或三百一十九，或三品混揉，冷熱舛錯，草石不分，蟲獸無辨，且所主治，互有得失，醫家不能備見。"①《神農本草經》傳到齊梁時代時，"歷代久遠，既靡師授，又無注訓傳寫之人，遺誤相繼，字義殘闕，莫之是正"。針對本草經文獻的混亂狀態，陶弘景纔對他所理解的《神農本草經》做了規範整理，將他所看到的打着《神農本草經》旗號的本草進行整理，并把其中一種作爲標準版，形成《本草經集注》。

《本草經集注》的完成有着劃時代的意義。第一，從編輯體例上來説，陶弘景再次確立了前總論、後各論的編寫方式，在各論裏條目式地叙述藥物。不僅如此，在文獻保留方的同時，陶弘景還表達了對儒家、道家的尊敬。他相信《本草經》是神農所作，并認爲魏晋以來的後世名家不配與神農相提并論，所以朱書《神農》，墨書《别録》。這在文獻學上是一個劃時代的創舉，從此《本草經》的文字就相對完整地保留在了本草文獻裏。

陶弘景開創朱墨分書保存《本草經》原文的書寫方式後來被《新修本草》《開寶本草》繼承。後蜀韓保昇的《蜀本草》也保留了朱書《神農本草經》的文字，儘管已經朱墨混淆，但還是保留了基本的狀態。宋代《開寶本草》印刻時將白字作爲《神農本草經》的標志，墨書大字作爲《名醫别録》的字。明代《本草品匯精要》和《本草綱目》雖不再采取這樣的標注方式，但開區標識的形式仍然保留，比如在本草經文字下邊括弧本經，還有小字《本草經》或《别録》，目的就是讓《本草經》和《名醫别録》的文字不相竄亂。

唐代人管陶弘景的這種編輯體例叫作"附經爲説"，即每一條《本草經》的條文和《名醫别録》的黑體大字是可以連讀的，也就是説《名醫别録》其實是《本草經》的補充和注釋。但陶弘景的子注是用雙行小字的，無法將《本草經集注》裏《名醫别録》的文字單獨拎出來，拎出來是不通的。儘管尚志鈞先生曾把《本草經集注》單獨整理成書，又把《本草經》的文字摳出來，再放進去繼續作爲《名醫别録》的文字。這其實是不當的。在魏晋六朝的時候，有一種特别的文獻體例叫作合本子注，即本經和子注是放在一

① (梁) 陶弘景編，尚志鈞、尚元勝輯校《本草經集注·序録》，北京：人民衛生出版社，1994年，第3頁。

起的。陶弘景用的就是這個體例，《本草經集注》在今天看來可能就是一個合本子注的標本。這個編寫方式不僅保留了《本草經》，也確立了滚雪球的文獻注入模式。

滚雪球的文獻注入模式是有其價值的。如果《神農本草經》是原版的話，《本草經集注》其實是《本草經》的修訂一版，《新修本草》其實是《本草經》的修訂二版，《開寶本草》是《本草經》的修訂三版，只是在中間插進去了一部韓保昇的《蜀本草》，是修訂三版的翻印。先修的那本《開寶詳定》，其實是《開寶本草》的前身，是《本草經》修訂版的四版。第五次修訂是《嘉祐本草》。我們在今天的版本修訂、版本升級中，前面版本的信息、原版的信息會逐漸泯滅，新東西代替了舊東西，但陶弘景創立的體例是不一樣的，他創立的升級版是始終把舊版裹挾在新版裏，所以我們叫滚雪球式的文獻撰著方式，就由此形成了一個主流本草系統。而這種體例延續到了《紹興本草》，甚至到了可能存在或者根本不存在的《大元本草》。

本草的這種文獻體例對研究者來説比較好，文獻齊全，但對使用者來説不方便查閲和使用，這就要考慮它的實用價值。而《本草品匯經要》則是主流本草的一次大升級，儘管當時没有頒布，没有傳遞，直到康熙年間纔被發現，到民國纔被鉛印，但它在康熙年間就已經被傳教士帶到了意大利。二十一世紀初開始影印，曹暉老師將其進行了整理。雖然影響不大，但如果觀察其體例，會發現劉文泰等做的是一種主流本草中實用型的本草。他將《證類本草》以來的前代本草信息按照自己理解的性、效、用分爲三十多個門類，以便於臨床使用、檢索、閲讀，同時把《證類本草》裏繁瑣的條文做了割裂。割裂以後要查閲某藥品的產地是什麽、采收時間是什麽，都單獨分欄目，在欄目下邊可以方便地檢索到。這是一個進步，或者説是一個升級版，雖然站在文獻學的角度來看，或許是一種破壞、篡改，打亂了前世文獻，但對於使用者來説，這是一個新的著作。

接下來流行的新著作是《本草綱目》。李時珍與劉文泰思路相同，很可能就是受《本草品匯精要》的影響，把主流本草裏的信息也做了欄目化的劃分，有藥名、別名、釋名、性味、集解，新增了發明。其集解即將《證類本草》等各文獻依次標出，讓人一檢便得。所以主流本草大體的次序就是《神農本草經》《本草經集注》《新修本草》《蜀本草》《重廣英公本草》《開寶新詳定本草》《開寶重定本草》《嘉祐補注本草》《紹興本草》，元代或許有《大元本草》，然後是明代《本草品匯精要》。《本草品匯精要》以後官修本草落下帷幕。

特別要説的是本草的這種編輯體例使得前代本草幾乎完整地保留在傳世本草裏，尤其幸運的是《證類本草》的完整保存。儘管我們今天看到的《證類本草》已經不是唐慎微所編原版了，經過了《政和本草》《大觀本草》的修訂，還經過了書商的一些增删、補救，但唐慎微所做的工作比較完整地在今天看到比較好的《大觀本草》和《政和本草》版本裏保留了下來。分别是金代晦明軒張存惠的《重修政和證類本草》和南宋劉甲的《大觀證類本草》。

唐慎微把當時頒行的《嘉祐本草》和《本草圖經》拼在了一起。《本草圖經》本來就是《嘉祐本草》的藥材學的説明，他只是將這個説明組裝了回去。當時《嘉祐本草》由掌禹錫負責，藥圖和藥材學的這部分蘇頌一人承擔，爲免人多混淆。後蘇頌雖被外放，但仍將書整理成篇，寄給皇帝。但這兩本書在發行時仍然是并行發行，帶來的問題就是使用和翻閱不方便。此時有兩個商業人士看到了出版商機，想將兩本書拼在一起，一人是成都崇州的唐慎微，另一人是閬中人陳承。比較幸運的是唐慎微的本子流傳了下來，他不是簡單地拼在一起，而是以《嘉祐本草》爲主，把《本草圖經》的每一個藥物的條目剪貼到《嘉祐本草》相對藥物的下邊。但《本草圖經》裏邊有一類是《嘉祐本草》没有的藥物，叫本經外草類、本經外木蔓類，唐慎微將其放在《證類本草》最後一卷。此外他把以《太平御覽》爲中心的藥物相關的條目，還有平日所相關藥物資料剪貼在該藥物條目後，所以唐本《證類本草》其實是三部分。第一部分爲《嘉祐本草》，第二部分爲《本草圖經》，第三部分是關於藥物的一部類書。每個藥物條目下的各種材料不光有臨床、神仙家、藥材學、筆記裏的材料，甚至還有詩文的材料，前面還有一些字書的材料，如《説文解字》《爾雅》等。如此則更便於讀者能够迅速和更多地獲得關於藥物的信息，所以唐本《證類本草》的流傳也更廣。

至《本草綱目》，則進一步將各類的、前代的、跟藥物有關的材料都累積在條目下邊，此外李時珍還做了辨析，把自己的意見摻入進去，并在材料基礎上提出了一些結論性的意見，這也是《本草綱目》成爲十六世紀的百科全書的原因之一。無論是《證類本草》，還是後來的《本草綱目》，不光醫藥學家獲取信息資源的途徑，也成爲文人獲得前代藥物資料的必备工具手册。古代文人好寫詩作賦，好用典故，這兩本本草就成了他們寫詩作賦的一個素材庫。桐廬王世貞爲《本草綱目》作序，表揚其“博而不繁，詳而有要，綜核究竟，直窺淵海，兹豈禁（僅）以醫書覲哉，實性理之精微，格物之通典，帝王之秘籙，臣民之重寶也”①。雖不乏吹捧，可對《本草綱目》的定位也是符合基本情况的。

除主流本草外，還有一部本草，可以稱其爲旁支本草，甚至可以説是子孫本草。因爲這本書的特殊性，往往也把它放在主流本草裏邊討論，這就是《本草衍義》。今天我們翻得更多的《本草衍義》是被張存惠剪裁在《證類本草》中的内容。所以張存惠晦明軒本的《政和本草》是四本書，除《嘉祐本草》《本草圖經》和唐慎微的《證類本草》之外，他把《本草衍義》也剪貼了進去。《本草衍義》是《嘉祐本草》的批注本，只針對《嘉祐本草》的對和錯做批注，凡有錯者則在下面發議論，其文獻體例更多的是將《嘉祐本草》書頭上的意見最後抄在一起。但中間也有寇宗奭自己的見解，有一部分沿襲於沈括《夢溪筆談》的要義。

《本草衍義》前面有三卷序例，并没有談藥。如第一卷談的是養生，其原因大約來自寇宗奭的官員身份，放在北宋徽宗時，這基本上是在迎合或者回應徽宗的精神，即徽宗《聖濟經》闡釋的養生學。《本草衍義》實際上是一個旁支本草，甚至可以説是《嘉祐本草》的子孫本，即《嘉祐本草》的批注筆記或讀書筆記。因張存惠的傳遞和它本身的學術價值，一般將它放在了主流本草中。

2. 本草旁支

主流本草是一些綜合性大型本草，其内容涵蓋了藥學學科的各個方面，從植物學、

① （明）李時珍編纂，劉衡如、劉山永校注：《新校注本〈本草綱目〉》，北京：華夏出版社，2011年，第1頁。

種質資源到藥材學、臨床學，到跟藥物有關的各種知識範圍，甚至是藥物以外的知識範圍都囊括其中。如此便深得文獻學家喜歡，但對臨床學家和使用者來説并不方便。面對這樣的情況，各種專題性的本草應運而生。可以説主流本草是藥學綜合，而藥劑學、炮製學、藥理學、化學、生物化學等這些具體學科各自從藥學綜合裏獨立了出來。

資源類本草

資源類的本草有《桐君采藥録》《南方草木傳》《海藥本草》，此前有《胡本草》。特别有意思的是《履巉岩本草》，現在對《履巉岩本草》的研究做的比較深入的是浙江中醫藥大學的張水利老師，對其中很多藥物都有詮釋。《履巉岩本草》杭州的地方本草，履巉岩在杭州慈雲嶺一帶。南宋時的管事太監王介在杭州鳳凰山、慈雲嶺一帶有别墅，他在自己别墅的花園種植物，然後將這些植物全部畫出來，并按照本草的名字、性味來畫圖。前後共一百多個藥，整理出了《履巉岩本草》。明代有其傳抄的彩繪本，醫史前輩范行准先生曾買到孤本，後來送與北京圖書館。鄭金生老師也曾經整理過這個本子，并將其彩印。這本書對研究南宋的植物，或者是考察旅游，或者是討論南宋的方物，甚至討論南宋人對本草的一般認識等，都有很大的幫助。當然也可以從繪畫學的角度去討論，還可以做更多的發明。張水利老師因有杭州的地利之便，經常帶着學生對書中描繪的植物逐一進行考察，畢竟繪畫在轉抄以後，很多植物特徵會失去。

資源類本草裏還有一本是要特别表揚的，即吴其濬的《植物名實圖考》。吴其濬是清代狀元，河南固始人，官至雲南總督。他對植物學有濃厚興趣，在河南老家時就開始考察植物，着重針對本草，并且擅畫，用墨綫將他認爲的古代《詩經》的植物、本草的植物畫出他認爲的樣子。他的畫法和傳統畫法不一樣，明顯受西洋的透視影響，所以能比較準確地勾勒出植物的地上部分的性狀特徵。《植物名實圖考》也成爲後來日本的蘭學家[①]爲植物拉丁名做對應中文名時的重要參考資料。他提供的物種信息是和本土中國人所稱呼的物種信息所對應的，是真實物種之間關聯性的一個重要參考。

《植物名實圖考》以外，還有一本本草也很重要。雖然打着本草之名，其實原意并非本草。這便是《救荒本草》。救荒兩字已經確定了是救急所用，而非治病用。只是因爲本草一詞被泛用，作者便把救荒植物做成圖譜，借用了本草之名而已。但無論是體例，還是内容，多少沾了一些醫藥，所以也算在本草裏。《四庫全書》收《救荒本草》，放在農家類的，這一點清代的館臣是看清楚了的。《救荒本草》應是農書，荒政是屬於農學的。“荒政”一詞出自《周禮》，是鬧饑荒後政府的應對措施。《救荒本草》的作者叫朱橚，是明成祖朱棣的弟弟。朱元璋在位時期，朱橚經歷過很多輾轉坎坷，其封地在開封，封號是周。《救荒本草》滲透着朱橚的拳拳愛民之心，看到老百姓遇到災荒，流離失所，食不果腹，他便收集各種可食的植物，把這些草木記録下來，描摹形狀，記録簡單的吃法，希望老百姓憑着這本小書能够平安地度過荒年。但朱棣對其兄弟和子侄有嚴格的控制，不讓親王隨便出城，兩個親王之間甚至一輩子不能見面。到了封地便不能離開封地，比如成都蜀王只能在蜀王府和成都城府内游行，如果要到其他封地，甚至是其陵寢所在等

① 蘭學指的是在江户時代時，經荷蘭人傳入日本的學術、文化、技術的總稱，字面意思爲荷蘭學術（Dutch learning），引申可解釋爲西洋學術（簡稱洋學，Western learning）。

地方，都要給皇帝打報告，否則皇帝派來監視的長史便會告他。朱橚做《救荒本草》，要收集幾百種植物，很不容易。他到處貼榜文求人，送這些可食的東西給他，再請畫工描摹記録下來。并單獨在開封修了一個園子，把這些别人送來的草木種下去，然後觀察生長，以便描繪。

藥材類本草

隨着商品經濟的發展，藥材貿易量加大，藥物的真僞優劣變得不可忽略。陶弘景曾説友人將蜈蚣的頭染色，變成赤頭蜈蚣，還有紫石英，也許是貴胄之家都吃了幾遍洗出來的。尤其是到明代，商品經濟更加發展，這個問題變得不可回避，也成爲行業秘密。此時，有關討論真僞優劣的專題本草便應運而生了。這中間首推李中立的《本草原始》，是最爲明確的一部。當然此前也有相關討論，比如局方藥材調配的時，也要討論真僞優劣，處方下邊的小字有時候也會專門指明地名，或者專門説哪一種不行，哪種没有的時候用什麽代替，但專門的把這個單獨作爲討論内容的就是《本草原始》。民國時候有了《增訂僞藥條辨》，當時的《僞藥條辨》是鄭肖岩所寫，曹炳章家裏有其手抄本，他將自己的經驗融合進去，對藥物的真僞優劣做了評述，所以叫《增訂僞藥條辨》。另外，還有跟藥物産地有關的一本書，也就是經常談論的《藥物出産辨》，出現得要更晚。

本草手册類

本草手册是歌訣體的，是大本草的簡化版。例如《本草綱目》五十四卷，部頭比較大，不方便檢索、閱讀、學習，便就會有各種的由《本草綱目》衍生出來的《本草綱目》的節要節略，例如楊時泰的《本草述勾元》。此前的《本草述》本來就是本草綱目的簡編本，但楊時泰覺得劉若金的《本草述》依然繁瑣，便再做《本草述》，使之更加簡化。此外還有張叡的《修事指南》也是如此。

除此之外，還有炮炙類本草，顧名思義。還有臨床用藥經驗總結的藥性類本草，比如其明代、清代一些本草，這類書是臨床醫生初入行時的入門手册。還有一類，是像《本草求真》《藥品化義》《本草問答》《本草正義》等的食療類本草。

3. 子孫本草

子孫本草即是衍生，前代本草之拾遺補缺爲一類，如陳藏器《本草拾遺》；詮解經典是一類，如滕弘《神農本草經會通》、繆希雍《神農本草經疏》、張璐《本經逢原》等；節略化裁是一類，如劉若金《本草述》。

4. 游戲類本草

還有一類就是打着本草旗號，保持着本草的體例，使用這個特殊文體來做文章的，多數近似於游戲。比如説《書本草》，將四書五經各自標上性味和所治，還有《錢本草》，也有人做《夢本草》。還有人做《儒本草》，編一些諷刺語言一類的小品。這些雖用本草之名，但都不是本草。

（二）本草整理與輯佚

黄伯思是北宋文學家，有《東觀餘論》，自言從前代書裏集了一本《相鶴經》。《相鶴經》也被認爲是最早的輯佚書。在早期的輯佚書裏，本草書也有一席之地。最早輯《本草經》的是南宋人王炎。王炎是詞人、文學家，他從前代文獻，包括《嘉祐本草》，輯出了《本草經》，稱作《本草正經》，但没有留下來。但《本草正經》的序保留在了王炎的《雙溪文録》中，將自己對本草的觀念陳述於此。本草輯佚書多數只能得到前代書的一部分，或者幾個條目、幾句話，甚至只能知道一個篇目，連内容都没有。本草書有它著作的特殊性，即陶弘景開創的滚雪球體例，故《本草經》《本草經集注》《新修本草》，甚至《嘉祐本草》等能得以流傳，大多得益於陶弘景開創的滚雪球體例，使之能够在今天倖存的《證類本草》中保留下來。南宋鄭樵《通志・校讎略》裏提到"書有名亡實不亡論"時就舉本草，言《名醫别録》雖亡而陶隱居收入本草，李氏《本草》（指《新修本草》）雖亡，又被後世所收，故實際上没有亡佚。如此便有了重新整理恢復，正規名詞等輯復、輯佚性的工作。

1. 輯佚校勘

本草的輯佚工作從南宋王炎開始，之後明代盧復曾輯復《神農本草經》，是站在整個文獻學的立場所輯。《神農本草經》也是現有輯本最多的文獻，有二十種以上，重要的、被大家經常提到的也有十種以上。《神農本草經》的主體信息基本保留於《證類本草》，但本草在傳遞過程中逐漸被後代的編輯者做了各種的調整和改變，一些文字、條目慢慢到了《名醫别録》中，或者一些信息漸漸被丢失。所以不同的輯復者，由於其思路不一樣，對《本草經》的認識也不一樣，導致他們做出的《本草經》的輯本也就千差萬别。

在《神農本草經》的十多個輯本中，品質比較高的是這幾個：

一是比較常用的，署名爲孫星衍、孫馮翼所輯的《神農本草經》。孫星衍是一個經學家，考據功力很强，他對《本草經》的一些譯文，比如"十三古"的認定，對《本草經》文字的采選和甄别，對《木草經》的相關文字的附録整理等都做得比較專門且深入。缺點是局限於文獻條件，只能主要參考《證類本草》，所以在藥物的種類和藥物三品的位置上有很多的缺陷，但仍然算得上是很好的一部。

第二部是日本學者森立之的《本草經》輯本。森立之站在巨人的肩上，尤其是在孫星衍輯本的基礎上，并利用了日本存的一些古醫籍、漢地古醫籍和日本的本地古醫籍，例如《新修本草》的殘卷在漢地已經没有了，但他能看到仁和寺的十卷本《新修本草》的抄本。此外，還利用了日本的丹波康賴的《醫心方》，且他對本草的醫學體例比作爲經學家的孫星衍要熟悉得多，所以他的輯本整理出了三百六十多種藥材，更接近於《本草經》的原貌。森立之對《本草經》的研究，不僅僅局限於《本草經》的輯復，他還著有《本草經考注》，共三百六十五種藥物，對每一個藥物的梳理，每一句内容的考定，都很詳細慎重。森立之的輯本最早被楊守敬買回，并收入其編輯的叢書。最近幾年郭秀梅老師又專門整理過一次，去年又整理了一本升級本《本草經考注》。這樣，森立之的原本由郭老師整理，這對本草經研究是一個必不可少的工具書。

近現代的三位本草經的整理者，尚志鈞先生輯有《本草經》的輯本，并且有好幾個版本，以最後出的《本草經》的校點本爲最終成果。其中也采取我的意見，把《本草經》的藥物産地比較準確地納入其中。另外一本是中藥藥理學的王筠默老前輩，著了《神農本草經校正》。就文獻本身而言，這本書的文獻查閲和引用文獻判斷能力超過尚老，但其年代要早，故有一些新文獻尚未看到，但其對前代文獻的梳理和判斷方面的價值是最高的。第三本是生物化學家曹元宇先生的《本草經》，由上海科技出版社出版，有潘天壽先生的題字。該書對藥物的判斷，尤其對礦物藥的判斷，是非常有參考價值的，其文獻取材和取捨，從文獻輯録看，也没有大的疏漏，并且有作者自己的看法和判斷。此外還有一本是馬繼興先生的《神農本草經輯注》，人民衛生出版社曾先後數次出版。馬老在《五十二病方》、敦煌卷子的整理方面的貢獻，再到針灸史，皆是大家。其《本草經》整理本出於多人之手，水準一般，可當作一本資料集。

本草整理和輯録的第二方面是關於《本草經集注》。《本草經集注》的整理和輯録難度相對較大。其三卷或者七卷，都是鑒於陶弘景自己的叙述，但三卷、七卷的藥物如何分配，這是現在所有的整理本、整理者都没有解决的問題。輯復如同拼圖，《本草經》的資訊不多，也不雜亂，但《本草經集注》的信息却足够多，反而不好拼圖。敦煌卷子保留了很重要的《本草經集注》卷一序録殘卷，是整理《神農本草經》的學者幾乎都要使用的。但另外的七百三十種藥物如何排，尚無頭緒。德國考古隊曾帶走吐魯番的一個帶有天鼠屎、燕屎的本草經，還有另一本朱墨分書的《本草經集注》寫本殘片的藥物順序和現在已知的《新修本草》以來的目録皆不一樣，但這些顯然應該是《本草經集注》的原狀。《新修本草》把《本草經集注》的藥物順序和三品做了大的調整，只根據殘片很難全部恢復。

《新修本草》在清末的時候已經亡佚，但清末到日本的訪書者找到了一部分。除楊守敬，黎庶昌在日本發現了森立之當年看到的《新修本草》。原本是二十卷，在日本有十卷的寫本，存於仁和寺。他請人影墨一套，并帶回中國。有了十卷，輯復工作相對變得容易。不僅如此，1900年在敦煌石室又發現一卷，爲卷十的殘卷。這個殘卷十分重要，朱墨分書的是《新修本草》的寫本原傳，而仁和寺抄本的《新修本草》已全是墨書，看不到朱書的痕迹，本經和注文已經混淆。敦煌寫本給了我們很重要的《新修本草》的朱墨分書的狀態，將産地已經改爲墨書，而吐魯番的《本草經集注》寫本裏産地是朱書的，這證明産地的信息是《新修本草》所改，也就是改了《本草經》的信息。這樣，恢復《新修本草》的原貌便相對容易。岡西爲人較早進行了這項工作，今天也以安徽科學技術出版社出版的尚志鈞先生《新修本草》和新出《新修本草》的輯本爲準，這其實已經將《新修本草》輯本做了恢復。目録、條文都在《證類本草》裏邊，所以輯復工作的難點在於目録、藥物的順序。《本草經》輯録七百三十種藥物，到《新修本草》的時候已經有八百四十四種藥物，通過對《新修本草》目録和《本草經集注》殘卷的比較，可以看得出調整很大。到《開寶本草》時又調整過，但《開寶本草》説明了從哪裏移到哪裏，《新修本草》則不是。這種調整大約是通過改位置、調順序、調分類等手段，以顯示和前一版的不同，否則爲何蘇敬上表之後，僅一年半時間，《新修本草》就被編成。但《新修本草》的目録也可以找回來，十卷的目録尚在，而《千金翼方》的本草目録一定是《新修本草》的目録，所以另外十卷的目録也可以找回來，則《新修本草》就可以輯得回來。

《嘉祐本草》和《證類本草》之間的目録變化是遠超乎想象的。唐慎微將《嘉祐本草》剪亂，比如某部上品、某部中品的位置未變，但裏邊藥物的順序和《嘉祐本草》是完全不一樣的，所以《嘉祐本草》的目録不好找回。而《本草衍義》是《嘉祐本草》的批注本，其發行是單行本、元刻本。元代刻本《本草衍義》的目録順序即《嘉祐本草》順序，和《證類本草》出入極大。

至于其他篇幅較小的本草書，比如從《藥性論》以來，《李當之本草》《吴普本草》《雷公炮炙論》《日華子諸家本草》等，其主體信息都保留在《證類本草》裏，以尚老爲代表的各個輯復者，將這些信息給收集在一起，組成輯本，但并無信息的增加。李時珍的《本草綱目》在引用文獻時，習慣用自己的方法整理、加工，改變文獻。從著作來説没有問題，更多地表現了李時珍本人的理解判斷，其中也有錯引或是故意引錯之處，故同樣不能用來做文獻學研究。

2. 整理出版

關於傳統本草的整理出版，在近現代，尤其得益於現代印刷出版技術，許多珍稀秘本也逐漸有了千萬化身，進入尋常百姓家。以前只在官府、秘府裏秘不示人的，今天也可看到。其中有幾件意義較大的事情：一是鄭金生先生所做《中國本草全書》的影印工作，盡可能把當時能力範圍内能收集到的本草，用文化基金會的錢將其影印。其他一些本草的影印本也是非常重要的，一是《證類本草》的版本系統，人民衛生出版社從1950年就開始影印晦明軒本，確定了近五十年來多數人做本草研究使用的主要參考本，此次影印也是非常大的一件功德。1950年用北京圖書館藏的鐵琴銅劍樓藏晦明軒本做影印，對五十年來的本草研究起到很大的引領作用。此前用的是商務印書館印的成化年間翻刻的《證類本草》，而這版《證類本草》翻刻晦明軒本，裏面的錯誤、調整内容、改變内容皆有許多。如此一來，根據這個版本研究出來的東西問題肯定比較大。而人民衛生出版社在1950年選了一個正確版本晦明軒本，從而確立了一個大的研究方向，這是好事情。當然更好的事情是關於《大觀本草》的。我們始終看不到《大觀本草》，當時能用的《大觀本草》，是武昌柯逢時在楊守敬的幫助下得到的宣統年間影印的元代刻本，稱作"柯大觀"。柯逢時《大觀》是被楊守敬校改過的，别人并不知道，直接在板上便改了，改後根本無法辨明原本元代《大觀本草》的哪一句話、哪一個字是被摳了挖了，然後又如何被重新描成另外 個字的。所以柯逢時的《大觀本草》是不規範的文獻處理導致的一個嚴重後果。所以《大觀本草》的真正面目根本見不到，直到劉甲本《大觀本草》的出現。劉甲本是可以用一張一張的片子直接列印出來，許多人都有，更方便研究者在電腦上查看。後來中國書店又購得一個《大全本草》的影印本，但其實只是《證類本草》的一個偏門，真正的仿刻本的標本，并無很大的學術意義，但是它又是幫我們去認識、瞭解道藏中《圖經衍義本草》的一個佐證。

除此之外，復旦大學出版社影印的《食物本草》《質問本草》等也比較重要，《本草品匯精要》的影印出版也是很好的。影印能够讓我們看到書的原貌，有助於本草的整理和校勘。對今人的使用和研究來説，整理校勘應該是反映了文獻研究的時代成果。本草的整理校勘也有標杆。最早的標杆是劉衡如先生點校的《本草綱目》，由人民衛生出版社從1975年以來出的簡裝本，到後來的精裝本，由四本到兩本。後來他和兒子劉山永老師一起聯合署名做了《本草綱目》，精編版的校注本由華夏出版社出版，這是本草研究早期的標杆，但也有種種不如意的地方。後來鄭金生老師和張志斌老師做《本草綱目》的點校，叫作《本草綱目影校對照》，也是今天本草文獻整理的真正標杆。就點校品質來説，將其作爲整個傳統文獻的整理標杆也不爲過。除此之外，還有一些本草書，比如同樣是鄭老師的《南宋珍稀本草三種》、曹暉老師的《本草品匯精要》的校注，我做的《救荒本草校釋與研究》，按照傳統標準來説，算是比較規範的本草整理版本，在版本選擇、參校、標點、注釋、考評這些方面都做到了較好的水準。此外，相對來説還有一些本草是有待深入研究、做規範整理的，例如《本草衍義》。顔正華老師曾領銜做了《本草衍義》的點校本，雖然屬於簡單的標點，但在人民衛生出版社系列的中醫古籍整理中，再無很好的整理本和校注本。《本草衍義》一定要和《嘉祐本草》《證類本草》綁在一起討論和做注釋、書解，纔能比較完整。第二個真正缺乏整理的大書是《證類本草》。雖然《證類本草》已有好幾個點校本，包括尚志鈞老師自己做過兩個點校本：《證類本草》由華夏出版社出版，單獨做的《大觀本草》用的是劉甲本。對此本人也做了兩個：一個是《證類本草評注》，一個是《證類本草箋釋》，前者由中國醫藥科技出版社出版，後者將由中華書局出版，是站在傳統文獻的角度做的箋釋。另外，還没有做好的是《本草圖經》。《本草圖經》是可以輯復的，目前看到兩個輯復本，一個是尚老的輯復本，一個是福建科學技術出版社出的《圖經本草》，但品質都尚待提升。還有就是《植物名實圖考》，張瑞賢老師同我曾經做過一本，但較一般。真正《植物名實圖考》涉及的不光是文學，要站在植物學的角度做出合理的解釋，并看出問題，如果不能解决，便留給讀者，提醒讀者該做的事情。早年吴征鎰院士曾領銜幾個植物所開始整理研究，包括南京的中科院植物所、雲南的植物所、昆明的昆明植物所，但至今未完成，比較遺憾。植物學家對植物圖和真實植物之間的敏感性要高得多，會看出更多的問題，如果通過了文獻一關，則會做出很好的成果，纔是一個有學術價值的文獻。我們翹首以待。

關於與文獻學研究有關的參考著作，特别值得一提的是鄭金生老師的《歷代中藥文獻精華》[①]，做的很深，結合了當時各個文獻的采訪記録，這也是後來鄭老師之所以能編《本草全書》的原因，裹面很多論斷到現在看都是非常正確的，很值得研究者參閲。

---

① 《歷代中藥文獻精華》雖然用了尚志鈞老師、林乾良先生的名字，然後纔是鄭金生老師，但基本是鄭老師一人完成。

《出土醫學文獻與文物》稿約

《出土醫學文獻與文物》熱忱歡迎宇内同行專家學者惠賜尊稿。本刊登載海内外有關出土醫學文獻研究領域内的各種傳統學科、新興學科和交叉性學科論文，内容涵蓋出土醫學文獻與文物、文字學、音韻學、訓詁學、文學、史學（包括科技史、思想史、社會史等）、哲學、宗教學、倫理學、美學、藝術學、博物學、政治學、軍事學、經濟學、法律、民俗學、民族學、考古學、目録學、版本學、校勘學、敦煌吐魯番學等相關學科的交叉研究成果。同時收納中醫文獻、中醫文化、中醫發展史、本草學研究的最新成果以及相關譯稿。

本刊采用匿名審稿制。來稿均由編輯委員會送呈校内外至少兩位同行專家審閲，再由編輯委員會决定是否采用。編輯委員會對來稿可提出修改意見，但除了技術性的處理之外，不代爲作者修改，文責自負。

來稿請用中文繁體字書寫，電腦打印。請將 Word 文檔發至編輯委員會電子信箱。要求：

1. 論文的標題之下，附以200字左右的"提要"、3至6個"關鍵詞"。"提要"請客觀陳述論文主要觀點，一般不作評價。"關鍵詞"請緊扣論文内容，以有利於檢索爲標準；"研究""辨析""問題"等不宜作爲關鍵詞。

2. 於另頁上，按順序寫上：論文題目、作者姓名、出生年月、性别、籍貫、工作單位、職稱或職務、通訊地址、郵政編碼、電子信箱、電話號碼。

3. 如有圖片，除在文檔中插入之外，請再提交供印刷的JPEG或TIFF文件。

4. 來稿中，古代紀年、古籍卷數，一般用中文數字，而古代紀年首次出現時尚須加注公元紀年。如：元和十三年（818）；《山海經》卷一。其他的數字，一般用阿拉伯數字。凡是第一次提及外國人名，在漢譯之外，須附外文原名，如：柏拉圖（Plato）。

注釋要求：

1. 一律采用當頁頁下注。

2. 注釋碼，請用①②③之類表示，并標注在正文相應内容的上方，如：——①，——②，——③。每頁重新編號。

3. 引用中文文獻的參考格式如下。

(1) 引用專著，如：胡適：《中國哲學史大綱》卷上，上海：商務印書館，1919年，第99頁。

(2) 引用文集之文，如：陳寅恪：《清華大學王觀堂先生紀念碑銘》，載《金明館叢稿二編》，上海：上海古籍出版社，1980 年，第 218 頁。

(3) 所引專著或文集若有多个版次，宜將版次標出。例如：李贄：《焚書・續焚書》，北京：中華書局，2009 年第 2 版，第 82 頁。

(4) 引用學位論文，應標注學校、學位及提交時間。例如：張曉敏：《日本江户時代〈詩經〉學研究》，山西大學博士學位論文，2013 年，第 169 頁。

(5) 引用期刊文章，如：楊明照：《四川治水神話中的夏禹》，《四川大學學報（哲學社會科學版）》1959 年第 4 期，第××－××頁。

(6) 相同書籍的第二次引用，可省略出版信息。如：胡適《中國哲學史大綱》卷上，第 100 頁。

本集刊只發表原創性成果，請勿一稿兩投。文中如涉及版權問題，由作者自負。來稿敬請自留底稿，編輯委員會將在收到稿件三個月之内答復，若未得答復，作者可另行處理。來稿刊出後，贈送樣刊兩册。本集刊稿酬一次性給付，稿費計算方式以實际字數爲準。邀稿稿酬另計。

來稿請寄：四川省成都市金牛區十二橋路 37 號成都中醫藥大學中國出土醫學文獻與文物研究院《出土醫學文獻與文物》編輯部。郵政編碼：610075。

投稿郵箱：ctyxwx@163.com　聯繫電話：028－83502296

《出土醫學文獻與文物》衷心希望得到海内外各界的關心和支持！

圖書在版編目（CIP）數據

出土醫學文獻與文物. 第二輯/成都中醫藥大學中國出土醫學文獻與文物研究院主辦. —成都：巴蜀書社，2022.12

ISBN 978-7-5531-1874-1

Ⅰ. ①出… Ⅱ. ①成… Ⅲ. ①醫古文—簡（考古）—研究—中國 Ⅳ. ①K877.54

中國版本圖書館 CIP 數據核字（2022）第 004159 號

出 土 醫 學 文 獻 與 文 物（第二輯）
CHUTU YIXUE WENXIAN YU WENWU

成都中醫藥大學中國出土醫學文獻與文物研究院 主辦

責任編輯 白亞輝
封面設計 冀帥吉
出 版 巴蜀書社
四川省成都市錦江區三色路 238 號新華之星 A 座 36 層
郵編：610023
總編室電話：(028)86361843 發行科電話：（028） 86361852
網 址 www.bsbook.com
經 銷 新華書店
照 排 四川勝翔數碼印務設計有限公司
印 刷 成都順印天下數字印刷有限公司（028） 64656858
版 次 2022 年 12 月第 1 版
印 次 2022 年 12 月第 1 次印刷
成品尺寸 260mm×185mm
印 張 12.25
字 數 280 千
書 號 ISBN 978-7-5531-1874-1
定 價 70.00 圓